岳麓書社

礼 记 下

姚淦铭 注译　姚 鹰 导读

岳麓書社·长沙

学记第十八

导读

此篇主要阐明大学教学目的与作用以及教学内容与方法,也涉及教育范畴的礼仪制度。其写作时代,或认为在战国后期,是思(子思)孟(孟子)学派的撰作,或认为是荀子学派作品。不论它是哪派所作,其内涵已经超越了"国学"范围,是世界性的文化遗产。

《学记》是我国最早的、体系严整的论教学的文献,它以辩证的观点,发现并提出了具有前瞻性的教育学理论问题,目前仍有"借古开今"的重要现实价值。其开宗明义提出"化民成俗,其必由学",把教学当作提高民众素质、变化个人气质的大事。《学记》论"教学相长""论学取友""敬业乐群""知类通达""比物丑类""长善救失""豫时孙摩""藏修息游"以及教学"十二字诀"等深层教育问题,均有独到创见,充溢着教育哲学的智慧。

"故君子之教喻也,道而弗牵,强而弗抑,开而弗达",这里提出的教学"十二字诀"道尽了教学的真谛诀窍。教学中晓谕学生,是引导而不强迫,鼓励而不压抑,启发而不越俎代庖。这不仅可以使师生关系融洽,而且可以激发学生的思维能力,让学生主动去深思求索,从而使他对学习产生浓厚兴趣。这就是"善喻"。这一诞生于两千多年前的教学方法至今仍是当下教育工作者需要追求的理想境界。

《学记》词意丰美,短短一篇有许多成语典故,如:罕譬而喻、扞格不入、敬业乐群、克绍箕裘、穷源竟委、祭海先河、师道尊严、为裘为箕、琢玉成器、学不躐等、大道不器、大信不约、记问之学、箕引裘随、箕裘相继、袭冶承弓等等。

夸美纽斯《大教学论》300年前在荷兰出版，享誉世界。《学记》成于两千多年前，至今在我国也没有得到相应重视，值得我们反思。

原文

18.1 发虑宪[1]，求善良，足以谀闻[2]，不足以动众。就贤体远，足以动众，未足以化民。君子如欲化民成俗，其必由学乎！

玉不琢，不成器；人不学，不知道。是故古之王者建国君民，教学为先。《兑命》[3]曰："念终始典[4]于学。"其此之谓乎！

虽有嘉肴，弗食，不知其旨也。虽有至道，弗学，不知其善也。是故学然后知不足，教然后知困，知不足，然后能自反也。知困，然后能自强[5]也。故曰教学相长也。《兑命》曰："学学半[6]。"其此之谓乎！

译文

考虑问题而合乎法则，招求善良的人，能取得小名声，但还不能感动众人。亲近贤良的人，关怀疏远的人，能感动众人，但还不能教化民众。君子如果想要教化民众，移风易俗，那一定要从学习上入手！

玉不经过雕琢，就不能成为器具；人不学习，就不能懂得道理。因此古代的帝王建设国家和统治人民，都是把教育和学习放在首位。《兑命》说："应该始终想着经常学习。"大概就是说的这个意思吧！

即使有鱼肉等美食，不吃就不知道它的美味。即使有极好的道理，不学就不明白它的美妙。因此，学习过以后才知道自己的学行不够，教过人以后才知道自己的学识还有未通达的地方。知道自己的学行不够，然后就能自我反省而更多地去学习。知道自己的学识还有未通达的地方，然后就能自强不息地追求进步。所以说，教和学是相互促进增长的。《兑命》说："教人学习，能收到相当于自己学习的一半效果。"大概就是说的这个意思吧！

注释 1 宪：法令、法则。 2 谀闻(xiǎo wèn)：有小的名声。谀，小。3《兑命》：即《说命》，《尚书》篇名，今亡。《伪古文尚书》有《说命》三篇。

4 典:经常从事。 5 自强(qiǎng):自己努力图强。 6 学(xiào)学(xué)半:教占学的一半。前一“学”指教人,后一“学”指向入学。学,同“敩”,教。

原文

18.2 古之教者,家有塾[1],党[2]有庠,术[3]有序,国有学。比年入学,中年考校。一年,视离经辨志。三年,视敬业乐群。五年,视博习亲师。七年,视论学取友,谓之“小成”。九年,知类通达,强立而不反,谓之大成。夫然后足以化民易俗,近者说[4]服而远者怀之。此大学之道也。《记》曰:“蛾[5]子时术[6]之。”其此之谓乎!

18.3 大学始教,皮弁,祭菜,示敬道也。《宵雅》肄三[7],

译文

古代教学,家里有“塾”,党里有“庠”,遂里有“序”,国里有“学”。每年入学一次,隔一年考试一次。学习了一年,就考察他的经文句读的能力,辨别他的志向所趋。学习了三年,就考察他对学业是否专心致志,与同学是否和乐相处。学习了五年,就考察他的学习是否广博,是否亲敬师长。学习了七年,就考察他能否讨论学问上的深奥道理和结交什么样的朋友,这可称为“小成”。学习了九年,就能闻一知十,触类贯通,临事独立判断而不惑,不再违背师道,这可称为“大成”。这样以后才能教化人民,移风易俗,附近的人心悦诚服,远方的人也都来归附。这就是大学教育的宗旨。古书上说:“蚂蚁时时都在学习衔泥(,然后才能垒成大窝)。”大概就是说的这个意思吧!

大学开学的时候,天子就让负责的人穿戴皮制弁帽的朝服,用蘋藻一类菜蔬来祭祀先圣先师,向学生表示应尊重学问。学习并歌唱《诗·小雅》中的《鹿鸣》《四牡》《皇皇者华》三首反映君臣宴乐和相互慰劳的诗歌,使

官其始也。入学鼓箧,孙[8]其业也。夏[9]、楚[10]二物,收其威也。未卜禘[11],不视学,游其志也。时观而弗语,存其心也。幼者听而弗问,学不躐[12]等也。此七者,教之大伦也。《记》曰:“凡学,官先事,士先志。”其此之谓乎!

学生在开始学习时就以做官为目标而勉励自己。入学时要击鼓召集学生,并打开箱箧,(拿出书籍做功课,)这样做是为了让学生对学业恭顺。用夏、楚两种木条做的鞭棒,(是老师用来打罚不上进的学生的,使他们有所畏惧,)收得整肃学风的效果。夏天还没有禘祭以前,天子就不到学校去考察,使学生能够优游宽缓地去用心学习。老师要时常静观默察,不必多说话,使学生在内心自觉地受到启发。年幼的学生只能听讲,不要乱发问,那是因为学习不能超越等级。这七项,是教学的大道理。古书上说:“凡学习,要做官就先要学习办事,要做学问的就先要坚定志向。”大概说的就是这个意思吧!

大学之教也,时教必有正业,退息必有居学。不学操缦[13],不能安弦;不学博依[14],不能安诗;不学杂服[15],不能安礼;不兴其艺[16],不能乐学。故君子之于学也,藏焉修焉,息焉游焉。夫然,故安其学而亲其师,乐其友而信其道,是以虽离师辅

大学的教学依照时序进行,(如春秋教学礼乐,冬夏教学诗、书等)而且一定要教正规的课业,退下来休息时还一定要在家中继续钻研。不学调琴的基本动作,就不能调好琴弦;不学广博的比喻,就不能很好地体悟诗意;不学冕服皮弁等各种服饰制度,就不能很好地行礼;不激发对于六艺的兴趣,也就不能乐意去学习。所以君子对于学习,是心里常记挂着学业,修习而不废弃学业,做事疲倦而休息时也在学习,闲暇游乐时亦在学习。这样,也就能巩固他的学业而且亲爱师长,喜欢他的朋友而

而不反。《兑命》曰："敬孙[17]务时敏[18]，厥修乃来。"其此之谓乎！

且信守道义。因此即使离开了老师和同学，亦不会违背道义。《兑命》说："敬重道义，恭顺地对待学业，努力学习，时刻记得要学习，那么他修习的学业就会成功。"大概说的就是这个意思吧！

注释 1塾：郑玄说，古者仕焉而已者，归教于闾里，朝夕坐于门，门侧之堂，谓之塾。 2党：五百家为党。 3术(suì)：通"遂"。古代行政区划。一万二千五百家为遂。 4说：通"悦"。喜悦。 5蛾(yǐ)：同"蚁"。蚍蜉。 6术：学习。 7《宵雅》：即《诗经》的《小雅》。肄：学习。 8孙(xùn)：通"逊"，顺。下文"孙"字同此。 9夏(jiǎ)：通"榎"，楸木。 10楚：荆条。古代用来作鞭子。 11卜禘：大祭以前要进行占卜，所以叫卜禘。禘，大祭祀。 12躐(liè)：越过，超越。 13操缦：练习调弄弹琴的指法和动作。 14博依：郑玄说，广譬喻。也就是下文的"博喻"。 15杂服：冕服皮弁之属。 16艺：郑玄说，谓礼、乐、射、御、书、数。 17敬孙：敬道逊(顺)业。 18敏：疾。指疾速行之。

原文

18.4 今之教者，呻[1]其占[2]毕[3]，多其讯[4]，言及于数[5]，进而不顾其安，使人不由其诚，教人不尽其材。其施之也悖，其求之也佛[6]。夫然，故隐其学而疾其师，苦其难而不知其益也，虽终其业，其去之必速。

译文

现在的教师，只是看着那书本上的文字吟诵，（自己并不深通里面的精义，）而提出很多难题，又只讲些名物制度（，而不是推究义理根本），求躁进而不顾及学生能否安然接受，教学生不竭尽自己的忠诚，又不用尽自己的才能。他施行的一套是悖谬的，他要求的那些也是不合理的。这样，学生就学得幽隐难明，而且痛恨他们的老师；苦于学习的艰难，而不知道学

教之不刑，其此之由乎？

18.5 大学之法：禁于未发之谓豫，当其可之谓时，不陵[7]节[8]而施之谓孙，相观而善之谓摩。此四者，教之所由兴也。

发然后禁，则扞格[9]而不胜。时过然后学，则勤苦而难成。杂施而不孙，则坏乱而不修[10]。独学而无友，则孤陋而寡闻。燕朋[12]逆其师。燕辟[13]废其学。此六者，教之所由废也。

君子既知教之所由兴，又知教之所由废，然后可以为人师也。故君子之教喻也，道[14]而弗牵，强而弗抑，开而弗

习的好处；即使完成了学业，也一定会很快地忘掉。教育之所以不成功，大概就是这个缘故吧？

大学的教育方法：在错误还没有发生之前就加以制止，这叫作“豫”（预防）；正当他可以教育时教育他，这叫作“时”（适时）；不超过节度等次去施教，这叫作“逊”（顺序）；互相观察并且学习对方的长处，这叫作“摩”（观摩）。这四种方法，就是教育兴盛成功的方法。

错误发生了然后才加以制止，就会抵触而起不到作用。适当的学习时光已过去然后才学习，就算再勤苦用功也难有成就。杂乱地施教而不按节度等次，就会弄坏搞乱教育的条理而不能搞好教学。单独学习而没有朋友，就会孤陋寡闻。结交不正当的朋友，就会违背老师的教诲。沉湎在放荡游乐中，就会荒废自己的学业。这六项，是教育之所以废弃的根由。

君子既已知道了教育兴盛成功的方法，又知道了教育之所以废弃的根由，然后就可以做人家的老师了。所以君子的教育是晓谕学生，是引导而不强迫，激励而不压抑，启发而不完全说透。引导而不强迫，师生关系就亲近融洽；激励而不压抑，学生就感到轻松容

达。道而弗牵则和，强而弗抑则易，开而弗达则思。和易以思，可谓善喻矣。

易；启发而不完全说透，学生就会自己去深思。能够做到关系亲近融洽、学习轻松容易、学生深入思考，这就可以称为善于晓喻学生了。

注释 1 呻：曼声而吟。 2 占：视。 3 毕：简册，书籍。 4 讯：问难。 5 数：朱熹说，数，谓形名度数，欲以是穷学者之未知，非求其本。 6 佛：通“拂”。违背，违逆。 7 陵：超过。 8 节：限度。 9 扞(hàn)格：互相抵触，格格不入。 10 修：修治。 12 燕朋：朱熹说，“私亵之友”。指不正当、不庄重的朋友。 13 燕辟：指贪图享受玩乐。 14 道(dǎo)：通“导”，引导。

原文

18.6 学者有四失，教者必知之。人之学也，或失则多，或失则寡，或失则易，或失则止。此四者，心之莫同也。知其心，然后能救其失也。教也者，长善而救其失者也。善歌者，使人继其声；善教者，使人继其志。其言也约而达，微而臧[1]，罕譬而喻，可谓继志矣。

君子知至学之难易，而知其美恶，然后能

译文

学生有四种过失，老师必定要知道。一般人在学习的时候，有的过失在于贪多，有的过失在于求少，有的过失在于看得太容易，有的过失在于半途而废。犯这四种过失的学生，心理状态是不相同的，要先了解他们的心理状态，然后才能去补救他们的过失。教育就是要发扬学生的长处，补救他们的过失。善于歌唱的人，要使人继承他动听的歌声；善于教学的人，能使人继承他远大的志向。他的语言简洁而使人明白，含蓄而使人受益，譬喻虽少而能使人知晓，这样就可以说是能使人继承他的意志了。

君子知道做学问的难易，也知道学

博喻;能博喻,然后能为师;能为师,然后能为长;能为长,然后能为君。故师也者,所以学为君也,是故择师不可不慎也。《记》曰:"三王[2]四代[3]唯其师。"此之谓乎!

问上的是非,然后才能用广博的知识晓喻他人;能用广博的知识晓谕他人,然后才能做人家的老师;能够做人家的老师,然后才能做官长;能做官长,然后才能做国君。所以老师是教人学习做国君的。因此,选择老师不可以不慎重。古书上说:"三王四代对选择老师都很慎重。"说的就是这个意思吧。

注释 1臧:善,美。 2三王:指夏禹、殷汤、周文王。 3四代:虞舜、夏、商、周。

原文

18.7 凡学之道,严师为难。师严,然后道尊。道尊,然后民知敬学。是故君之所不臣于其臣者二:当其为尸,则弗臣也;当其为师,则弗臣也。大学之礼,虽诏于天子,无北面,所以尊师也。

善学者,师逸而功倍,又从而庸[1]之;不善学者,师勤而

译文

所有求学的道理中,尊敬老师是最难做到的。老师受到尊敬,然后他讲授的道才会被尊重;讲授的道被尊重,然后民众才知道崇尚学习。因此君主不把自己的臣子再当臣子对待,有两种情况:当臣子装扮作受祭的"尸"时,就不把他当臣子看待;当臣子作为老师时,也就不把他当臣子看待。大学的礼节,老师即使是被召见到天子那儿讲授,也不朝北处在臣位,这是表示尊敬老师。

善于学习的人,老师很闲适,但自己比别人能得到加倍的成绩,却归功于老师;不善于学习的人,老师很辛勤,但自己比别人只得到一半的成绩,却归怨于老师。善于发问的人,

功半，又从而怨之。善问者如攻[2]坚木，先其易者，后其节目[3]，及其久也，相说[4]以解。不善问者反此。善待问者如撞钟，叩之以小者则小鸣，叩之以大者则大鸣，待其从容，然后尽其声。不善答问者反此。此皆进学之道也。

就像砍削坚硬的木头，先从较容易砍的部位下手，然后再着手于较难的结节部位，等到时间一长，木头自然脱落砍开。不善于发问的人却与此相反。善于对待发问的人就像撞钟一样，撞得轻就响得小，撞得重就响得大，要等到撞钟的人从容不迫，然后才会余韵悠扬而尽。不善于对待发问的人则与此相反。这些都是使学业进步的方法。

记问之学，不足以为人师，必也其听语乎！力不能问，然后语之，语之而不知，虽舍之可也。

只是记诵一些古书而等待学生来发问的人，是不能够做人家的老师的，一定要倾听学生所提的问题而给予解答才行！有的学生没有能力发现问题提出疑问，这才可以直接给他讲解；讲解以后却还不明白的，就算舍弃也是可以的。

良冶之子，必学为裘；良弓之子，必学为箕；始驾马者反之，车在马前。君子察于此三者，可以有志于学矣。

好铁匠的儿子，一定先学会缝补皮衣；弓匠的儿子，一定先学会编制畚箕；初学驾车的马要反过来拴在车的后面(，先训练不惊马)。君子审察这三件事的道理，就可以有学习的志向了。

注释 1庸：功劳(归于)。 2攻：砍伐。 3节目：孙希旦说，木之坚而难攻处。 4说(tuō)：通“脱”。脱离，解脱。

原文

18.8 古之学者，

译文

古代的学者，善于比较辨别同类的事物。

比物丑类[1]。鼓无当[2]于五声，五声弗得不和；水无当于五色，五色弗得不章；学无当于五官[3]，五官弗得不治；师无当于五服[4]，五服弗得不亲。

鼓声并不属于五声中的任何一声，但五声要是没有鼓的节奏就不会和谐；水并不属于五色中的任何一色，但五色要是没有水的调和就不会鲜明；学习并不属于五官中的任何一官，但五官不学习就不能管理好事情；老师并不属于五服中的任何一服，但不经过教育就不能明白五服相亲的道理。

君子〔曰〕[5]："大德不官，大道不器，大信不约，大时不齐。"察于此四者，可以有志于(学)〔本〕[6]矣。三王之祭川也，皆先河而后海，或源[7]也，或委[8]也，此之谓务本。

君子说："有大德的圣人，不会局限于一官一职；有大道的圣人，不会像器物一样只有固定的用法；有大信义的圣人，不会受到盟言誓约的限制；有四时变化的天时，不会是整齐划一的。"(这四项，都是因为本源盛大，而体用没有不具备的。)因此，明察了这四种情况，就可以有志于学习根本了。三王在祭祀河川时，都是先祭河，后祭海，因为河是源头，海是河水聚集而成的，这种祭祀也称为从根本上着力。

注释 1比物丑类：连缀同类事物，进行排比归纳。 2当：主。 3五官：五行之官，木正句芒，火正祝融，金正蓐收，水正玄冥，土正后土。 4五服：斩衰至缌麻之亲，表示亲疏的等差。 5据孔疏，当有"曰"字。 6据孔疏说，当为"本"字。 7源：本源，指河。 8委：水所聚积处，此指海。

乐记第十九

导读

此篇主要记述乐之意义与礼乐教化的功能。它是汉初儒者收集整理先秦谈论乐的作品。或认为《乐记》与《公孙尼子》以及荀子的《乐论》有一定关系。"六经"都遭遇秦火,为何"五经"尚存,独《乐》经亡佚?有说《乐》本无经,"乐"在《诗》《礼》之中。《乐》经亡佚后,古代音乐思想的汇集仅此《乐记》。今本《乐记》为戴圣编撰《礼记》时,将原存有的11篇整合为1篇。

我国成为"礼仪之邦",是以"礼乐"为核心和基石的,各族人民共同创建了悠久而丰富多彩的音乐文化。商代甲骨文中有多种乐器的名字,出土的鼓、编磬、编钟、铙、铃等乐器,说明当时的乐音、乐律、乐舞已经达到相当复杂的程度,这些都是音乐文化发展的标志。西周以后形成了系统的礼乐制度和仪式,其中融入了道德伦理的内涵。礼乐教化成为儒家治国之本,其主旨是游艺进德,于游艺中达到礼治天下的目的。中国最早的诗歌总集《诗经》中收录了许多贵族的乐歌和乡间民歌。乐不仅形式美,而且可抒发情感,可观政教风俗之美恶。《乐记》说,"乐者,音之所由生也,其本在人心之感于物也",又说"乐者,通伦理者也""乐者,德之华也"。由此可见,人之心理、社会环境对音乐的产生有重要作用。历代君王深明此理,因此都十分重视礼乐,制订礼仪,创制音乐,以推行教化,使社会和谐安定。

《乐记》是儒家的美学经典,是战国、秦汉乐理、乐义的总汇。它主要阐述了乐的形成和功能,并论述了礼乐的关系及影响等。《乐记》对我国古代文艺理论有诸多贡献,后代学者有《乐记》与天人感应、与人之情性、与文论精神等方面的研究。它对我国美学思想的发展起了尤为重要的作用。

原文

19.1 凡音之起,由人心生也。人心之动,物使之然也。感于物而动,故形于声。声相应,故生变。变成方[1],谓之音。比音而乐之,及干[2]、戚[3]、羽[4]、旄[5],谓之乐。

乐者,音之所由生也,其本在人心之感于物也。是故其哀心感者,其声噍[6]以杀;其乐心感者,其声啴[7]以缓;其喜心感者,其声发以散;其怒心感者,其声粗以厉;其敬心感者,其声直以廉;其爱心感者,其声和以柔。六者非性也,感于物而后动,是故先王慎所以感之者。故礼以道其志,乐以和其声,政以一其行,刑以防其奸。礼乐刑政,其极一也,所以

译文

凡是声音的发出,就是从人的内心活动中产生的。而人的内心活动,又是外物刺激而形成的。有感于外物而引起内心活动,所以就表现在声音上。各种声音互相配合,所以就产生变化。变成有节奏可听的曲调,就叫作音。排比各种曲调而用乐器演奏出来,并配合上干、戚、羽、旄的舞蹈,就叫作乐。

乐是从音调产生出来的,它的本源在于人的内心活动对于外物的感应。因此,内心形成了悲哀的感应,发出的声音就急促而低沉;内心产生了快乐的感应,发出的声音就宽舒而徐缓;内心产生了喜悦的感应,发出的声音就高昂而舒散;内心产生了愤怒的感应,发出的声音就粗暴而严厉;内心产生了崇敬的感应,发出的声音就正直而纯一;内心产生了爱慕的感应,发出的声音就温和而柔美。这六种不同的内心感应,并不是出于人的本性,而是有感于外物而后产生的不同感应,因此古代圣王重视那些对人们产生影响的事物。所以用礼来引导人们的意志,用乐来和谐人们的声音,用政令来统一人们的行为,用刑罚来防止人们的奸邪。礼、乐、政、刑,

同民心而出治道也。

凡音者，生人心者也。情动于中，故形于声。声成文，谓之音。是故治世之音安以乐，其政和；乱世之音怨以怒，其政乖；亡国之音哀以思，其民困。声音之道，与政通矣。

它们的最终目的只是一个，都是为了使民心齐同而实现国家的安定太平。

凡是声音，都是从人的内心产生出来的。各种情感在内心活动，所以表现为各种声音。各种声音组成有节奏的曲调，就称为音调。因此太平时代的音调是安详而欢乐的，这是因为政治平和；乱世的音调是怨恨而愤怒的，这是因为政治混乱；亡国的音调是悲哀而忧虑的，这是因为民众困苦。声音的道理是与政治相通的。

注释 1方：郑玄说，方，犹文章。五色相配成文章，则五音相配成歌曲。 2干：盾牌。 3戚：斧。 4羽：翟羽。 5旄：旄牛尾。 6噍(jiāo)：急促。 7啴(chǎn)：宽绰，悠扬。

原文

宫为君，商为臣，角为民，徵为事，羽为物。五者不乱，则无怗懘[1]之音矣。宫乱则荒，其君骄。商乱则陂[2]，其官坏。角乱则忧，其民怨。徵乱则哀，其事勤。羽乱则危，其材匮。五者皆乱，迭相陵，谓之慢；如此，则国之灭亡

译文

宫音就象征国君，商音就象征臣子，角音就象征民众，徵音就象征事情，羽音就象征物品。宫、商、角、徵、羽五音不乱，就没有不和谐的声音了。宫音乱，则声音荒散，有如国君骄奢；商音乱，则声音偏邪，有如臣下败坏；角音乱，则声音忧愁，有如民众怨恨；徵音乱，则声音悲哀，有如徭役繁重；羽音乱，则声音危急，有如民财贫乏。五音都乱，互相侵犯而不和谐，就称为任性放纵、不拘礼法；这样，国家的灭

无日矣。

郑卫之音，乱世之音也，比于慢矣。桑间濮上之音[3]，亡国之音也。其政散，其民流，诬上行私而不可止也。

凡音者，生于人心者也。乐者，通伦理[4]者也。是故知声而不知音者，禽兽是也；知音而不知乐者，众庶是也。唯君子为能知乐。是故审声以知音，审音以知乐，审乐以知政，而治道备矣。是故不知声者，不可与言音；不知音者，不可与言乐；知乐则几于礼矣。礼乐皆得，谓之有德，德者得也。是故乐之隆，非极音也；食飨之礼，非致味也。《清庙》[5]之瑟，朱弦而疏越[6]，壹倡[7]而三叹[8]，有遗音者矣。大飨之礼，尚玄酒而俎腥鱼，大羹不和，有遗味者矣。是故先王之制

亡就没有几天了。

郑国和卫国的音，就是乱世之音，接近“慢”音了。桑间和濮上的音，就是亡国之音。它们的政治荒散，民众流亡，臣下欺骗君上，图谋私利而无法制止。

凡是声音都是从人的内心产生出来的。乐和伦理道德相通。因此，只知道声音而不知道音理的，这是禽兽；只知道音理而不知道乐的作用，这是一般的众人。只有君子，才是真能懂得乐的。因此君子审声而能知音，审音而能知乐，审乐可以知道政治得失。这样才能使治国的方法完备。因此不知道声的人，不可以和他谈论音；不知道音的人，不可以和他谈论乐；知道了乐，就差不多接近礼了。礼、乐都得到了，就叫作有德；德，就是“得”。因此，乐的规模盛大，不是要尽量地讲究音调的美；飨宴大礼，不是要尽量地讲究美味。歌唱《清庙》诗所弹的瑟，朱红色的丝弦和稀疏的底孔，由一人先唱，三人和声，（虽极简陋，但）其中有不尽的余音。飨宴大礼，玄酒居首位，俎里放的是生鱼生肉，肉汁中不加调料，（虽是朴质清寡，

礼乐也，非以极口腹耳目之欲也，将以教民平好恶而反人道之正也。

但）其中有不尽的余味。因此古代圣王制作礼乐，不是要尽量地满足人们口腹耳目的欲望，而是用来教导民众辨别爱憎，回归到做人的正道上。

注释 1 怗懘(zhān chì)：声音不和谐。 2 陂(bēi)：倾颓，倾斜。 3 郑玄说，濮水之上，地有桑间者，亡国之音于此之水出也。 4 伦理：人伦物理。依上文是讲君、臣、民、事、物五者之理。 5《清庙》：周人祭祀文王的乐章。 6 越(huó)：瑟底的小孔。 7 倡：亦作“唱”。歌唱。 8 叹：和唱，和声。

原文

人生而静，天之性也。感于物而动，性之欲也。物至知知[1]，然后好恶形焉。好恶无节于内，知诱于外，不能反躬，天理灭矣。夫物之感人无穷，而人之好恶无节，则是物至而人化物[2]也。人化物也者，灭天理而穷人欲者也。于是有悖逆诈伪之心，有淫泆作乱之事。是故强者胁弱，众者暴寡，知者诈愚，勇

译文

人生下来没有喜怒哀乐，本是人的天性。有感于外物而内心活动，这又是人性所具有的情欲。外物刺激使人的心智产生感觉，然后就有喜好和厌恶的情感表现出来。如果好恶的情感在内心没有节制，外物还在诱惑着，又不能作自我反省，那么本来的理性就会被毁灭了。外物的引诱是没有穷尽的，而人的好恶情感没有节制，那么外物一刺激，人就随着外物变化了。人随着外物变化，毁灭了原来的理性，而尽量地发泄人的情欲。于是就会产生违乱忤逆、奸诈虚伪之心，就会有淫泆放荡、犯上作乱的事。因此强的就威胁弱的，人多的就欺压人少的，聪明的就欺骗愚笨的，有勇力的

者苦怯，疾病不养，老幼孤独不得其所，此大乱之道也。是故先王之制礼乐，人为之节。衰麻哭泣，所以节丧纪也；钟鼓干戚，所以和安乐也；昏姻冠笄[3]，所以别男女也；射乡食飨，所以正交接也。礼节民心，乐和民声，政以行之，刑以防之。礼乐刑政，四达而不悖，则王道备矣。

就凌辱怯懦的，有病的人没有人抚养，老幼孤独得不到安置，这就是大乱的世道了。因此古代圣王制作礼乐，就是为了节制欲望。制定居丧穿的麻布丧服和哭泣的礼仪，是用来节制人们的哀痛；制定钟鼓乐器和干戚舞具，是用来谐和人们安乐的心情；制定婚姻和加冠加笄的礼节，是用来使男女有别；制定乡射、乡饮酒和宴享宾客的礼节，是用来规范人们的交往。礼仪节制民众的心志，乐可以调和民众的心声，政令来推动礼乐的施行，刑罚防止礼乐紊乱。礼乐刑政四方面都畅行通达而没有悖乱，那么王道就能实现了。

乐者为同，礼者为异。同则相亲，异则相敬。乐胜则流，礼胜则离。合情饰貌者，礼乐之事也。礼义立，则贵贱等矣。乐文同，则上下和矣。好恶著，则贤不肖别矣。刑禁暴，爵举贤，则政均矣。仁以爱之，义以正之，如此则民治行矣。

乐的性能在于协同，礼的性能在于析异。协同就使人们互相亲近，析异就使人们互相尊敬。乐过度就会使人放纵，礼过度就会使人疏离。融洽感情，体现仪表，这是礼乐的事情。礼义确立，贵贱就有了等差；乐音相同，上下就会和谐了。好恶标准明确，贤和不肖就有区别了。用刑罚来禁止暴民，用爵禄来举荐贤良，那么治政就公平了。用仁心来爱民众，用礼义来端正民众的行为，这样民治的理想就能实现了。

注释 1知知:心智产生感觉。 2人化物:人化于物。人为物所化,就会随物而变异其好恶。 3冠笄(jī):男子二十而冠,女子许嫁而笄。

原文

乐由中出,礼自外作。乐由中出,故(静)〔情〕[1]。礼自外作,故文。大乐必易,大礼必简。乐至则无怨,礼至则不争,揖让而治天下者,礼乐之谓也。暴民不作,诸侯宾服,兵革不试,五刑不用,百姓无患,天子不怒,如此则乐达矣。合父子之亲,明长幼之序,以敬四海之内,天子如此则礼行矣。

大乐与天地同和,大礼与天地同节。和,故百物不失。节,故祀天祭地。明则有礼乐,幽则有鬼神。如此,则四海之内合敬同爱矣。礼者,殊事、合敬者也;乐者,异文、合爱者也。礼乐之情同,故明王以相沿也。故事与时并,名与

译文

乐是从内心产生出来的,礼是外部的表现。乐从内心产生,所以可以知道其中的真情。礼是外部的表现,所以可以见其风度。盛大的音乐必定是平易的,盛大的典礼必定是简单的。乐教贯彻,民众就没有怨恨;礼教贯彻,民众就不争斗;揖让而治天下,就是说的这种礼乐政教。暴民不作乱,诸侯敬服,不动用军队征伐,不使用各种刑罚,百姓没有怨恨,天子没有不满,像这样的话,乐教就畅行通达了。融洽父子的亲情,明确长幼的次序,敬重四海之内的民众,如果天子能够像这样做,礼教也就施行了。

盛大的音乐具有自然的和谐,盛大的典礼具有自然的秩序。能和谐,万物生长而不失去自己的本性;有秩序,万物成功而祭祀天地来报答。在明处用礼乐教导人,在暗处有鬼神助天地成物。像这样,四海之内的民众就能相互敬爱了。礼,事虽各异,但恭

功偕。

故钟鼓管磬，羽籥干戚，乐之器也；屈伸俯仰，缀[2]兆[3]舒疾，乐之文也。簠簋俎豆，制度文章[4]，礼之器也；升降上下，周还裼袭，礼之文也。故知礼乐之情者能作，识礼乐之文者能述。作者之谓圣，述者之谓明。明圣者，述作之谓也。

敬的情感相同；乐，曲调各异，但仁爱的心情相同。礼乐表达的情感相同，（都讲究敬情爱心，）所以圣明的君王使礼乐沿袭不废。同时，他们又根据时势来增损礼乐，根据建立的功绩来确立礼乐的名目。

所以，钟鼓管磬，羽籥干戚，是乐的器具；屈伸俯仰，进退快慢，是乐的情状。簠簋俎豆，规格华饰，是行礼的器具；升降上下，周旋裼袭，是行礼的情状。所以，知道用礼乐表达敬情爱心的人，能够制作礼乐；只记住行礼举乐情状的人，仅能够复述礼乐。能制作礼乐的，称为"圣"；能复述礼乐的，称为"明"。"明圣"，就是指能讲述、制作礼乐。

注释 1静：王引之以为当为"情"字。 2缀：舞位的标志。 3兆：舞位的界限。 4文章：此指器物的装饰。

原文

乐者，天地之和也；礼者，天地之序也。和，故百物皆化；序，故群物皆别。乐由天作，礼以地制。过制则乱，过作则暴。明于天地，然后能兴礼乐也。

译文

乐，是表现自然的和谐；礼，是体现自然的秩序。有和谐，因此万物得以化生；有秩序，因此万品得以区分。乐取法天道阴阳而制作出来，礼取法地道刚柔而制作出来。礼制作得太过分就会引起混乱，乐制作得太过分就会暴慢。通晓天地变化之道，然后才能制作礼乐。

论伦无患，乐之情也。欣喜欢爱，乐之官[1]也。中正无邪，礼之质也。庄敬恭(顺)〔慎〕[2]，礼之制也。若夫礼乐之施于金石，越于声音，用于宗庙社稷，事乎山川鬼神，则此所与民同也。

歌词和音节不相害，是乐的内情；欣喜欢爱，是乐的职责。中正无邪，是礼的性质；庄敬恭慎，是行礼的节制。至于将用钟磬来演奏礼乐，发出和谐的声音，用到宗庙社稷的祭祀中和对山川鬼神的敬事上，这是与庶民共同实行的。

王者功成作乐，治定制礼。其功大者其乐备，其治辩[3]者其礼具。干戚之舞，非备乐也；孰亨而祀[4]，非达礼也。五帝殊时，不相沿乐；三王异世，不相袭礼。乐极则忧，礼粗则偏矣。及夫敦乐而无忧，礼备而不偏者，其唯大圣乎！

称王的人事业成功，便开始作乐；治平安定，就开始制礼。那些功绩越大，政治越安定的，他们的礼乐也越完备。干戚这种武舞，还不算是完备的乐；只知道熟烹的祭祀，还不算是通达礼。五帝，时代各异，因此不相沿袭乐名；三王，时世不同，因此不相因袭礼制。乐至极，就有放纵之忧；礼粗疏，就失去中正无邪。能做到既尊重乐而不至于有放纵之忧，既礼制完备而又不失中正，大概只有大圣人了吧！

注释　1 官：职责。　2 顺：孔疏引作“慎”。王引之说，当是原文作“慎”。　3 辩：治理。　4 孰：同“熟”。亨(pēng)：同“烹”。

原文

天高地下，万物散殊，而礼制行矣。流而不息，合同而化，而乐

译文

天高地低，万物错综，礼根据不同的情况而施行。天地万物，流动不息，会同化异，乐在它们的变化中产生。春生夏长，

兴焉。春作夏长，仁也。秋敛冬藏，义也。仁近于乐，义近于礼。乐者敦和，率神而从天；礼者别宜，居[1]鬼而从地。故圣人作乐以应天，制礼以配地。礼乐明备，天地官矣。

天尊地卑，君臣定矣。卑高已陈，贵贱位矣。动静有常，小大殊矣。方以类聚，物以群分，则性[2]命[3]不同矣。在天成象，在地成形。如此，则礼者天地之别也。地气上齐[4]，天气下降，阴阳相摩，天地相荡，鼓之以雷霆，奋之以风雨，动之以四时，暖[5]之以日月，而百化兴焉。如此，则乐者天地之和也。化不时则不生，男女无辨则乱升，天地之情也。

及夫礼乐之极乎天而蟠乎地，行乎阴阳而通乎鬼神，穷高极远而测深厚[6]。乐著大始，而礼居成物。著

是仁的体现。秋收冬藏，是义的体现。仁近于乐，义近于礼。乐重视和同，依循施张的本性，像天一样流动；礼崇尚辨异，依循收敛的本性，像地一样凝定。所以圣人制作乐来应和天产生万物，又制作礼来配合地成就万物。礼乐的制作既明确又完备，天生地成也已是各得其职了。

天尊地卑，用来定君臣名分。山泽高低，用来定贵贱职位。动静有规律，小大迥相异；禽兽以类相聚，草木以群相分，这是因为禀赋不同，性命差异。在天形成天象，在地生成地形。这样，礼就是效法天地的差别而制作的。地气上升，天气下降，阴阳相摩，天地震荡，以雷霆震动，以风雨滋润，以四季周流，以日月照耀，于是万物在天地间的种种会同中化生出来。这样，乐就是效法天地的会同而制作的。天地化养不得其时，万物不能生成，男女没有分辨，就会造成混乱，(因此既有和同，又有区别，)这是天地的本性。

至于礼乐充塞于天地间，通行于阴阳鬼神处，极高极远极深。乐显示

不息者天也，著不动者地也。一动一静者，天地之间也。故圣人曰礼乐云。

原始的动机，礼辨别已成的事物。显示出流动不息的是天，显示出凝定不动的是地。有动有静的，是在天地之间。这也即是圣人所说的礼乐。

注释 1 居：循。 2 性：天性，天生的性质。 3 命：生命的长短寿夭。 4 齐(jī)：通“跻”。升起。 5 暖：《易传》作“烜”。烜，照耀。 6 依王念孙说，穷、极、测，三字皆是“尽”字之义。

原文

19.2 昔者舜作五弦之琴以歌《南风》，夔始制乐以赏诸侯。故天子之为乐也，以赏诸侯之有德者也。德盛而教尊，五谷时熟，然后赏之以乐。故其治民劳者，其舞行缀远；其治民逸者，其舞行缀短[1]。故观其舞，知其德；闻其谥，知其行也。《大章》，章之也。《咸池[2]》，备矣。《韶》，继也。《夏》，大也。殷周之乐尽矣。

天地之道，寒暑不

译文

从前，舜弹奏五弦琴，歌唱《南风》诗，夔开始制乐用来赏赐诸侯。所以天子作乐，是用来赏赐给有德行的诸侯的。德行盛大，政教昌隆，五谷丰登，然后天子用乐赏赐。所以，凡是治下的民众劳苦的，参加乐舞的人就相对少些；凡是治下的民众安逸的，参加乐舞的人就相对多些。所以观看乐舞，就可以知道他的政绩；听见谥号，就可以知道他生前的行事为人了。《大章》是尧时乐名，指尧的德行彰明于天下；《咸池》是黄帝时乐名，指黄帝的恩德遍施民众；《韶》是舜时乐名，指舜继承了尧的品德；《夏》是禹时乐名，指禹光大了尧舜的美德。殷周时代的音乐也尽是歌颂人事功业的。

天地自然规律，如果寒暑不定时，就会发生疾病；风雨失去节制，就会发生饥荒。

时则疾,风雨不节则饥。教者,民之寒暑也,教不时则伤世。事者,民之风雨也,事不节则无功。然则先王之为乐也,以法治也,善则行象德矣。夫豢豕为酒,非以为祸也;而狱讼益繁,则酒之流生祸也。是故先王因为酒礼。壹献之礼,宾主百拜,终日饮酒而不得醉焉。此先王之所以备酒祸也。故酒食者,所以合欢也。乐者,所以象德也。礼者,所以缀[3]淫也。是故先王有大事,必有礼以哀之;有大福,必有礼以乐之。哀乐之分,皆以礼终。乐也者,圣人之所乐也,而可以善民心。其感人深,其移风易俗,故先王著其教焉。

教化,就是民众的寒暑;教化不及时,就会损害世道人心。事功,就是民众的风雨;事功不节制,就不会有成效。因此古代圣王制作乐,就是效法天地之道而用来治理天下;教化良好,民众的行为就会仿效圣王的德行了。养猪造酒,并不是用来制造祸害的;然而刑事纠纷日益增多,则是饮酒过量导致的祸害。因此古代圣王特地为此制定饮酒礼。即使只献一杯酒,宾主也有很多礼节,因此整天饮酒也不会喝醉了。这是古代圣王用来防备酒祸的方法。所以(养猪造酒,)备酒食,是用来聚会欢乐的。乐用来使民众仿效圣王的德行,礼用来制止民众越轨的行为。因此古代圣王有死丧事,必定有丧礼来表示哀悼;有吉庆事,也必定有礼节抒发欢乐。哀和乐的分限,都以各自的礼节为终止。乐,是圣人所喜爱的,而可以使民心善良。乐又能感化人们的灵魂深处,而移风易俗,所以古代圣王使乐教显明。

注释 1缀远、缀短:舞位距离远者则人少,短者则人多。 2池:郑玄说,池之言施也。施,施与。 3缀:郑玄说,缀犹止也。

原文

夫民有血气心知之性，而无哀乐喜怒之常；应感起物而动，然后心术形焉。是故志微[1]噍杀之音作，而民思忧；啴谐、慢易、繁文、简节之音作，而民康乐；粗厉、猛起、奋末、广贲[2]之音作，而民刚毅；廉直、劲正、庄诚之音作，而民肃敬；宽裕、肉好[3]、顺成、和动之音作，而民慈爱；流辟、邪散、狄(成)〔戊〕[4]、涤滥之音作，而民淫乱。是故先王本之情性，稽之度数，制之礼义，合生气之和，道五常之行，使之阳而不散，阴而不密，刚气不怒，柔气不慑，四畅交于中，而发作于外，皆安其位而不相夺也。然后立之学等，广其节奏，省其文采，以绳德厚。律小大之称，比终始之序，以象事行，使

译文

人人都有血气和用心感知事物的本性，但哀乐喜怒却不是固定不变的；受到外物刺激而产生内心活动，然后又产生各种情感。因此，制作出微细低沉的音乐，民众必是充满着忧思；制作出谐和、平易、意义丰富、节奏简明的音乐，民众必安详欢乐；制作出粗犷、发音猛烈、收音昂奋、广阔而奋激的音乐，民众必刚强坚毅；制作出清明正直、庄严诚恳的音乐，民众必严肃恭敬；制作出宽舒、圆润、柔顺、活泼平和的音乐，民众必慈厚仁爱；制作出怪诞、散乱、轻佻、烦滥的音乐，民众必是心志淫侈而杂乱。因此古代圣王根据人们的本性、情感，参考音律的度数，制定准则意义，合乎阴阳生气的和畅，依循五行的流转；使阳气抒发而不至飘散，阴气收敛而不至郁结，刚气不怒，柔气不怯；四气交汇涵养心中，而能抒发表现于外，并且各安其位而不彼此侵夺。然后订立学习的等次，增益节奏，审察音辞，用来度量是否道德宽厚。又比照音律度数的匀称，排列章节起讫的次序，而模拟事功和行能，使亲疏、贵贱、长幼、男女的伦

亲疏、贵贱、长幼、男女之理皆形见于乐。故曰：乐观其深矣！

土敝则草木不长，水烦则鱼鳖不大，气衰则生物不遂，世乱则礼慝而乐淫。是故其声哀而不庄，乐而不安，慢易以犯节，流湎以忘本。广则容奸，狭则思欲，感条畅[5]之气，而灭平和之德。是以君子贱之也。

理都具体地表现在乐中。所以说：乐中所能观察到的，实在是太深刻了！

土贫瘠，草木就不生长；水被搅乱，鱼鳖就长不大；阴阳之气衰竭，生物就不能孕育；世道动乱，礼就会邪恶，音乐就会淫荡。因此，这种情况下产生的音乐，其声音哀忧而不庄重，欢乐而不安详，过分宽缓而侵乱音节，流连沉湎而失去理性。节宽缓就会包藏奸邪，音节急迫就会思念嗜欲，感受到一股跌宕起伏之气，但失去了平和的美德。因此君子鄙视这种乱世之乐。

注释　1 志微：《汉书·乐志》作“纤微”，细小之义。　2 贲(fén)：大。3 肉好：圆润。　4 王引之说，狄读为“誂”，成者“戊”之讹。轻佻之义。5 条畅：此指跌宕之意。

原文

19.3 凡奸声感人，而逆气应之；逆气成象，而淫乐兴焉。正声感人，而顺气应之；顺气成象，而和乐兴焉。倡和有应，回邪曲直各归其分，而万物之理各以类相动也。是

译文

凡是奸邪的声音刺激人的心灵，就会有逆乱之气应合；逆乱之气化成具体的事实，淫乐也就出来了。纯正的声音刺激人的心灵，就会有顺从之气应合；顺从之气化成具体的事实，和乐也就产生了。刺激反应一唱一和，乖戾、邪恶、曲、直各有应合，彼此分明，而万物的情理，也各以同类者互相感动。因此君子反省自己的情欲而调和

故君子反情以和其志，比类以成其行。奸声乱色不留聪明，淫乐慝礼不接心术，惰慢邪辟之气不设于身体，使耳目、鼻口、心知百体皆由顺正，以行其义。然后发以声音，而文以琴瑟，动以干戚，饰以羽旄，从以箫管，奋至德之光，动四气之和，以著万物之理。是故清明象天，广大象地，终始象四时，周还象风雨。五色成文而不乱，八风从律而不奸，百度得数而有常，小大相成，终始相生，倡和清浊迭相为经。故乐行而伦清，耳目聪明，血气和平，移风易俗，天下皆宁。故曰：乐者乐也，君子乐得其道，小人乐得其欲。以道制欲则乐而不乱，以欲忘道则惑而不乐。

是故君子反情以和

心志，比较品类而依附善类就能成就自己的善行。奸声乱色不敢留存在耳目，淫乐邪礼不敢和内心的活动相沟通，惰慢邪辟之气不敢沾染自身，使自己的耳目、鼻口、心知各个部分都从顺正的方向来实践有意义的行为。然后用声音来表达，用琴瑟来文饰，用干戚来跳武舞，用羽旄装饰文舞，用箫管来伴奏，发扬最高德行的光辉，引动阴阳刚柔的四时和气，从而显示万物的情理。因此，这样的乐就会清明像天空，广大像大地，终始循环像四季，周回旋转像风雨。五音配五行之色，各成文章而不错乱，八音配八方之风，各从音律而和谐，一切律调都有一定的度数，声音高低大小相辅相成，乐章前终后始相生相成，唱与和、清与浊，相迭轮换，互为纲纪。所以乐的演奏，条理清晰，使人们耳聪目明，心平气和，移风易俗，天下都能安宁。因此说：乐就是欢乐，君子因得到其中的义理而欢乐，小人也因得到欲望的满足而欢乐。用理性来节制欲望，就既获得欢乐而又不迷乱；因满足欲望而忘却理性，就会迷惑而得不到欢乐。

因此君子要反省自己的情欲而调和心志，推广乐事来成就乐教，乐教推行，

其志，广乐以成其教，乐行而民乡方[1]，可以观德矣。德者，性之端也。乐者，德之华也。金石丝竹，乐之器也。诗，言其志也。歌，咏其声也。舞，动其容也。三者本于心，然后乐(器)〔气〕[2]从之。是故情深而文明，气盛而化神，和顺积中而英华发外，唯乐不可以为伪。

民众就朝向理性，可以观看民众的德行。德，是人性的端绪。乐，是德的光辉。金石丝竹，是乐的器具。诗，是抒发心志的。歌，是吟咏心声的。舞，是心志外现为动作姿态。诗、歌、舞三者都根据内在的心志生发出来，然后用乐器来伴奏。因此乐的情志深邃，而形象却是明晰的，和气交畅而沟通鬼神，和顺的情感蓄积胸中而光华显露在外表，只有乐是不可以作伪的。

注释　1乡方：向着道义。乡，通"向"。　2王引之说，当为"气"字，"气"即"器"之假借；读"气"为"器"得之，然径改其字为"器"则非。

原文

乐者，心之动也。声者，乐之象也。文采节奏，声之饰也。君子动其本，乐其象，然后治其饰。是故先鼓以警戒，三步以见方[1]，再始以著往，复乱[2]以饬归，奋疾而不拔，极幽而不隐。独乐其志，不厌其道；备举其道，不私其欲。是故情见而义

译文

乐，是内心活动的表现。声音，是乐的形象。文采节奏，又是声音的修饰。君子内心感动，喜爱乐的形象，因而又讲究声音的修饰。所以大武舞首先要击鼓来警戒，并且三举足才渐起舞；一阕结束后，再循环往复，舞到最后又归回到原来的位置；动作奋疾却不过于匆促，表情深刻却不对人隐藏。每个人都为心志的满足而欢乐，又没有厌弃理性，做任何事皆有理性，不放纵个人的

立，乐终而德尊，君子以好善，小人以听过。故曰：生民之道，乐为大焉。

乐也者，施也。礼也者，报也。乐，乐其所自生；而礼，反其所自始。乐章德，礼报情，反始也。所谓大辂者，天子之车也；龙旂九旒，天子之旌也；青黑缘者，天子之宝龟也；从之以牛羊之群，则所以赠诸侯也。

情欲。因此情志表现的同时，正义也就确立；乐舞终止的同时，更知德行的尊贵；君子因此愈加向善，小人因此审察过错。所以说：教养民众的方法，乐是最主要的。

乐，是施与。礼，是报答施与。乐，是欢娱自生的情志；而礼，却要追溯起始。乐，表明内在的德行；礼，报答恩情，追溯起始。所谓大辂，本是天子的车；龙旂九旒，本是天子的旗帜；龟甲边缘作青黑色的，本是天子的宝龟；还有成群的牛羊，这些都是天子赠送给诸侯的礼物。

注释 1方：孔疏说，方是积渐之义。 2乱：乐曲最后一章。王念孙说，乐之终，诗之终，皆有“乱”。

原文

乐也者，情之不可变者也。礼也者，理之不可易者也。乐统同，礼辨异。礼乐之说，管乎人情矣。穷本知变，乐之情也。著诚去伪，礼之经也。礼乐偩[1]天地之情，达神明之德，降兴上下之神，而凝是精粗[2]之体，领[3]父子

译文

乐，情志不可改变；礼，义理不可变移。乐统同和合，礼辨异析等。礼乐二端，管摄了人情。穷究内心本源，了解声音的变化，这是乐的情理。显明真诚，清除虚伪，这是礼的常态。礼乐依遵着天地自然的法则，通达神明的德行，升降上下的神灵，而凝聚为各种乐情和礼仪，统摄父子君臣的行为规范。因此，圣明君主能兴起礼乐，而自然的法则也

君臣之节。是故大人举礼乐，则天地将为昭焉。天地䜣合[4]，阴阳相得，煦妪[5]覆育万物。然后草木茂，区萌[6]达，羽翼奋，角觡生，蛰虫昭苏，羽者妪伏，毛者孕鬻[7]，胎生者不殰[8]，而卵生者不殈[9]。则乐之道归焉耳。

乐者，非谓黄钟、大吕、弦歌、干扬也，乐之末节也，故童者舞之。铺筵席，陈尊俎，列笾豆，以升降为礼者，礼之末节也，故有司掌之。乐师辨乎声诗，故北面而弦。宗祝辨乎宗庙之礼，故后尸。商祝辨乎丧礼，故后主人。是故德成而上，艺成而下，行成而先，事成而后。是故先王有上有下，有先有后，然后可以有制于天下也。

将因此而显明。天地之气蒸腾，阴阳之气融汇，孕育抚养万物。然后草木茂盛，生出嫩芽，鸟兽长出翅膀，生成角觡，蛰伏的虫豸苏醒复生，鸟类孵卵，兽类怀胎生育，胎生的不至于死在腹中，卵生的不至于破裂在地。乐的道理也正归属于这样的自然法则。

乐，不是专指黄钟、大吕、弹琴歌唱、举盾起舞，这些是乐的细枝末节，所以让儿童学习歌舞。铺设筵席，陈列尊俎，排列笾豆，以及以登堂下堂打躬作揖为礼的，这些也只是礼的细枝末节，所以由有司来掌管。乐师只能分辨声律诗歌，所以仅能在下位脸朝北向人演奏。宗祝只能分辨宗庙的礼节，所以仅能追随在神主的后面。商祝只能分辨丧事的礼节，所以仅能跟随在主人后面。因此，成就德行的居上位，成就技艺的只能居下位，将德行体现在行为上的居先，仅靠技艺成事的居后。所以先王使有的居上，有的居下，有的居先，有的居后，然后才能为天下创制出礼乐来。

注释　1 偩(fù)：依照，模仿。　2 精粗：郑玄说，谓万物大小也。　3 领：

郑玄说，领犹理治也。 4 訢(xī)合：融洽。郑玄说，“訢”读为“熹”，熹犹蒸也。 5 煦妪：亦作“煦妪”，指天地博爱，生养万物。后喻温情抚育。 6 区(gōu)萌：草木萌芽勾曲生出。区，通“勾”。弯曲。 7 鬻：通“育”。生育。 8 殰(dú)：胎死腹中。 9 殈(xù)：卵未孵成而开裂。

原文

19.4 魏文侯问于子夏曰：“吾端冕而听古乐，则唯恐卧；听郑、卫之音，则不知倦。敢问古乐之如彼何也？新乐之如此何也？”

子夏对曰：“今夫古乐，进旅退旅，和正以广；弦匏笙簧，会守拊鼓；始奏以文[1]，复乱以武[2]；治乱以相，讯疾以雅[3]；君子于是语，于是道古，修身及家，平均天下。此古乐之发也。今夫新乐，进俯退俯，奸声以滥，溺而不止；及优侏儒，(獶)〔猱〕[4]杂子女，不知父子；乐终不可以语，不可以道古。此新乐之发也。今君之所问

译文

魏文侯问子夏：“我戴上礼帽来欣赏古乐，只怕会睡着了；但是听郑、卫的音乐却不知疲倦。请问古乐怎么会使人昏昏欲睡，而新乐又为什么使人不知疲倦呢？”

子夏回答说：“如今所谓的古乐，是众人整齐进退的动作，再配上平和纯正宽舒的音乐，弦乐管乐都依从附和鼓的节拍；开始演奏时击鼓，乐舞结束时鸣钟；用相来指挥乐舞的最后一阕，用乐器雅来调节快速的动作；君子据此解说，谈今道古，涉及修身治家平天下的这些事情。这是古乐的表演。今天的新乐，是起舞的人进也弯腰退也屈脊，并充斥着奸声淫音，沉溺其中却不加禁止；至于那些俳优丑角，男女混杂，父子不分；乐舞结束也不能解说，也不可用来谈今道古。这是新乐的表演。如今您所询问的是乐，而所爱好的是音。乐与音相近，但又有所不同。”

者乐也，所好者音也。夫乐者，与音相近而不同。”

文侯曰：“敢问何如？”

子夏对曰：“夫古者天地顺而四时当，民有德而五谷昌，疾疢[5]不作而无妖祥[6]，此之谓大当。然后圣人作，为父子君臣，以为纪纲。纪纲既正，天下大定。天下大定，然后正六律，和五声，弦歌《诗·颂》。此之谓德音。德音之谓乐。《诗》云[7]：‘莫[8]其德音，其德克明。克明克类，克长克君，王此大邦。克顺克俾[9]，俾于文王。其德靡悔，既受帝祉，施于孙子。’此之谓也。今君之所好者，其溺音乎？”

文侯说：“请问为什么不同呢？”

子夏回答说：“古代天地四时顺顺当当，民众有德而五谷丰登；既无疾疫灾祸，也无妖怪异常。这就称为太平顺当。然后圣人兴起，设立父子君臣的名分，作为人际关系的纲纪。纲纪已正，天下必安定。天下非常安定，然后校正六律，调和五音，用乐器伴奏歌唱《诗·颂》。这就称为德音。德音就称为乐。《诗》说：‘德音虽静寂，德行却昭明。不仅昭明德行，又能合乎德行。能做长上，能做君王，统治着广大的国家。能够遵循，又能相配，相配文王的德行。他的德行没有可后悔的地方，既已受到天帝的赐福，将一直降福到他的子孙后代。’这说的就是德音。如今您所爱好的，大约是溺音吧？”

注释　1文：郑玄说，“文”谓鼓。　2武：郑玄说，“武”谓钟。　3雅：乐器名，状如漆桶，提之舂地而调节快速的动作。　4依王念孙说，“獶(náo)”作“糅(róu)”。　5疢(chèn)：热病。泛指病。　6祥：此指反常现象。　7见《诗·大雅·皇矣》篇。　8莫：通“寞”。静寂。　9俾：通“比”。比配。

原文

文侯曰："敢问溺音何从出也？"

子夏对曰："郑音好滥淫志，宋音燕女溺志，卫音趋数[1]烦志，齐音敖辟乔志。此四者，皆淫于色而害于德，是以祭祀弗用也。《诗》云[2]：'肃雍和鸣，先祖是听。'夫肃，肃敬也；雍，雍和也。夫敬以和，何事不行？为人君者，谨其所好恶而已矣。君好之，则臣为之；上行之，则民从之。《诗》云[3]：'诱民孔易。'此之谓也。然后圣人作为鼗、鼓、椌、楬[4]、埙[5]、篪[6]，此六者，德音之音也。然后钟、磬、竽、瑟以和之，干、戚、旄、狄[7]以舞之，此所以祭先王之庙也，所以献酬酳酢也。所以官序贵贱各得其宜也，所以示后世有尊卑长幼

译文

文侯又问："请问溺音是从哪里来的呢？"

子夏回答说："郑音轻靡，使人情志放荡；宋音柔媚，使人情志沉溺；卫音急骤，使人情志烦乱；齐音傲僻，使人情志骄恣。这四种音乐都放纵声色而戕害人们的德行，因此祭祀不用它们。《诗》说：'虔敬而祥和的合奏，正是先祖要听的音乐。'肃肃，是虔敬的样子；雍雍，是祥和的样子。有虔敬且祥和的情志，还有什么事干不成呢？作为人君，只要谨慎自己所好、所恶就行了。国君爱好的，臣下就会去做；上面流行的，民众就会跟着去做。《诗》说：'诱导民众很容易。'就是说的这一点。然后圣人制作鼗、鼓、椌、楬、埙、篪，这六种乐器，发出的是德音。然后用钟、磬、竽、瑟来合奏，用干、戚、旄、狄来伴舞，这就是用来祭祀先王宗庙的音乐，用来调节献酬酳酢等礼仪的音乐。这种音乐也用来排列贵贱的次序，使其各得所宜，也用来昭示后世当有尊卑长幼的秩序。

"钟声铿锵，可以用铿锵之声立号令，听到号令就可以振奋，振奋了就可以

之序也。

“钟声铿，铿以立号，号以立横，横以立武。君子听钟声，则思武臣。石声磬[8]，磬以立辨，辨以致死。君子听磬声，则思死封疆之臣。丝声哀，哀以立廉，廉以立志。君子听琴瑟之声，则思志义之臣。竹声滥[9]，滥以立会，会以聚众。君子听竽笙箫管之声，则思畜聚之臣。鼓鼙之声欢，欢以立动，动以进众。君子听鼓鼙之声，则思将帅之臣。君子之听音，非听其铿锵而已也，彼亦有所合之也。”

建立武功。君子听到钟声就会思念武臣。石磬声罄罄，可以用磬声分明节义，节义分明就不惜以身殉职。君子听到磬声，就会思念为保卫疆土而牺牲的部下。弦乐的声音哀怨，哀怨而可以使人正直，正直而可以使人确立志节。君子听到琴瑟的声音，就会思念志节正义的臣子。管乐的声音敛聚，敛聚而可以使人想到会合，会合而可以团结民众。君子听到竽笙箫管的声音，就会思念那些能会聚民众的臣子。鼓鼙的声音欢快，欢快就可以使人激动，激动就可以使民众进发。君子听到鼓鼙的声音，就会思念那些统率士兵的臣子。君子听音乐，不只是欣赏那些铿锵的声音，而是从那种音乐中寻觅到和自己的情志思念所契合的地方。”

注释 1 趋数：郑玄说，读为“促速”。 2 见《诗·周颂·有瞽》篇。 3 见《诗·大雅·板》篇。 4 椌(qiāng)、楬(qià)：郑玄说，谓柷、敔也。 5 埙(xūn)：吹奏乐器。如鹅卵，多用陶土烧制而成。 6 篪(chí)：吹奏乐器。如多孔笛。 7 狄：通“翟”。山鸡尾羽。 8 磬(qìng)：郑玄说，磬当为“罄”。孔疏说，石响轻清，叩之其声罄罄然。 9 滥：郑玄说，滥之意犹“揽聚”也。

原文

19.5 宾牟贾[1]侍坐于

译文

宾牟贾在孔子那儿陪坐侍候，孔子

孔子。孔子与之言及乐。曰:“夫《武》之备戒之已久,何也?”对曰:“病不得其众也。”

“咏叹之,淫液[2]之,何也?”对曰:“恐不逮事也。”“发扬蹈厉之已蚤[3],何也?”对曰:“及时事也。”“《武》,坐致右,宪[4]左,何也?”对曰:“非《武》坐也。”“声淫[5]及商[6],何也?”对曰:“非《武》音也。”子曰:“若非《武》音,则何音也?”对曰:“有司[7]失其传也。若非有司失其传,则武王之志荒矣。”子曰:“唯。丘之闻诸苌弘,亦若吾子之言是也。”

宾牟贾起,免席而请曰:“夫《武》之备戒之已久,则既闻命矣。敢问迟之迟而又久,何也?”

和他谈到了乐的问题。孔子说:“《武》舞开始时用击鼓来警诫众人,时间很久,这是为什么呢?”宾牟贾回答说:“(这是模仿武王伐纣前)忧虑得不到诸侯的支持,所以用很长的时间收拢人心。”

孔子说:“但拉长声音来歌唱,乐声连绵不绝,这又是为什么呢?”宾牟贾回答说:“这恐怕是模仿当时武王伐纣机会尚未成熟而发出的长长吟叹。”孔子又说:“但又那么早就迅猛地手舞足蹈起来,为什么呢?”回答说:“这是模仿武王及时进行征伐。”孔子又说:“《武》舞,跪时只用右腿,而左腿抬起,为什么呢?”回答说:“这不是《武》舞的跪法。”孔子又说:“乐声中杀气太甚,为什么呢?”回答说:“这不是《武》舞的音乐。”孔子说:“如果不是《武》舞的音乐,那是什么音乐呢?”回答说:“有司传授有误而失去了本来的音乐。如果不是有司那儿有这样的过失,那就是武王的心志昏乱,有意黩武了。”孔子说:“是的。我从周大夫苌弘那里听来的,也正像您说的那样。”

宾牟贾连忙起身,离开席位向孔子请教,说:“《武》舞击鼓警戒众人需要用很长一段时间,这我已经知道了。但要请问先生,《武》舞六成,每成都迟延了好久才结束,这是为什么呢?”

注释 1宾牟贾:人名。宾牟,复姓;贾,名。 2淫液:即指乐声连绵不断。 3蚤:通“早”。指初舞时。 4宪:通“轩”。举起,抬起。 5淫:过多,过甚。 6商:商声也。商声主杀伐。 7有司:掌管音乐的机构或官员。

原文

子曰:“居,吾语汝。夫乐者,象成者也。总干[1]而山立[2],武王之事也。发扬蹈厉,大公之志也。《武》乱皆坐,周召之治也。且夫《武》始而北出;再成[3]而灭商;三成而南;四成而南国是疆;五成而分,周公左,召公右;六成复缀以崇天子。夹振[4]之而驷[5]伐,盛威于中国也。分夹而进,事蚤济也。久立于缀,以待诸侯之至也。且女独未闻牧野之语乎?武王克殷,(反)〔及〕商[6],未及下车,而封黄帝之后于蓟,封帝尧之后于祝,封帝舜之后于陈;下车而封夏后氏之后于杞,

译文

孔子说:“坐吧,我告诉你!乐,是模仿已成的事情的。手持盾牌,像山峰一般端正地站立着,这是模仿武王的事(因为武王不以杀伐为目的,而要用武德抑制纣王的残暴)。后来又迅猛地手舞足蹈,模仿战斗,这又是因为采用了姜太公的主意。《武》舞尾声时全体坐下,表示武功告成,由周公旦、召公奭共同辅政,建立文治局面。再说《武》舞进行的队形:开始时要向北行进,模仿武王出兵到孟津等待诸侯;第二成就是模仿东进灭商纣;第三成模仿武王伐纣后南还;第四成表示南国已收入版图;第五成队形分为两列,模仿周公分陕左而统治,召公分陕右而统治;第六成,队形复原,模仿天下诸侯尊崇天子。在这六成里面,有时队形排为双列,有两司马摇动铃铎,士兵用戈矛四击四刺,模仿牧野之战,并显示周人用强盛的武力征服了中国。有时队形又分两列行进,模仿武功早已成功(,并且由周、召二公分治)。而开始时长时间地站在舞位上不移动,是

投殷之后于宋，封王子比干之墓，释箕子之囚，使之行商容[7]而复其位；庶民弛政[8]，庶士倍禄。济河而西，马散之华山之阳而弗复乘，牛散之桃林[9]之野而弗复服，车甲衅而藏之府库而弗复用，倒载干戈，包之以虎皮，将帅之士使为诸侯，名之曰'建櫜'[10]。然后天下知武王之不复用兵也。散军而郊射，左射，《狸首》；右射，《驺虞》；而贯革之射息也。裨冕，搢笏，而虎贲之士说[11]剑也。祀乎明堂，而民知孝。朝觐，然后诸侯知所以臣。耕藉，然后诸侯知所以敬。五者天下之大教也。食三老五更于大学，

模仿等待诸侯的来到。再说，你难道没有听说过有关牧野之战的传说吗？武王攻克了商纣，抵达商国，还没有下车，就将黄帝的后裔封在蓟，将帝尧后裔封在祝，将帝舜的后裔封在陈；下车后，武王又将夏后氏的后裔封在杞，将殷商的遗民迁徙到宋，又为王子比干墓增筑土坟，释放被囚的箕子，并让他探视商容，恢复贤臣商容的职位，又免除民众的徭役，并让一般士人增加一倍的俸禄。武王又渡黄河返回陕西，将战马全分散在华山南面的原野上，不再骑乘；将拉辎重车的牛都放散在桃林的田野里，不再驱使；将兵车、盔甲等都涂上牲血藏到府库里，不再使用；将盾牌和戈矛都倒装起来，用虎皮来包裹；把将帅分派到各国去做诸侯；这种情况就称为'键櫜'。然后天下都知道武王不再使用武力征伐了。解散了军队而学习郊射之礼，在东郊的学校中射箭，歌唱《狸首》诗作为射箭节奏；在西郊的学校中射箭，歌唱《驺虞》诗作为射箭节奏；而停止那种贯穿皮革的猛射。大家都穿戴上礼服礼帽，腰带中插上笏板，勇猛的武士也解脱了佩剑。在明堂举行祭祀，民众就知道了孝敬。朝会觐见，然后使诸侯知道做臣下的礼节。亲自耕种藉田，然后使诸侯知道敬奉的道理。郊射、裨冕、明堂祭祀、

天子袒而割牲，执酱而馈，执爵而酳，冕而总干。所以教诸侯之弟也。若此，则周道四达，礼乐交通，则夫《武》之迟久，不亦宜乎？”

朝觐、耕藉，这五方面是天下最重要的教化。在大学里宴请三老、五更，天子还要脱下上衣，亲自为他们分割牲体，并拿着肉酱献食，端上酒杯劝饮，还得戴上冠冕手执盾牌起舞。这是天子教导诸侯懂得孝悌。像这样，周代的教化贯彻到四海，礼乐交相通行，那么模仿周武王丰功伟绩的《武》舞也迟延了好久才结束，不也与此很相宜吗？”

注释 1总干：持盾牌。 2山立：像山一样端正地站立。 3成：古称每奏乐曲一终为一成。 4夹振：两司马夹士卒之两旁，振铎（摇铃）以作之。 5驷：郑玄说当为“四”。 6郑玄说，当为“及商”。反，“及”字之误。 7商容：商代贤臣。 8政：通“征”，征役。 9桃林：古地区名，又名桃林塞，在华山旁。 10建橐(gāo)：将兵甲收藏于武库。建，通“键”，锁闭。橐，收藏兵甲弓矢的器具。 11说(tuō)：通“脱”。解脱。

原文

19.6 君子曰：礼乐不可斯须[1]去身。致乐以治心，则易直子[2]谅之心油然生矣。易直子谅之心生则乐，乐则安，安则久，久则天，天则神。天则不言而信，神则不怒而威，致乐以治心者也。致

译文

君子说：礼乐是不可以片刻离开自身的。详审此乐而治正内心，那么和易正直慈爱诚信的心思就会油然而生了。和易正直慈爱诚信的心思产生了，就会很乐观；乐观了就会安于现状；安于现状就能性命长久；性命长久就会志明行成，而像上天一样被信任；被人们像上天一样信任，也就会被人们像神一样敬畏。天虽然不说话，但四时运行从不失信；神虽然不发怒，但人们无

礼以治躬则庄敬，庄敬则严威。心中斯须不和不乐，而鄙诈之心入之矣。外貌斯须不庄不敬，而易慢之心入之矣。故乐也者，动于内者也；礼也者，动于外者也。乐极和，礼极顺，内和而外顺，则民瞻其颜色而弗与争也，望其容貌而民不生易(僈)〔慢〕[3]焉。故德辉动于内，而民莫不承听；理发诸外，而民莫不承顺。故曰：致礼乐之道，举而错之天下，无难矣。

不畏惧他的威严。这就是详审乐而治正内心。详审礼来治正自身的言行，就可以做到庄严而恭敬；庄严而恭敬了，就会使人感到严肃威重。心中稍有片刻不和不乐，卑鄙诈伪的心思就会趁机而入了。外貌稍有片刻不庄严不恭敬，轻忽怠慢的心思也就会趁机而入了。所以，乐是从心起，感动在内；礼是从外生，发动在外。乐极其和畅，礼极其恭顺，内心和畅而外貌恭敬，那么民众看到他的容颜神色就不会和他去抗争，看到他的仪容外貌就不会生出轻忽怠慢的想法。所以德行的光辉是从内心先发出的，而民众没有不承受不听从的；情理表现在外表的行动上，而民众没有不承受不顺从的。所以说：详审礼乐的道理，并且让天下都能充满、渗透礼乐，都能实行礼乐的道理，就没有什么难办的事了。

注释 1 斯须：片刻。 2 子：子爱，像对子女一样地爱护。 3 孔疏说“僈”作“慢”字。慢，轻忽，怠惰。

原文

乐也者，动于内者也；礼也者，动于外者也。故礼主其减，乐主其盈。礼减而进，以进为文[1]；乐盈而反，以反

译文

乐是从心起，感动在内；礼是从外生，发动在外。所以，礼要以减少人们的疲倦为原则，乐要以使人充满欢乐为原则。礼虽减少，但要自

为文。礼减而不进则销，乐盈而不反则放。故礼有报，而乐有反。礼得其报则乐，乐得其反则安。礼之报[2]，乐之反，其义一也。

夫乐者，乐也，人情之所不能免也。乐必发于声音，形于动静，人之道也。声音、动静，性术之变，尽于此矣。故人不耐[3]无乐，乐不耐无形；形而不为道，不耐无乱。先王耻其乱，故制《雅》《颂》之声以道之，使其声足乐而不流，使其文足论而不息[4]，使其曲直、繁(瘠)〔省〕[5]、廉[6]肉[7]、节奏足以感动人之善心而已矣，不使放心邪气得接焉。是先王立乐之方也。

我勉励，而以自我勉励为美好；乐虽充盈，但要自我抑止，而以自我抑止为美好。礼减少而不能自我勉励，礼道就会消衰；乐充盈而不能自我抑止，乐道就会放纵。所以礼道要自我勉励，乐道要自我抑止。行礼能够自我勉励，就会和乐而没有困苦；举乐能够自我抑止，就会安静而不放纵。礼道中的自我勉励，乐道中的自我抑止，它们的义理是一致的。

乐，就是欢乐，是人情所不能免除的。人有欢乐必定要抒发到声音上，表现在动作上，这是人的自然情理。声音、动作，可以反映出性情的变化，而且全都可以反映出来。所以人不能没有欢乐，欢乐不能没有表现；但是表现出来后，却不合道义，就不能不出现惑乱。古代圣明的君王认为这种惑乱是耻辱，所以制作《雅》《颂》的声乐来引导人们，使其歌声充满欢乐而不放纵，使其歌词足以鉴赏而不至于胡思乱想，使其乐声或曲或直，或繁或省，或脆或润，或节或奏，可以感动人们的善心就行了，而不能使放荡的心思、可恶的邪气接近自身。这就是古代圣王确立的乐的宗旨。

注释　1 文：郑玄说，文，犹美也，善也。　2 报：郑玄说，当读为“褒”。

勉励的意思。 3耐(néng):《释文》云,“耐”,古“能”字。下同。 4息:王梦鸥认为释为“諰”,因《荀子·乐论》作“諰”,胡思乱想的意思。 5瘠:《乐论》作“省”,简易,简略。 6廉:清也。形容声音清脆。 7肉:形容声音圆润。

原文

是故乐在宗庙之中,君臣上下同听之,则莫不和敬;在族长乡里之中,长幼同听之,则莫不和顺;在闺门之内,父子兄弟同听之,则莫不和亲。故乐者,审一以定和,比物以饰节,节奏合以成文,所以合和父子君臣、附亲万民也。是先王立乐之方也。

故听其《雅》《颂》之声,志意得广焉;执其干戚,习其俯仰诎伸,容貌得庄焉;行其缀兆,要其节奏,行列得正焉,进退得齐焉。故乐者,天地之(命)〔齐〕[1],中和之纪,人情之所不能免也。

夫乐者,先王之所

译文

因此乐在宗庙中演奏,君臣上下同听共赏,就无不融洽而敬从;在族长、乡亲那儿演奏,长幼共同听,就无不融洽而恭顺;在家里演奏,父子兄弟共同听,就无不融洽而亲密。所以乐是审定一个基调来决定众乐器的和声,模仿某一已成的事实,再修饰成乐曲段落,并配合节拍而组成乐舞,用来使父子君臣相融洽,使万民归为一体。这就是古代圣王确立的乐的宗旨。

所以,听那些《雅》《颂》的音乐,使人们心志意趣为之阔大;手执那些盾牌和大斧,练习俯仰屈伸的舞姿,使人们的仪容为之庄重;踏着那些舞位,合着节拍,使行列端正,进退划一。所以乐是天地间的和合、中和的条理,也是人情中所不可免除的。

乐,是古代圣王用来表达喜悦的;军旅铁钺,是古代圣王用来表达愤怒的。所以古代圣王的喜和怒,都能各从其类。(不

以饰喜也;军旅铁钺[2]者,先王之所以饰怒也。故先王之喜怒,皆得其侪焉。喜则天下和之,怒则暴乱者畏之。先王之道,礼乐可谓盛矣!

喜悦就不举乐,不愤怒就不横施铁钺。)圣王喜悦,天下人也就附和他;圣王愤怒,暴乱的人也要畏惧他。古代圣王治天下的措施中,礼乐可以说最为盛行了!

注释 1命:《史记·乐书》作"齐"。齐,和合齐同的意思。 2铁钺:大斧。

原文

19.7 子赣[1]见师乙[2]而问焉,曰:"赐闻声歌各有宜也,如赐者宜何歌也?"

师乙曰:"乙,贱工也,何足以问所宜?请诵其所闻,而吾子自执焉。(爱者,宜歌《商》。)[3]温良而能断者,宜歌《齐》。夫歌者,直己而陈德也,动己而天地应焉,四时和焉,星辰理焉,万物育焉。(故《商》者,五帝之遗声也。)宽而静、柔而正者,宜歌《颂》。广大而静、疏达而信者,宜歌《大雅》。恭俭而好礼者,宜歌《小雅》。正直而静、廉

译文

子赣见了师乙,向他请教,说:"我听说,学习唱歌应该适合各人的情况,像我这样的,该唱什么才合适呢?"

师乙说:"我是个低贱的乐工,怎么值得您来询问该唱什么歌呢?请让我把自己听闻到的说出来,而由您自己择取吧。温良而能决断的人,适宜歌唱《齐》。歌唱,是使自己正直并且陈述德行,使自己内心感动而天地应合,四季和合,星辰不悖逆,万物得生长。宽厚而安静、温柔而正直的人,适宜歌唱《颂》。心志宏大而安静、疏朗通达而诚信的人,适宜歌唱《大雅》。恭敬省俭而爱好礼仪的人,适宜歌唱《小雅》。正直而安静、廉洁而谦让的人,适宜歌唱《风》。肆直而慈爱的人,

而谦者,宜歌《风》。肆直而慈爱〔者,宜歌《商》。故《商》者,五帝之遗声也〕;(商之遗声也。)商人识之,故谓之《商》。《齐》者,三代之遗声也;齐人识之,故谓之《齐》。明乎《商》之音者,临事而屡断。明乎《齐》之音者,见利而让。临事而屡断,勇也。见利而让,义也。有勇有义,非歌孰能保[4]此?故歌者上如抗[5],下如队[6];曲如折,止如槁木;倨[7]中[8]矩,句[9]中钩;累累乎端如贯珠;故歌之为言也,长言之也。说[10]之,故言之;言之不足,故长言之;长言之不足,故嗟叹[11]之;嗟叹之不足,故不知手之舞之、足之蹈之也。"

《子贡问乐》[12]。

适宜歌唱《商》。《商》,是五帝时代的遗声;商代人懂得它,所以称为《商》。《齐》,是三代的遗声;齐国人懂得它,所以称为《齐》。精通《商》音的人,临事常能决断。精通《齐》音的人,见利能推让。临事常能决断,这是勇气。见利而能推让,这是义气。既要有勇气,又要有义气,如果没有歌,怎么能保持德行的美好?所以唱歌的人,高音向上像是愈举愈高,低音向下像是愈跌愈下;声音回曲如同折断,声音终止如同枯木;声音微曲合乎矩尺,声音大曲合乎环钩;而歌声连续不断,就似贯串的珍珠;所以歌唱就是说话,是把音节拉长了的说话。心里喜悦,所以要说出来;说出来还不足以表达,所以拉长声音说出来;拉长声音说出来还不足以表达,所以就咏叹和流连地唱着;如果这样还不足以表达,就不知不觉手舞足蹈起来。"

《子贡问乐》。

注释 1子赣:子贡。 2师乙:师,乐师;乙,乐师名。 3本处及下文括号中内容,因换简失其次,此依据郑注更正。 4保:保持。此依孙希旦说,保,谓保其德性之美也。 5抗:举起。 6队(zhuì):同"坠"。坠落。7 倨：直而微曲。 8 中(zhòng)：符合。 9 句(gōu)：同“勾”。弯曲。 10 说:通“悦”。喜悦。 11 嗟叹:依孙希旦说,歌之叹和流连者,谓之嗟叹。 12《子贡问乐》:为篇题。古书篇题在篇末。

杂记

导读

《杂记上》和《杂记下》也本为一篇。此篇杂记诸侯以及士的丧事仪礼。文中记载子贡问丧礼，孔子认为："以敬重为最重要，其次才是哀伤之情，以只有外表的憔悴为最下。面容要和表情相称，哀戚的表情又要和丧服的差等相称。"这可以说是办理丧事的总基调。那些繁文缛节已经时过境迁，但那些符合天道人情的思想或理义原则是不会改变的。

文中指出君子有三种忧虑：忧虑没有办法能听闻到知识；听闻到了又忧虑没有办法能学到；学到了又忧虑自己不能做到。君子有五种耻辱：身居某位而没有良言善谋；有良言善谋而不能实行；得到职位后因无能而失去了职位；管辖地区广大而百姓贫困不富足；役用民众，自己和他人相等而他人功绩多于自己，君子以此五种情况为耻。这"三忧五耻"至今仍然值得提倡。能反思，有担当，是君子应有的品质。

"丧食虽恶，必充饥；饥而废事，非礼也；饱而忘哀，亦非礼也。视不明，听不聪，行不正，不知哀，君子病之。"是说丧事的食品虽然恶劣，但必须要用来充饥，因饥饿而耽搁事情是失礼；吃饱而忘了哀伤也是失礼；悲伤得看不见事物，听不见声音，以致行为反常，这些都是君子所担心的。这种提醒到现在也没有过时。

我们所知道的"一张一驰，文武之道"就出自本篇。子贡观看年终蜡祭，孔子问他，你觉得很有乐趣吗？子贡说：全国的人都像发了疯似的，我不知道这有什么乐趣。孔子说：民众劳苦了一年，才获得这一天的乐趣,其中的道理不是你能懂得的。只是紧张而不能放松,就是文王、武王也受不了;只是放松而不能紧张,文王、武王也不会这样做。既有紧张又有放松,这是文王和武王处理事情的办法。这就是我们现在所说的学习、工作和生活要劳逸结合。

杂记上第二十

原文

20.1 诸侯行而死于馆，则其复[1]如于其国。如于道，则升其乘车之左毂，以其绥复。其輤有裧[2]，缁布裳帷[3]，素锦以为屋，而行。至于庙门，不毁墙，遂入适所殡，唯輤为说[4]于庙门外。

大夫、士死于道，则升其乘车之左毂，以其绥复。如于馆死，则其复如于家。大夫以布为輤而行，至于家而说輤，载以輲车[5]；入自门，至于阼阶下而说车；举自阼阶，升适所殡。士輤，苇席以为屋，蒲席以为裳帷。

译文

诸侯出行到别国，死在宾馆中，那他的招魂礼，应当像在自己国内一样。如果是死在路上，那就登上他的乘车的左毂，用他上车的引手绳招魂。载运灵柩车，上有赤色的顶盖，顶盖四周有垂边，并用缁色的布围绕着棺，用白锦作小帐像宫室一样遮掩着，载送他回来。到了庙门外，不要折去这些围帷就可进入，来到堂上两楹间停殡的地方，只把车上的顶盖解脱下来放在庙门外面。

大夫、士人死在路上，就登上他的乘车的左毂，用他上车的引手绳来招魂。如果是死在别国的宾馆里，那就如同他死在家里一样来招魂。大夫的灵车用未染的白布做顶盖，载送他回来；到了家就除去顶盖，另外换了轮车载送；进入门内，来到阼阶下，就将尸体从灵车上搬下，从阼阶抬到停尸的地方。士人的灵车用苇席作屋，用蒲席作裳帷。

注释 1复:招魂。 2輤(qiàn):灵柩车上的顶盖。褖(chān):輤的四旁垂下的裙状物。 3裳帷:在輤下棺外的四周用布遮围。 4说:通“脱”。解脱。 5輲(chuán)车:没有辐条,以圆木作车轮的车子。郑玄说,輲,读“辁”。《说文》云,有辐曰轮,无辐曰辁。无辐者,合大木为之。

原文

20.2 凡讣于其君,曰:“君之臣某死。”父、母、妻、长子,曰:“君之臣某之某死。”君,讣于他国之君,曰:“寡君不禄,敢告于执事。”夫人,曰:“寡小君不禄。”大子之丧,曰:“寡君之適子某死。”大夫,讣于同国適[1]者,曰:“某不禄。”讣于士,亦曰:“某不禄。”讣于他国之君,曰:“君之外臣寡大夫某死。”讣于適者,曰:“吾子之外私寡大夫某不禄,使某实[2]。”讣于士,亦曰:“吾子之外私寡大夫某不禄,使某实。”士,讣于同国大夫,曰:“某死。”讣于士,亦曰:“某死。”讣于他国之君,曰:“君之外臣某死。”讣于大

译文

凡是家中有丧事,而要将噩耗报告给国君,就说:“您的臣子某人死了。”如果死者是父、母、妻、长子,就说:“您的臣子某人的什么人死了。”国君死了,而要向他国国君发讣告,就说:“寡君不禄,仅向您的左右报告。”国君夫人死了,就说:“寡小君不禄。”太子死了,就说:“寡君的嫡子某死了。”大夫死了,向同国的大夫发讣告,说:“某人不禄。”向士发讣告,也说:“某人不禄。”向他国的国君发讣告,就说:“君之外臣寡大夫某死了。”向同辈的别国大夫发讣告,就说:“您的别国好友寡大夫某某不禄,派我来报丧。”向外国的士发讣告,也说:“您的别国好友寡大夫某某不禄,派我来报丧。”士人死了,向同国大夫发讣告,说:“某人死了。”向士发讣告,也说:“某人死了。”向别国的国君发讣告,就说:“君之外臣某人死了。”向别国的大夫发

夫,曰:“吾子之外私某死。”讣于士,亦曰:“吾子之外私某死。”

讣告,说:“您的别国好友某人死了。”向别国的士人发讣告,也说:“您的别国好友某人死了。”

注释 1 適:通“敌”。匹敌,指爵位相同者。 2 实:孙希旦说,告也。

原文

20.3 大夫次于公馆[1]以终丧。士练而归,士次于公馆。大夫居庐,士居垩室。

大夫为其父母兄弟之未为大夫者之丧服如士服,士为其父母兄弟之为大夫者之丧服如士服。大夫之適子,服大夫之服。大夫之庶子为大夫,则为其父母服大夫服,其位与未为大夫者齿[2]。士之子为大夫,则其父母弗能主也,使其子主之,无子则为之置后。

译文

大夫遇到国君的丧事,就得在国君的馆舍里守丧,三年期满才能回家。士人只要守丧一年就能回家,也住在馆舍的丧次里。但是大夫住在倚庐,士住在垩室。

大夫为自己的父母兄弟服丧,如果他们都不是大夫身份,就依士礼为父母兄弟服丧,如果士人为自己的父母兄弟服丧,即使他们是大夫身份,也仍依士人之礼为父母兄弟服丧。大夫的嫡子可依大夫之礼为父母服丧。大夫的庶子是大夫,也可以为他的父母服大夫的丧服,只是他的地位和士等同。士人的儿子为大夫,死了后,父母不能为他主丧,要让他自己的儿子主丧,没有儿子的,就替他找个后继人。

注释 1 公馆:国君的馆舍。 2 齿:等列相同。

原文

20.4 大夫卜宅[1]与葬日，有司麻衣[2]、布衰[3]、布带[4]，因丧屦，缁布冠不蕤[5]，占者皮弁。如筮，则史[6]练冠、长衣[7]以筮，占者朝服。

大夫之丧，既荐马；荐马者哭踊出，乃包奠而读书[8]。大夫之丧，大宗人相，小宗人命龟，[9]卜人作龟。

（内子，以鞠衣、褒衣、素沙，下大夫以袒衣；其余如士。）[10]〔复：诸侯，以褒衣、冕服、爵弁服[11]；夫人，税衣揄狄[12]，狄税素沙[13]；〔内子[14]，以鞠衣、褒衣、素沙；下大夫以袒衣[15]；其余如士。〕复西上。大夫不揄绞[16]，属于池下[17]。

大夫附[18]于士。士不附于大夫，附于大夫之昆弟，无昆弟则从其

译文

为大夫卜择葬地、葬日的时候，有司要穿白布深衣，用吉布的衰和带，穿丧鞋，戴没有冠緌的缁布帽，卜龟人要戴皮弁。如果是用筮，筮人就戴白练冠，穿素色深衣而行筮，审察卦爻吉凶的人就穿朝服。

大夫的丧事，在灵柩迁出庙时，先牵马入庙门；孝子们见到牵马的人就号哭踩脚而出，并包裹祭奠的物品放到遣车上一起去埋葬，还要宣读附葬物品的单子。大夫的丧事，由大宗的族人辅助主人（卜择葬地、葬日），由小宗的族人将要占卜的事告诉灵龟，再由卜人钻灼占卜。

招魂所用的衣服：诸侯用受到褒赏的赐衣、冕服、爵弁服；诸侯夫人用绘有雉形图案的黑色礼服，而用白纱做里子；卿的嫡妻用鞠衣、受到褒赏的赐衣，也用白纱做里子；下大夫的妻用白色礼服；其余的人都像士人妻一样用黑色褖衣。招魂的位置以西边为上位。大夫的灵车不用飘动的揄绞，只要把它系在池的下边。

大夫死后，可以祔祭于做士的祖先。士死后，不能祔祭于做大夫的祖先，但可以祔祭于祖先的曾经做士的兄弟；没有

昭穆。虽王父母在亦然。妇附于其夫之所附之妃，无妃则亦从其昭穆之妃。妾附于妾祖姑，无妾祖姑则亦从其昭穆之妾。男子附于王父则配，女子附于王母则不配。公子附于公子。君薨，大子号称“子”，待犹君也。	这样的兄弟，就祔祭于祖先同辈做士的人。即使祖父母还在，也可以这样做。妇人就祔于丈夫所祔祭的那位祖先的配偶，如果那位祖先没有配偶，也就依从那位祖先同辈人的配偶而祔祭。妾要祔于祖父的妾，如果祖父无妾，就祔于祖父辈中有妾者的妾。男子祔于祖父，就得一并祭及祖母；没有出嫁的女子祔于祖母，就不必并祭祖父。国君的庶子只能祔于上一代国君的庶子。国君死了，太子还没有即位时就称为“子”，但对待他就像对待国君一样了。

注释　1宅：指葬地。　2有司：大夫的家臣。麻衣：白布深衣。　3布衰：以三升半布为衰，长六寸，广四寸，缀在深衣前当胸处。　4布带：以布为带。　5蕤：冠緌。　6史：筮史，筮人。　7长衣：郑玄说，深衣之纯以素也。　8包奠：取遣奠牲之下体包裹而置于遣车，以送死者。　读书：读赗(fèng)。书赗于方版上，柩车将行，主人之史在柩东，面向西宣读这份附葬物的清单。　9大宗人、小宗人：王梦鸥说，即大夫家的族长与宗人。　10郑玄说，此复所用衣也，当在“夫人狄税、素沙”下，烂脱失处在此上耳。　11爵弁服：指爵位的礼服。　12税(tuàn)衣：褖衣，有赤色边缘装饰的黑色礼服。税，通“褖”。　揄狄：摇翟，此指绘有雉鸟图案的褖衣，亦即下句的“狄税”。　13素沙：白绢。　14内子：卿的嫡妻。　15袒(zhàn)衣：亦作“展衣”，白色无文采的衣服。　16揄：翟雉。　绞：青黄色的缯。　17池下：池，编竹而成，状如笼，衣以青布，此指大夫丧车之饰。画雉鸟图案在缯上而系于池的下面。　18附：郑玄读为“祔”，指祔庙之礼。或以为此处亦言祔葬之礼。

原文

20.5 有三年之练冠，则以大功之麻易之，唯杖、屦不易。有父母之丧，尚功衰，而附兄弟之殇，则练冠附于殇，称"阳童某甫"，不名，神也。

凡异居，始闻兄弟之丧，唯以哭对可也。其始麻，散带绖。未服麻而奔丧，及主人之未成绖也，疏者与主人皆成之，亲者终其麻带绖之日数。

20.6 主妾之丧，则自祔至于练、祥，皆使其子主之。其殡、祭不于正室。君不抚仆妾。

女君死，则妾为女君之党服。摄女君，则不为先女君之党服。

译文

为父母服丧三年，到练祭时，如果又遇有大功的丧事，就改戴大功的麻绖，只有丧杖和绳屦不改变。有父母的丧事，而又在大功的服丧期间，如果遇到未成年兄弟的厌祭时，就戴练冠而不加麻绖，未成年人的厌祭，称"阳童字某某"，不称他的名，是因为用鬼神之道来对待他。

凡是与兄弟分居的，在刚听到兄弟的死讯时，只是用哭来对待报丧的人即可（可以不说什么话）。开始披麻戴孝，要散垂着腰间的麻带。如果没有披麻戴孝就去奔丧，赶上主人还未成绖时（那就和丧主一起成服）。是堂兄弟的，就与丧主一起成服；是亲兄弟的，就得披麻戴孝到丧期完毕。

代理女君的妾，她的丧事从葬后卒哭、祔祭到小祥、大祥的祭祀，都由她的儿子主持。在她殡祭时，都不能在正寝进行（而要在侧室）。国君不抚着臣仆、贱妾的尸体而哭泣。

女君死，众妾仍须为女君的家族服丧。但是由妾代理女君，众妾就不必为女君的家族服丧。

原文

20.7 闻兄弟之丧，大功以上，见丧者之乡而哭。适兄弟之送葬者弗及遇主人于道，则遂之于墓。凡主兄弟之丧，虽疏亦虞之。

凡丧服未毕，有吊者，则为位而哭，拜，踊。

大夫之哭大夫，弁绖。大夫与殡，亦弁绖。大夫有私丧[1]之葛，则于其兄弟之轻丧则弁绖。

为长子杖，则其子不以杖即位。为妻，父母在，不杖，不稽颡；母在，不稽颡。稽颡者，其赠也拜。

违诸侯，之大夫，不反服；违大夫，之诸侯，不反服。

译文

听到兄弟的死讯，凡属大功以上的亲人来奔丧时，望见兄弟住的乡就开始哭泣。和死者的兄弟是朋友而去送葬，但没有赶上，而在路上遇到丧主已经回来，那就要独自前往墓地。凡是为朋友的兄弟主持丧事，尽管没有亲属关系，但是也要到虞祭结束为止。

凡是服丧还没有结束，有来吊丧的，就得设位哭灵，下拜，还得哭踊。

大夫前去哭吊大夫时，要在皮弁上加环绖。大夫如前去参加移柩赴殡，也要在皮弁上加环绖。大夫的妻子去世，卒哭时已换上葛衣，如遇到远房兄弟的丧事，也在皮弁上加环绖。

父亲为死去的长子持丧杖，长子的儿子就不再拿丧杖就孝子位。父母还在世，也不为死去的妻子拿丧杖，有人吊丧，也不需磕头；如果只有母亲还在世，也不需磕头。遇到需要磕头的，比如接受馈赠时，也只用拜。

自己本是国君的臣子，如果离开国君，到别国去做了大夫的家臣，就不再为原先的国君服丧；本是大夫的家臣，如果离开他而去做了诸侯的臣，也不再为原先的大夫服丧。

注释 1私丧：妻子之丧。

原文

20.8 丧冠条属[1]，以别吉凶。三年之练冠，亦条属、右缝。小功以下，左。缌冠缲缨。大功以上散带。朝服十五升，去其半，而缌，加灰，锡也。

诸侯相襚[2]，以后路[3]与冕服，先路[4]与褒衣不以襚。遣车视牢具[5]。疏布輤，四面有章，置于四隅。载粻，有子曰："非礼也。丧奠，脯醢而已。"祭称"孝子""孝孙"；丧称"哀子""哀孙"。端衰[6]，丧车，皆无等。

大白冠，缁布之冠，皆不蕤。委武[7]玄、缟而后蕤。大夫冕[8]而祭于公，弁[9]而祭于己。士弁而祭于

译文

丧冠上都系着一条绳子，既为缨，又为武，以此使吉冠与丧冠相区别。三年之丧，到一年后改戴练冠，也是缨与武一体的，冠梁上的褶皱倒向右边。小功以下冠梁上的褶皱倒向左边。缌麻亲戚的丧冠用漂白的麻布条作缨。大功以上的亲属，只是散开麻带而不打结。朝服是一千二百缕织成的细布(十五升)，如果减去一半(六百缕)，织成的是缌麻，缌麻再加石灰煮沤成的就是锡衰所用的布。

诸侯互相赠送殓葬用的衣物，可以用随从的车和冕服，不能用座车和天子赏赐的品服。送葬的遣车要看所备办的祭品数量来决定。遣车上面用粗布做顶盖，四面有障蔽，遣车停放在棺椁的四角。遣车上载有黍稷麦等物，孔子的弟子有子说："这是不合礼节的。丧事的祭奠，只用干肉、肉酱而已。"吉祭时，自称"孝子""孝孙"；凶祭时，自称"哀子""哀孙"。丧服上衣、孝子的丧车都无贵贱的差等。

上古的白布冠、黑布冠，都没有结在颔下的帽带穗子。而黑色的、白色的帽如果另有武，才有帽带穗子。大夫戴冕去参加国君的

公,冠[10]而祭于己。士弁而亲迎,然则士弁而祭于己可也。

祭祀,而戴弁参加家祭。士人戴弁去参加国君的祭祀,而戴冠参加家祭。士人既然可以戴弁去亲自迎娶,那戴弁参加家祭也是可以的。

注释 1条属:古代丧冠之制,谓用绳子连缀,古丧冠以一条绳若布围之,两相交过,缀之,以为冠之武,而垂下为缨。若吉冠,则缨与武各一物。条,布条;属,系结。 2 襚(suì):赠送死人殓葬用的衣物。 3后路:次辂,随从车。 4先路:正辂,诸侯的正车。 5遣车:送葬时载牲体的车。牢具:即上文的"包奠"。天子太牢包九个,遣车九乘;诸侯太牢包七个,遣车七乘,等等。 6端衰:丧服上衣,缀六寸之衰于心前,故称端衰。端,即指玄端服。 7委武:冠圈。状若凉帽的帽檐。郑玄说,委武,冠卷也,秦人曰委,齐东曰武。 8冕:礼帽。 9弁:指文官的制帽。 10冠:指平时便帽。

原文

20.9 畅,臼以椈,杵以梧。枇[1]以桑,长三尺,或曰五尺。毕[2]用桑,长三尺,刊[3]其柄与末。

率带[4],诸侯、大夫皆五采,士二采。

醴者,稻醴也。瓮、甒、筲[5],衡[6],实见[7]间,而后折[8]入。

重,既虞而埋之。

译文

郁金香草,用柏木来做捣的臼,用梧木来做捣臼的杵。捞牲肉的大枇用桑木做成,长三尺,也有人说长五尺。叉肉的毕也是用桑木做成,长三尺,要削去柄端和叉尖。

没有针线缝边的带子,诸侯、大夫都用五色,士人用二色。

醴酒是用稻米酿制的。要把盛放醋酱的瓮、盛放醴酒的坛、盛放黍稷的筲等放在木架上,填塞在圹壁和棺衣之间,然后再在上面搭架铺席封土。

重(这种暂时用的神主)在虞祭后就埋在祖庙门外东边的土中。

注释 1 枇(bǐ):古代祭祀用的大木匙。牲体在镬用枇捞入鼎,又用来从鼎中捞入俎。 2 毕:古代丧祭时,用以举肉的木叉。 3 刊:削。 4 率带:不缝边的帛带。 5 筲(shāo):竹制的盛器,篓子。 6 衡:木制的桁,用来旋转瓮坛等物。 7 见:陈澔说,棺衣也。 8 折:木架,如床而无足。

原文

20.10 凡妇人,从其夫之爵位。小敛,大敛,启,皆辩[1]拜。朝夕哭,不帷。无柩者,不帷。

君若载而后吊之,则主人东面而拜,门右北面而踊,出待,反而后奠。

子羔之袭也[2]:茧衣裳与税衣纁袡为一,素端一,皮弁一,爵弁一,玄冕一。曾子曰:"不袭妇服。"

译文

凡是妇人,就都按她丈夫的爵位行丧礼。小殓裹尸,大殓入棺,启殡移棺,都应该遍拜来吊丧的宾客。早晚哭奠,不要垂下帷幕。已经移棺下葬,堂上就不用帷幕。

国君如在灵柩已载上车后才来吊丧,那么主人要返回宾位向东拜谢,并且要到门右边向北哭泣跺脚,然后自己先出门等候国君出来,送走国君后再回来祭奠。

子羔小殓时的穿戴是:丝绵衣裳一套,滚红边的缘衣一套,素色衣裳一套,皮弁一通,爵弁一通,玄冕一通。曾子说:"不该穿上妇人小殓用的滚红边的缘衣。"

注释 1 辩:通"遍"。 2 子羔:孔子弟子高柴,尝为郈宰。袭:小殓时为死者穿衣。

原文

20.11 为君使而死,公馆复,私馆不复。公

译文

为国君出使而死,死在公家馆舍的就替他招魂,死在私人馆舍的就不替他

馆者，公宫与公所为也。私馆者，自卿大夫以下之家也。

公七踊，大夫五踊，妇人居间[1]；士三踊，妇人皆居间。

公袭卷衣一，玄端一，朝服一，素积一，纁裳一，爵弁二，玄冕一，褒衣一，朱绿带，申[2]加大带于上。

小敛，环绖，公、大夫、士一也。公视大敛，公升，商祝[3]铺席，乃敛。鲁人之赠也，三玄二纁，广尺，长终幅。

招魂。公家馆舍，是公家指定招待的地方；私人馆舍，是卿大夫以下的私人住宅（不可以在别人家里招魂）。

（始死到殡殓之间的哭踊，是有规定的：）国君死了要哭踊七次，大夫死了要哭踊五次，妇人在主人之后、宾客之前哭踊；士人死了要哭踊三次，妇人也在主人之后、宾客之前哭踊。

国君小殓，用衮衣一套，玄端一套，朝服一套，素积一套，纁裳一套，爵弁服两套，玄冕服一套，褒衣一套，朱绿色杂带上再添加上大带。

小殓时，头上加环绖，不论是国君、大夫、士，做法是一样的。国君到臣子家参与大殓，等他登上堂，商祝重新铺席，举行殓事。鲁国人赠送放置椁中的物品，是三块黑色、两块浅红色的帛，但只有一尺宽，长也如一幅布二尺四寸那么长。

注释　1 徐师曾认为，此“妇人居间”四字当为衍文。2 申：重复。3 商祝：习知殷礼者，专主殓事。

原文

20.12 吊者即位于门西，东面。其介[1]在其东南，北面西上，西于门。主孤[2]西面。相

译文

诸侯派遣来吊丧的使者，先在主国的大门西边就位，面朝东。他的介就在他的东南方，面朝北，以靠西边为上位；所有的人站在大门的西边（不能正对着门）。大

者[3]受命曰："孤某使某请事。"客曰："寡君使某，如何不淑[4]！"相者入告，出曰："孤某须[5]矣。"吊者入，主人升堂西面，吊者升自西阶，东面致命曰："寡君闻君之丧，寡君使某，如何不淑！"子拜稽颡。吊者降〔出〕[6]反位。

含者执璧将命曰："寡君使某含。"相者入告，出曰："孤某须矣。"含者入，升堂致命，再拜稽颡。含者坐委于殡东南，有苇席。既葬，蒲席。降，出反位。宰(夫)[7]朝服即丧屦，升自西阶，西面坐取璧，降自西阶以东。

襚者曰："寡君使某襚。"相者入告，出曰："孤某须矣。"襚者执冕服，左执领，右执要[8]；入，升堂致命曰："寡君使某

门内，孝子站在阼阶下边，面朝西。辅助丧事的相接受了主人之命，出来说："孤某使某人来接待。"宾客就说："敝国国君派某人来吊丧，国君深表哀悼！"相者入门报告孝子后，又出来说："孤某某在内恭候了。"吊丧的宾客入门，主人登堂，面朝西站着，吊丧的宾客从西阶登堂，面向东站立，并致辞："寡君听到贵国国君的噩耗，特派我来吊丧，敝国国君深表哀悼！"孝子下拜磕头。吊丧的宾客下堂，出大门，返回原先的位置。

接着是奉命致"含"的人捧着玉璧上前通报说："寡君使某人前来行致含礼。"相者进门报告，然后出来说："孤某某在内恭候了。"致"含"的人进门，登堂致命辞，孝子拜谢磕头。致"含"的人便在停殡的东南方，跪坐着将玉璧放在苇席上。如果已下葬，就把玉璧放在蒲席上。然后下堂，出门，返回原先的位置。上卿穿着朝服，穿上绳屦，从西阶登堂，面朝西坐着取了玉璧从西阶下堂，到东边去收藏。

接着是奉命来赠送襚的人上前通报说："寡君使某人前来赠襚。"相者进门报告，然后出来说："孤某某在内恭候了。"赠襚的人捧着冕服，左手拿领子，右手拿腰

襚。”子拜稽颡。委衣于殡东,襚者降,受爵弁服(而)〔于〕[9]门内溜,将命,子拜稽颡如初。受皮弁服于中庭,自西阶受朝服,自堂受玄端,将命,子拜稽颡皆如初。襚者降,出反位。宰夫五人,举以东,降自西阶,其举亦西面。

上介赗[10],执圭将命曰:“寡君使某赗。”相者入告,反命曰:“孤某须矣。”陈乘黄[11]、大路于中庭,北辀[12]。执圭将命,客使自下由路西。子拜稽颡。坐委于殡东南隅。宰举以东。凡将命,乡殡将命,子拜稽颡。西面而坐委之。宰举璧与圭,宰夫举襚,升自西阶,西面坐取之,降自西阶。赗者出,反位于门外。

带,入门,登堂致命辞说:“敝国国君派某人前来赠襚。”孝子拜谢磕头。赠襚的人把冕服放到停殡的东面,然后下堂,到门内正檐下,从贾人手中接过爵弁服,再次登堂致辞,孝子拜谢磕头一如当初。赠襚的人又到庭中接过贾人手里的皮弁服,又从西阶上接过朝服,在堂上接过玄端,都要一次次登堂致辞相赠,孝子也得一次次拜谢磕头如当初一样。然后赠襚的人下堂,出门返回原先的位置。又有宰夫五人,登堂来到停殡的东边,每人捧起一件襚服,从西阶下堂,而他们在捧起衣服时要面朝西。

又有上介进赗,拿着玉圭上前通报说:“寡君使某人前来行赗礼。”相者进门报告,然后出来传话说:“孤某某在内恭候了。”于是就把赠送的四匹黄马、路车陈列在庭中,使车辕朝北。上介执圭升堂致辞,使唤的人就牵马设立在路车的西边。孝子拜谢磕头。上介跪下把圭放到停殡的东南角。由上卿拿起玉圭到东边去收藏。凡是致辞,都是向殡(死者)表达来意,孝子拜谢磕头。凡是放下赠送的礼物,都要面朝西(即向着死者),跪着放下。上卿举取玉璧和玉圭,宰夫举取襚服,都是从西阶上登堂,面朝西跪着拿起来,然后从西阶下堂。进献赗的

上客临[13],曰:“寡君有宗庙之事,不得承事,使一介老某相执綍[14]。”相者反命曰:“孤某须矣。”临者入门右,介者皆从之,立于其左,东上。宗人纳宾,升,受命于君,降曰:“孤敢辞吾子之辱,请吾子之复位。”客对曰:“寡君命某,毋敢视宾客。敢辞。”宗人反命曰:“孤敢固辞吾子之辱,请吾子之复位!”客对曰:“寡君命某,毋敢视宾客。敢固辞!”宗人反命曰:“孤敢固辞吾子之辱,请吾子之复位!”客对曰:“寡君命使臣某,毋敢视宾客,是以敢固辞。固辞不获命,敢不敬从!”客立于门西,介立于其左,东上。孤降自阼阶拜之,

人出门后,也返回到门外的原先位置。

奉命来吊丧的使者前来视丧,对相者说:“寡君有宗庙要事,不能亲自前来吊丧,便派一介老臣某某帮助牵引丧车。”相者进去报告后,出来传话说:“孤某某在内恭候了。”使者进入大门的右边,他的介都跟从着,并站立在他的左边,以靠东边的为上位。宗人接纳这些宾客,要登堂从主人那儿接受指示,再下堂说:“孤怎么敢承当你们的厚意,请你们回到原来的位置。”宾客对答说:“寡君命我们来当差,不敢以宾客自居。所以不敢推辞您的命令。”宗人报告后,又返回传话说:“孤实在不敢承当你们的厚意,请你们还是回到原来的位置上!”宾客对答说:“寡君命我们来当差,不敢以宾客自居。所以不敢不推辞您的命令!”宗人又报告,并再次返回传话说:“孤实在不敢承当你们的厚意,请你们还是回到原来的位置上!”宾客又再次对答说:“寡君命我们这些臣子来当差,不敢以宾客自居,因此不敢不推辞您的命令。一再推辞而不能获准,所以怎么敢不敬从您的命令呢!”于是,宾客站立在大门的西边,介站立在他的左边,以靠东边的为上位。孝子从阼阶走下堂向他们拜谢,再登堂哭泣,和宾客更替着跺脚三踊。宾客出

升哭，与客拾[15]踊三。客出，送于门外，拜稽颡。

其国有君丧，不敢受吊。

门，孝子送到门外，拜谢磕头。

卿大夫以下，如果既有国君的丧事，又有自己亲属的丧事，就不敢接受别国宾客的吊丧。

注释 1介：副官。 2孤：嗣子。 3相者：帮助料理丧事并传达话语之人。 4如何不淑：郑玄说，言君痛之甚，使某吊。王国维释“不淑”为“不幸”。 5须：等待。 6郑玄说，无“出”字，脱。 7孔颖达说，宰是上卿，“夫”字衍。 8要：同“腰”。 9依孔注，“而”当为“于”字。 10赗：是赠送给死者家属的礼品，如车马等物。 11乘黄：四匹黄马。乘，四。 12辀：车辕。 13临：指上客亲自视丧之礼。 14綍(fú)：同“绋”，大绳。 15拾：更迭，交替。

原文

20.13 外宗房中南面[1]；小臣铺席，商祝铺绞紟衾；士盥于盘北，举迁尸于敛上。卒敛，宰告。子冯之踊；夫人东面坐冯之，兴踊。

士丧有与天子同者三：其终夜燎，及乘人[2]，专道而行。

译文

（国君将要大殓，）同宗的妇人站在房中，面朝南；小臣铺上席子，商祝再铺上绞、紟、衾；士人在盘的北面洗过手，就举起尸体迁移到殓服上。大殓结束，太宰就报告主人。嗣子行过按抚尸体的礼节后，就跳踊；国君夫人脸朝东坐着按抚过尸体后，也要跳踊。

士人的丧事和天子相同的地方有三方面：出殡的那天夜里，灯火通明，整夜不熄，灵车由人们执绋牵引行进（灵车在路上不避让行人），柩车专道而行。

注释 1这节文字见于《丧大记》中“君将大殓”一段中。郑玄说，“此

《丧大记》脱字，重著于是”。注释参见《丧大记》。 2乘人：灵车由人们执绋牵引而行，故称为“乘人”。

杂记下第二十一

原文

21.1 有父之丧，如未没[1]丧而母死，其除父之丧也，服其除服[2]；卒事，反丧服[3]。虽诸父、昆弟之丧，如当父母之丧，其除诸父、昆弟之丧也，皆服其除丧之服；卒事，反丧服。如三年之丧，则既顈[4]，其练、祥皆行。王父死，未练、祥而孙又死，犹是附[5]于王父也。

有殡，闻外丧，哭之他室。入奠，卒奠出，改服即位，如始即位之礼。

大夫、士将与祭于公，既视濯[6]而父母死，则犹是与祭也，次于异

译文

如果有父亲的丧事，而丧期还没结束，母亲又死了，在遇到该为父亲除重服的大祥祭后，就改换轻服进行祥祭；祥祭完毕，还得为母亲服重服。即使是在叔伯、兄弟的丧期中，如果遇到父母丧事而服重服，但在该为叔伯、兄弟除丧的大祥祭，也要暂时换上大祥祭之服；祭事完毕，再为父母服重服。如果先后遭遇父、母的三年之丧，后丧到了该换穿葛衣时，前丧周年的练祭、三年的大祥祭都可以进行。祖父去世，还没有到练祭、祥祭时，而孙子又死了，孙子的灵位还得祔于祖父。

父母的灵柩尚在殡宫，如果听到外地兄弟的噩耗，应该在别室哭泣。第二天早晨进入殡宫祭奠父母，祭奠结束后出来，要改换丧服而到别室去为死去的兄弟哭泣，与昨日在别室就灵位哭灵的礼仪相同。

大夫、士将参加国君的祭典，已经在祭前检视过祭器祭品，如果这时遇到父母

宫;既祭,释服出公门外,哭而归。其它如奔丧之礼。如未视濯,则使人告,告者反而后哭。如诸父、昆弟、姑、姊妹之丧,则既宿[7]则与祭;卒事,出公门,释服而后归。其它如奔丧之礼。如同宫,则次于异宫。

去世,那还得参加祭典,但是要居住在另外的宫室;等到祭事结束后,再脱去吉服走出公门外,哭着回家。其他的礼节,就如同奔丧礼。如果还没有检视过祭典用的祭器祭品,就派人报告国君,等报告的人返回后,再为父母哭泣。如果是叔伯、兄弟、姑、姊妹的丧事,而自己已经斋戒了,就仍然参与祭典;祭典结束后,走出公门,脱去吉服,然后回去奔丧。其他的礼节,也如同奔丧礼。如果是同住在一起的叔伯、兄弟、姑、姊妹死了,那斋戒出来后要住在另外的宫室中(因为吉凶不可同处)。

注释 1 没:竟,结束。 2 除服:谓祥祭之服。 3 反丧服:郑玄说,反后死者之服。 4 颎(jiǒng):草名,可缉麻为布。无葛之乡,则服颎。 5 附:郑玄说,附皆当作“祔”。此指孙死祔祖。 6 视濯(zhuó):祭之前夕检视祭器祭品是否新鲜、洁净。 7 宿:祭前三日宿宾斋戒,再参加祭典。

原文

21.2 曾子问曰:“卿大夫将为尸于公,受宿矣,而有齐衰内丧,则如之何?”孔子曰:“出舍乎公宫以待事,礼也。”孔子曰:“尸弁冕而出,卿、大夫、士皆下之。尸必式,必有前驱。”

译文

曾子问道:“卿大夫将要在国君的祭典中担任尸,并且已斋戒了,如果遇有叔伯、兄弟、姑、姊妹的丧事,该怎么办?”孔子说:“出去住在国君的馆舍里等待祭祀,这是礼的要求。”孔子说:“尸穿上弁冕出来,卿、大夫、士都要下车。尸必须凭轼行礼,车前必须有开道的人。”

原文

21.3 父母之丧，将祭，而昆弟死，既殡而祭。如同宫，则虽臣妾，葬而后祭。祭，主人之升、降，散等[1]，执事者亦散等；虽虞、附亦然。

自诸侯达诸士，小祥之祭，主人之酢也哜之[2]，众宾、兄弟则皆啐之[3]。大祥，主人啐之，众宾、兄弟皆饮之可也。凡侍祭丧者，告宾祭荐[4]而不食。

译文

父母的丧事，到将要练祭、祥祭时，遇到分居异地的兄弟死去，那要等到兄弟的灵柩迁移殡宫后，再举行父母的练祭、祥祭。如果是同住一处的，即使是臣妾去世，也要等到埋葬以后，再为父母行祭祀。祭祀时，主人登堂、下堂，都要一级一级地踩着台阶上下，执事人也是这样上下堂；即使是葬后的虞祭、祔祭也是这样。

从诸侯以下至于士人，举行小祥祭时，宾客回敬主人的酒，主人只略微沾一下嘴唇，而众宾客、兄弟都可以略微喝一点。举行大祥祭时，主人可以略微喝一点，而众宾客、兄弟都可以喝干。凡是帮助别人举行丧事祭奠，主人只告诉宾客用肉脯、肉酱行食前祭礼，宾客却只祭而不吃。

注释 1 散等：指登阶，一足跨上一层台阶。 2 酢：举杯回敬。 哜(jì)：浅尝，微尝。郑玄说，尝也，哜至齿。 3 啐(cuì)：尝，饮。郑玄说，尝也，啐至口。 4 荐：郑玄说，荐，脯、醢也。

原文

21.4 子贡问丧。子曰："敬为上，哀次之，瘠[1]为下。颜色称其情，戚容称其服。"

译文

子贡向孔子请教有关父母丧礼之事。孔子说："以敬重为最重要，其次才是哀情，以只有外表的憔悴瘦弱为最下。面容要和哀情相称，哀戚的表情又要和丧服的

请问兄弟之丧。子曰："兄弟之丧，则存乎书策矣。"君子不夺人之丧，亦不可夺丧也。

孔子曰："少连、大连善居丧，三日不怠，三月不解，期悲哀，三年忧。东夷之子也！[2]"

差等相称。"

子贡又请教有关兄弟丧礼之事。孔子说："关于兄弟的丧礼，书籍简策上已有记载了。"君子既不剥夺他人居丧的哀情，也不可因为他事废弃自己居丧的哀情。

孔子说："少连、大连两人都很善于守丧，父母死后，三天内水浆不入口，悲哭不止，三月内哭奠从不松懈，一年后还悲哀不堪，三年后忧戚不尽。他们都是东夷人！"

注释 1 瘠：瘦弱。 2 按：郑玄说，言其生于夷狄而知礼也。

原文

21.5 三年之丧，言而不语，对而不问，庐垩室之中，不与人坐焉。在垩室之中，非时见乎母也，不入门。疏衰[1]皆居垩室，不庐。庐，严者也。

妻视叔父母，姑、姊妹视兄弟，长、中、下殇视成人。亲丧外除，兄

译文

在父母三年的丧期中，可以说话，但不主动向别人告诉什么；可以回答，但不向别人询问什么；居住在倚庐、垩室里，不和别人住在一起。一周年后移居垩室，不是去拜见母亲时，就不进家门。凡是服齐衰的人都住在垩室，不住在倚庐（服斩衰的人才住在倚庐）。倚庐，是有更严格的礼节。

丧妻的哀戚之情可以比照叔父母，丧姑、姊妹的哀戚之情可以比照兄弟，丧长殇、中殇、下殇者的哀戚之情可以比照成人。为父母守丧，外表上虽经练祭、祥祭而除服（，但内心的哀戚未除去）。为兄弟守丧，虽丧期未满，

弟之丧内除。视君之母与妻，比之兄弟；发诸颜色者，亦不饮食也。免丧之外，行于道路，见似目瞿[2]，闻名心瞿。吊死而问疾，颜色戚容必有以异于人也。如此而后可以服二三年之丧，其余则直道而行之是也。

而内心的哀戚之情却渐渐消除了。为国君的母亲和妻子服丧，其哀戚之情比照为兄弟服丧；但是那些会对哀容产生影响的酒食，不可以吃喝。除丧以后，走在路上，见到形貌和父母相似的，目光为之惊变，听到与父母名字相同的，心为之惊变。到人家家里去吊丧、问病，脸上的哀戚之色，必和一般人不同。像这样才可以服父母的三年之丧，其余服轻的就只不过按丧礼去做就可以了。

21.6 祥，主人之除也。于夕为期，朝服。祥，因其故服。子游曰："既祥，虽不当缟者，必缟，然后反服。"

大祥祭，是丧主除服的祭祀。祭祀的前一天晚上通告第二天祭祀的时间，并穿上朝服。大祥祭时，丧主还是穿前一天晚上的朝服。子游说："大祥祭之后，(有人前来赠赗，)即使不当戴缟冠穿朝服之时，也必须戴缟冠穿朝服，事毕再恢复缟冠麻衣之服。"

当袒，大夫至，虽当踊，绝踊而拜之；反改成踊，乃袭。于士，既事成踊，袭，而后拜之，不改成踊。

当大殓、小殓中丧主袒衣哭踊时，大夫来吊丧，即使主人正当哭踊，也要停止哭踊而去拜谢大夫；拜谢回来，再返回原位重新行三踊之礼，再披上衣服。如果是对待来吊的士人，就要在殓事结束、行完哭踊礼并披上衣服后向士人行拜礼，而不为士重新成三踊之礼。

上大夫之虞也，少牢；卒哭成事，附，皆大牢。下大夫之

上大夫的虞祭，用羊猪少牢；行卒哭、祔庙祭礼，都用牛羊猪太牢。下大夫虞祭时，用一头猪；行卒哭、祔庙祭礼，都用羊猪

虞也，特牲；卒哭成事，附，皆少牢。

祝称卜葬虞：子孙曰“哀”，夫曰“乃”，兄弟曰“某”，卜葬其兄弟曰“伯子某”。

少牢。

祝辞中称呼卜葬之事、虞祭之事的主人：子、孙就自称“哀”（如“哀某子”“哀某孙”），丈夫对妻就自称“乃”，兄弟自称“某”，为兄弟卜葬就称“伯子某”（如“某卜葬兄伯子某”）。

注释 1 疏衰：齐衰，指期丧之服。 2 瞿(jù)：惊貌，惊视貌。

原文

21.7 古者贵贱皆杖。叔孙武叔朝，见轮人以其杖关毂而輠轮者[1]，于是有爵而后杖也。凿巾以饭[2]，公羊贾为之也。

冒[3]者何也？所以掩形也。自袭以至小敛，不设冒则形，是以袭而(后)[4]设冒也。

或问于曾子曰：“夫既遣而包其余[5]，犹既食而裹其余与？君子既食则裹其余乎？”曾子曰：“吾子不见大

译文

古代不论贵贱都用丧杖。鲁国的大夫叔孙州仇去朝见时，路上见到制轮的工匠用丧杖穿过车毂来滚动车轮，从这以后就规定有爵位的人才能用丧杖。将遮掩在死人脸上的面巾凿孔行饭含礼，公羊贾（怕见死人的脸）就是这样做的。

“冒”是什么呢？这是用来遮掩死人的形体的。从给死人穿衣服到小殓，不用像布袋那样的“冒”把尸体套起来，那死人的形体就很可怕，因此在给死人穿衣后要再加上“冒”。

有人向曾子问道：“出殡时已有遣奠，还要把遣奠剩下的食物包起来送葬，这不就像宾客吃过了酒食还要把剩余下的牲肉裹带走吗？”曾子说：“您没有看到过大飨宾客之

飨乎？夫大飨，既飨，卷三牲之俎归于宾馆。父母而宾客之，所以为哀也。子不见大飨乎？”

非为人丧，问与，赐与？

三年之丧，以其“丧拜”[6]；非三年之丧，以“吉拜”[7]。三年之丧，如或遗之酒肉，则受之必三辞，主人衰绖而受之；如君命，则不敢辞，受而荐之。丧者不遗人，人遗之，虽酒肉，受也。从父昆弟以下[8]，既卒哭，遗人可也。

县子曰：“三年之丧如斩，期之丧如剡[9]。”（期之丧，十一月而练，十三月而祥，十五月而禫。）三年之丧，虽功衰[10]，

礼吧？在大飨礼上，款待过宾客后要把俎里还没吃完的三牲之肉包裹好送到宾客住的馆舍里。因此出殡时的包奠，是把父母看作宾客来对待，这是表示孝子悲哀到了极点（因为父母是永远不再回来的宾客）。您大概是没有见过大飨之礼吧？”

不是因为有丧事而馈赠，是问病呢，还是赏赐呢？

服三年之丧（而接受别人的馈赠），要用“丧拜”来拜谢；不是为父母守丧（而接受别人的馈赠），就用“吉拜”来拜谢。为父母守丧，如果有人问病而前来馈赠酒肉，就要再三推辞然后接受，接受时主人要穿着丧服并系着绖带；如果是国君的赏赐，就不敢推辞，并且收下后要先拿来祭献死者。守丧的人不对别人馈赠，而别人馈赠他礼物，即使是酒肉，也是可以接受的。如果是叔伯、兄弟以下的人，行过卒哭祭祀后，也可以馈赠东西给别人。

县子说：“三年的丧事就如刀斩一样悲痛，周年的丧事就如刀割一样痛苦。”为父母居丧的人，即使到了改换为大功丧服时，也不去别人那儿吊丧，上自诸侯下至士人都是这样。如果有五服之内的亲属去世，那就非得去，而且将要去哭丧时，要改穿相应的丧服前往。期年的丧事，十一个月行练祭，十三个月

不吊，自诸侯达诸士。如有服而将往哭之，则服其服而往。〔期之丧，十一月而练，十三月而祥，十五月而禫[11]。〕练则吊。既葬，大功，吊，哭而退，不听事焉。期之丧，未葬，吊于乡人，哭而退，不听事焉。功衰，吊，待事不执事。小功缌，执事，不与于礼。

相趋[12]也，出宫而退；相揖也，哀次而退；相问[13]也，既封而退；相见[14]也，反哭而退；朋友，虞(附)[15]而退。吊，非从主人也。四十者执綍。乡人，五十者从反哭，四十者待盈坎。

行祥祭，十五个月行禫祭。练祭以后就可以出外吊丧。如果只是在下葬后，那居大功丧的人可以出去吊丧，但是哭后就退出，不再等候丧事的进行。居期年丧的人，未下葬前，可以到乡人那儿去吊丧，也是哭后就退出，不等候丧事的进行。居功衰丧的人，可以出去吊丧，并且等候丧事进行，但是不参与治丧。居小功缌麻丧的人，可以参与治丧，但是不参加奠祭礼。

慕名而去吊丧的人，灵柩出了殡宫门，就可以退回；与死者有拜揖交情的人，灵柩经过门外举哀的地方，就可以退回；与死者曾互相馈赠过礼物的人，要一直进行到下葬封土才退回；与死者曾执贽行过相见礼的人，就要一直等到孝子在葬后返哭回家才可以退回；与死者是朋友，那更要等到虞祭以后才可以退回。吊丧的人，并不是为了空手跟着丧主，四十岁以下的人去吊丧，要拉绋牵引灵车。如果是同乡的人，五十岁以上的就可以随从丧主在下葬后返回去哭，四十岁以上的要帮助丧家把墓坑填满才可以回去。

注释 1关：贯穿。 輠(huì)：转动。 2饭：饭含，在死人口中塞进玉、贝、米等。 3冒：装殓死人尸体的套袋。 4郑玄说，“后”字衍。 5遣：遣奠，指出葬前在殡宫中的祭奠。 包:包奠,指把遣奠剩下的牲体包裹起来,置之遣车以纳于圹中。 6 丧拜:稽颡而后拜也。 7 吉拜:拜而后稽颡也。 8 按:孙希旦说,从父兄弟,大功之服也。 9 剡(yǎn):削。 10 功衰:郑玄说,既练之服也。孔疏说,重丧,小祥后衰,与大功同,故曰"功衰"。 11 依郑注,此句当在"练则吊"上。 12 相趋:郑玄说,谓相闻姓名,来会丧事也。 13 相问:尝相惠遗也。 14 相见:尝执贽相见也。 15 王引之说,"附"字衍,因"祔"非同日之事。

原文

21.8 丧食虽恶,必充饥;饥而废事,非礼也;饱而忘哀,亦非礼也。视不明,听不聪,行不正,不知哀,君子病之。故有疾饮酒食肉,五十不致毁,六十不毁,七十饮酒食肉,皆为疑[1]死。

有服,人召之食,不往。大功以下,既葬,适人。人食之,其党[2]也,食之;非其党,弗食也。功衰,食菜果,饮水浆,无盐酪;不能食食,盐酪可也。

孔子曰:"身有疡

译文

守丧时吃的食物虽差,但必须能充饥;因为饥饿而耽搁了丧事,是不符合礼的;但是饱食而忘掉了悲哀,也是不符合礼的。因过度悲伤而视物不清,听力衰退,行走不稳,甚至麻木而不知悲哀,这些情形是君子担忧的。所以守丧的人有疾病可以饮酒吃肉,五十岁以上的人不要太哀伤,六十岁以上的人可以不必哀伤,七十岁以上的人就可以像平时一样饮酒吃肉,都是因为怕哀伤过度而丧命。

有丧服在身,别人请他吃饭,就不能去。服大功以下丧服的人,死者下葬后,可以去别人家里。别人用食物招待他,如果主人是亲属,就可以吃;如果不是亲属,就不能吃。练祭后换上大功丧服,就可以吃蔬菜瓜果,并喝汤水了,但还不用肉酱之类佐餐;如果因哀病而实在吃不下,用肉酱之类佐餐也是可以的。

则浴，首有创则沐，病则饮酒食肉。毁瘠为病，君子弗为也；毁而死，君子谓之无子。”

孔子说：“居丧的人，身上有疮就洗澡，头上有疮就洗发，病了可以饮酒吃肉。因过度哀伤憔悴而生病，君子是不该这样做的；因极度哀伤而丧命，君子认为那会使父母绝嗣。”

注释 1疑：郑玄说，疑犹恐也。 2党：亲族，亲属。

原文

21.9 非从柩与反哭，无免于堩[1]。凡丧，小功以上，非虞、附、练、祥，无沐浴。疏衰之丧，既葬，人请见之则见，不请见人。小功，请见人可也。大功，不以执挚。唯父母之丧，不辟[2]涕泣而见人。

三年之丧，祥而从政。期之丧，卒哭而从政。九月之丧，既葬而从政。小功缌之丧，既殡而从政。

曾申问于曾子曰：“哭父母有常声乎？”曰：“中路婴儿失其母

译文

如果不是跟着灵柩去送葬和葬后返哭，孝子就不可以戴着孝冠在路上行走。凡是居丧，小功丧服以上的，不是要举行虞、祔、练、祥祭，就不洗发、洗澡。齐衰之丧，在下葬后，别人请求见面，就可以与人会面，但是自己不请求去见别人。小功之类，自己请求去见别人，也是可以的。居大功丧的人，不可以接受人家的见面礼物。只有父母的丧事，可以不擦眼泪鼻涕去见来吊丧的人。

居父母丧，祥祭过后就可以去干政事。期年丧事，在卒哭以后就可以去干政事。九月大功丧事，在下葬后就可以去干政事。小功缌麻丧事，移殡后就可以去干政事。

曾申问曾子道：“居父母丧而痛哭，是否有一定的声调？”曾子说：“假如小孩在路上焉,何常声之有?"

找不到母亲而啼哭,会有一定的哭调吗?"

注释 1 埂(gèng):道路。 2 辟(bì):通"避"。

原文

21.10 卒哭而讳。王父母、兄弟、世父、叔父、姑、姊妹,子与父同讳。母之讳,宫中讳。妻之讳,不举诸其侧。与从祖昆弟同名,则讳。

21.11 以丧冠者,虽三年之丧可也。既冠于次,入哭踊,三者三,乃出。

大功之末[1],可以冠子,可以嫁子。父(小)〔大〕功之末[2]可以冠子,可以嫁子,可以取妇。己虽小功,既卒哭,可以冠、取妻;下殇之小功则不可。

译文

行卒哭祭后开始避讳说死者的名字,不再用名字称呼死者。已死的祖父母、兄弟、伯父叔父、姑和姊妹,儿子和父亲都得避讳说他们的名字。母亲所避讳的那些人名,子孙们在家中都得避讳。妻子所避讳的人名,只要不在她身边称呼就行了。如果母亲和妻子所避讳的人名和从祖兄弟同名,在别处也要避讳。

在服丧而行冠礼(不分丧服的轻重),即使是父母的三年之丧也是可以这样做的。在倚庐行冠礼以后,就入内对灵柩哭踊,要每一哭有三踊,共三哭九踊,然后才退出来。

父亲服大功丧而快除服时,可以为儿子行冠礼,可以为女儿举行婚礼。父亲有大功丧服而将除服时,可以为儿子举行冠礼,可以为女儿举行婚礼,可以为儿子娶媳妇。自己虽服小功丧,但在卒哭以后,也可以加冠、娶妻;为下殇者而服小功丧的人,卒哭以后仍不能举行冠礼、婚礼。

注释 1末:郑玄说,"卒哭"。陈澔说,将除服之时。 2王引之说,当作"父大功之末"。

原文

21.12 凡弁绖,其衰侈袂。父有服,宫中子不与于乐。母有服,声闻焉,不举乐。妻有服,不举乐于其侧。大功将至,辟琴瑟;小功至,不绝乐。

21.13 姑、姊妹,其夫死,而夫党无兄弟,使夫之族人主丧;妻之党,虽亲弗主。夫若无族矣,则前后家、东西家;无有,则里尹主之。或曰:主之而附于夫之党。

21.14 麻者不绅[1]。执玉不麻。麻不加于采[2]。

国禁哭则止,朝夕之奠即位自因也。童子哭不偯,不踊,不

译文

凡是戴弁冠麻绖去吊丧,他的缞衣都是宽袖的。父亲在服丧,家里的子弟出行在外,见乐不观不听。母亲在服丧,家里的子弟能听人奏乐,但自己不摆弄乐器。妻子在服丧,只要不在她身边奏乐就行。服大功丧的人将来访,要先把琴瑟收起来;服小功丧的人来访,不必停止弹琴奏瑟。

姑、姊妹,她们的丈夫死了,又无子,丈夫也没有兄弟,就要请他的族人主持丧事;妻子所属的家族,即使是很亲近的人,只因属于外姓,也不能主持丧事。丈夫家如果没有同姓族人,那就请前后邻居、左右邻居来主丧;如果邻居中没有合适的人,就请里长主丧。有人说:妻子所属的家族里的人也可以来主丧,但是祔祭时仍附于丈夫所属家族的庙。

披麻戴孝的人不能用绅带。执玉行礼的人不能戴麻绖、系麻带。麻衣不能穿在吉服的外面。

国家有大祭祀,禁止哭泣,那就得停止早晚的哭奠,但自己仍旧要就哭位。儿童服

杖，不菲，不庐。

孔子曰："伯母、叔母疏衰，踊不绝地。姑、姊妹之大功，踊绝于地。如知此者，由[3]文矣哉！由文矣哉！"

21.15 世柳[4]之母死，相者由左；世柳死，其徒由右相。由右相，世柳之徒为之也。

丧，不必拉长声哭，不必跳踊，不用丧杖，不穿绳屦，不住倚庐。

孔子说："伯母、叔母的丧事，该穿齐衰丧服，踊时脚不离地。姑、姊妹的丧事，该穿大功丧服，但踊时双脚跳起离地。如果有知道该这样做的人，那就是真正能行礼了！确实是真正能行礼了！"

世柳的母亲死时，（有宾客来吊丧，）协助行礼的相者都从主人左边出来相赞丧礼；世柳死时，他的弟子却是从右边出来相赞丧礼。从右边出来相赞丧礼，（这本是不符合礼的，）是从世柳的弟子开始的。

注释　1 绅：大带，用于吉服；丧服用腰绖。　2 采：指玄衣纁裳。　3 由：用。　4 世柳：鲁穆公时人，也作"泄柳"。

原文

21.16 天子饭九贝，诸侯七，大夫五，士三。士三月而葬，是月也卒哭。大夫三月而葬，五月而卒哭。诸侯五月而葬，七月而卒哭。士三虞，大夫五，诸侯七。诸侯使人吊。（其次）[1]含、襚、赗、临，皆同日而毕事者

译文

上古时代天子饭含用九个贝壳，诸侯用七个，大夫用五个，士用三个。士死后三个月下葬，就在当月卒哭。大夫死后三个月下葬，但到第五个月卒哭。诸侯死后五个月下葬，到第七个月卒哭。士葬后举行三次虞祭，大夫葬后举行五次虞祭，诸侯葬后举行七次虞祭。诸侯去世，邻国遣使来先行吊礼。其次再行含、襚、赗、临等礼节，都要在同一天进行完

也。其次如此也。卿大夫疾，君问之无算；士，壹问之。君于卿大夫，比葬不食肉，比卒哭不举乐；为士，比殡不举乐。升正柩，诸侯执綍五百人，四綍皆衔枚；司马执铎，左八人，右八人；匠人执羽葆[2]御柩。大夫之丧，其升正柩也，执引者三百人；执铎者左右各四人，御柩以茅。

毕。这几件事的次序如上所述。卿大夫有病，国君去探问的次数没有定数；士人有病，国君只探问一次而已。国君对于死去的卿大夫，在下葬之前就不吃肉，在卒哭之前不举乐；而对于死去的士人，只在殡之前不举乐。（将下葬灵柩，朝祖庙时）先要把灵柩迁升到西阶上，再用輁轴载柩迁到两楹之间放正，诸侯的灵柩有五百人执綍，共有四根大绳索，每人都在口中衔着枚用来防止喧哗；司马拿着铃铎，左右边都配八个人，号令行人回避；匠人拿着羽葆在前面导引灵柩。大夫的丧葬，也先要将灵柩升阶并摆正于两楹间，但执綍牵引的为三百人；也有执铃铎者，但左右各配四个人，而匠人只用白茅来导引灵柩。

注释　1 王引之说，"其次"二字衍。　2 羽葆：古代葬礼仪仗的一种。孔疏说，以鸟羽注于柄头如盖。葆，古代有鸟羽装饰的一种仪仗。

原文

21.17 孔子曰："管仲镂簋而朱纮，旅树而反坫，山节而藻棁，贤大夫也，而难为上也！晏平仲祀其先人，豚肩不掩豆，贤大夫也，而难为下也。君子上不僭上，下

译文

孔子说："管仲用雕镂的簋、朱红的帽带，在道路上立屏风遮蔽，在两楹间设土坫放爵，在斗拱上刻绘山形，在短柱上雕画水草（，享用之物和国君一样）。管仲是个贤能的大夫，但是做他的国君也真不容易啊！晏平仲祭祀他的祖先，用的小猪腿甚至还遮不住豆（，太节俭了）。

不逼下[1]。”

晏平仲也是贤能的大夫,但是要做他的属下也真是太难了。君子应该对上不僭越上司,对下不刻薄属下。”

21.18 妇人非三年之丧,不逾封而吊。如三年之丧,则君夫人归。夫人,其归也,以诸侯之吊礼;其待之也,若待诸侯然。夫人至,入自闱门,升自侧阶,君在阼。其他如奔丧礼然。

妇人若不是遭遇父母的丧事,就不到他国去吊丧。如果是父母的丧事,那即使是国君夫人也得回去奔丧。国君夫人回去奔丧,对死者用诸侯的吊丧礼节;母国接待她,也要像接待诸侯一样。国君夫人回到娘家,要从闱门进去,从侧阶登堂,而嗣君在阼阶等待夫人到来。其他礼节(比如哭踊、髽发、披麻等),都和奔丧礼一样。

嫂不抚叔,叔不抚嫂。

丈夫的弟弟死了,嫂子不抚着他的尸体哭泣;嫂子死了,小叔子也不抚她的尸体哭泣。

注释 1此节参见《礼器》篇注释。

原文

21.19 君子有三患:未之闻,患弗得闻也;既闻之,患弗得学也;既学之,患弗能行也。君子有五耻:居其位,无其言,君子耻之;有其言,无其行,君子耻之;既得之而又失之,

译文

君子有三种忧虑:没有听到过的知识,忧虑没有办法能听闻到;已经听闻到了,又忧虑没有办法能学到;已经学到了,又忧虑自己不能做到。君子有五种耻辱:身居某位,而没有良言善谋,君子以此为耻;有良言善谋,而不能实行,君子也以此为耻;开始时凭才德而得到职位,后来终因无能而失去职位,君子以此为耻;管辖

君子耻之;地有余而民不足,君子耻之;众寡均而倍焉,君子耻之。

21.20 孔子曰:“凶年则乘驽马,祀以下牲。”恤由之丧,哀公使孺悲之孔子,学士丧礼。《士丧礼》于是乎书。子贡观于蜡,孔子曰:“赐也乐乎?”对曰:“一国之人皆若狂,赐未知其乐也。”子曰:“百日之蜡,一日之泽,非尔所知也!张而不弛,文、武弗能也;弛而不张,文、武弗为也;一张一弛,文、武之道也。”

21.21 孟献子[1]曰:“正月日至,可以有事于上帝。七月日至,可以有事于祖。”七月而禘,献子为之也。夫人之不命于天子,自鲁昭公始也。外宗为君、夫

的地区很广大,而百姓却衣食不足,君子以此为耻;役用民众,自己和他人众寡相等,而他人的功绩多于自己,君子以此为耻。

孔子说:“荒年就乘劣马,祭祀的牺牲就降低一等。”鲁国恤由去世,鲁哀公派孺悲到孔子那儿去学习士的丧礼。《士丧礼》在这时得以记载下来。子贡观看年终蜡祭,孔子说:“端木赐,你觉得很有乐趣吗?”子贡回答说:“全国的人都像发了疯似的,我不知道这有什么乐趣。”孔子说:“民众终年勤苦劳累,才获有国君赋予的饮酒作乐一日的恩泽,其中的道理不是你能理解的!只是紧张劳作而不能放松,即使是文王、武王也受不了;只是放松而不能紧张劳作,文王、武王也不愿意那样做;既有紧张的劳作,又有放松的时候,才是文王、武王的原则。”

孟献子说:“周代的正月冬至,可郊祀天帝。七月夏至,可举行祖庙祭祀。”七月举行禘祭,是孟献子提出来的。国君的夫人不由天子颁授爵命,是从鲁昭公开始的。嫁来的异姓妇女和娶来的命妇,要为国君、国君夫人服丧期年,就像五族内的亲人一样。

人，犹内宗也。

厩焚，孔子拜乡人为火来者。拜之，士壹，大夫再。亦相吊之道也。

孔子曰："管仲遇盗，取二人焉，上以为公臣，曰'其所与游，辟也，可人也。'管仲死，桓公使为之服。(官)〔宦〕[2]于大夫者之为之服也，自管仲始也，有君命焉尔也。"

马厩失火，孔子拜谢那些为火灾而赶来慰问的乡人。孔子拜谢他们时，对士人只一拜，而对大夫是两拜。这也是相互吊问的做法。

孔子说："管仲曾遇到盗贼，而从盗贼中选了二人，推荐给齐桓公做大臣，并且说：'他们俩是由于结交上了邪僻之人而做了盗贼，本是可以任用的人。'管仲死后，齐桓公便让这两人为管仲服丧。曾做过大夫的家臣而后成为国君的臣，又为大夫服丧，就是从管仲开始的，那是因为国君命令他们这样做。"

注释　1 孟献子：也称仲孙蔑，为鲁大夫，是鲁公子庆父之子仲孙的后裔。　2 孔疏说，"官"字作"宦"。

原文

21.22 过而举君之讳，则起。与君之讳同，则称字。内乱不与焉；外患弗辟也。《赞大行》[1]曰："圭，公九寸，侯、伯七寸，子、男五寸，博三寸，厚半寸，剡上左右各寸半，玉也。藻[2]，三采六等。"

译文

偶尔误说了国君的名讳，就要站起来表示歉意。和国君的名讳相同的，就称呼他的字。卿大夫遇到国内祸乱，(能讨伐就讨伐，不能讨伐可以避难，)不能参与；如果遇到外来的入侵，就不能避难(，应拼死抵敌)。《赞大行》说："圭，公爵用的长九寸，侯爵和伯爵用的长七寸，子爵和男爵用的长五寸，而宽度都为三寸，厚度为半寸，上端的两旁都切去半寸，都是玉质的。衬垫

哀公问子羔曰："子之食奚当？"对曰："文公之下执事[3]也。"

圭的藻绘成朱、白、苍色，三色相间成六行。"

鲁哀公向子羔问道："你家先人在哪个国君执政时开始做官的？"子羔回答说："在卫文公时开始做事。"

注释 1《赞大行》：郑玄说，书说大行人之礼者名也。古代外交官，称大行人。 2 藻：垫圭的东西。 3 下执事：孙希旦说，下执事谓士也。

原文

21.23 成庙则衅[1]之，其礼：祝、宗人、宰夫、雍人皆爵弁纯衣[2]。雍人拭羊，宗人视之，宰夫北面于碑[3]南，东上。雍人举羊升屋，自中，中屋南面，刲羊，血流于前，乃降。门，夹室[4]，皆用鸡；先门而后夹室。其衈[5]皆于屋下；割鸡，门当门，夹室中室。有司皆乡室而立[6]，门则有司当门北面。既事，宗人告事毕，乃皆退。反命于君曰："衅某庙事毕。"反命于寝，君南乡于门内[7]，朝服。既反命，乃退。路

译文

新庙建成要进行衅祭，其祭礼是：祝、宗人、宰夫、雍人都得穿戴士人的礼帽礼服。雍人把羊擦拭干净，宗人检视过后，宰夫就脸朝北站在拴牲口的石碑南面，以靠东边为上位。雍人又举起羊从庙屋的正中登上屋顶站在屋脊的当中，脸朝南，再宰杀羊，等羊血流淌到屋檐下，他才下屋。至于庙门、夹室，都用鸡血行祭；先衅祭庙门，后祭夹室。先要在屋下拔掉耳边上的毛(献给神明)，然后再宰鸡，并把鸡血滴在门上和夹室当中。衅祭夹室，众执事都向着夹室；血祭庙门，众执事都得脸朝北正对着门。衅祭完毕，宗人宣告新庙祭礼完成，于是大家都退出。最后要到国君那儿去报告："衅祭某庙的祭礼已完成。"这种报告是在国君的路寝进行，国君脸朝南站在门内，身上穿

寝成,则考之而不衅。衅屋者,交神明之道也。凡宗庙之器,其名者成,则衅之以豭豚[8]。

着朝服。宗人报告完毕,就退出。如果是路寝建成,就设盛大宴会以庆祝落成,不举行衅祭。衅祭庙屋,这是和神明沟通的方法。凡是宗庙里使用的器物,其中重要的器物在制成后,就要用小公猪进行衅祭。

注释 1 衅:用牲血祭神。 2 雍人:执行割切的厨子。 纯衣:玄衣纁裳。 3 碑:庙内拴牲口用。 4 夹室:东西厢房。 5 衈(èr):灭耳边毛以存神,耳主听,欲神听之也。或说杀羽牲(禽)以祭为“衈”,杀毛牲(兽)以祭为“刉(jī)”。 6 有司:孙希旦说,为宰夫、宗人与祝。乡:通“向”。向着。 7 门内:指路寝门内。 8 豭(jiā)豚:小公猪。

原文

21.24 诸侯出[1]夫人,夫人比至于其国,以夫人之礼行。至,以夫人入。使者将命曰:“寡君不敏,不能从而事社稷宗庙,使使臣某敢告于执事。”主人对曰:“寡君固前辞不教矣。寡君敢不敬须以俟命!”有司官陈器皿[2],主人有司亦官受之。

妻出,夫使人致之曰:“某不敏,不能从而共粢盛,使某也敢告于

译文

诸侯抛弃他的夫人,送她回国,从上路一直到抵达她的母国,都要用国君夫人的礼节送行。她到了母国,还是以国君夫人的身份入境。护送的使者传话说:“寡君不才,不能跟她共同主持社稷和宗庙之事,因此派遣使臣某某向左右执事报告。”主人使傧者回话说:“寡君早就说过自己的女儿没教育好。现在既已这样,也不敢不遵从贵国国君之命了!”使者的属吏按礼法将夫人陪嫁的妆奁一一陈列奉还,主人的属吏也依礼收下。

士人逐出妻子,丈夫要派人到她娘家致辞,说:“某某不才,不能跟她共同

侍者。”主人对曰:“某之子不肖,不敢辟诛[3],敢不敬须以俟命!”使者退,主人拜送之。如舅在则称舅,舅没则称兄,无兄则称夫。主人之辞曰:“某之子不肖。”如姑、姊妹,亦皆称之。

21.25 孔子曰:“吾食于少施氏[4]而饱,少施氏食我以礼。吾祭,作而辞曰:‘疏食[5]不足祭也。’吾飧,作而辞曰:‘疏食也,不敢以伤吾子。’”

供奉祖宗祭祀,特地派我来向您的侍从报告。”主人回答说:“某的女儿不贤惠,不敢逃避责罚,不敢不遵从你们的意思了!”使者告退,主人拜送他。如果被逐出的妇人有公公在,就称奉了公公之命而来;如果没有公公,就说奉兄长之命;如果没有兄长,就称奉她丈夫之命。主人的答话说:“某的女儿不贤惠。”如果被逐出的是主人的姑或姊妹,主人就说:“某的姑或某的姊妹不贤惠”。

孔子说:“我在少施氏家里吃饭,吃得很饱,因为他家以礼款待我。我行食前祭礼时,他就站起来客气地说:‘粗茶淡饭不值得行祭礼。’我要飧食时,他又站起来谦逊地说:‘粗茶淡饭,不敢用来伤害您的胃口。’”

注释 1出:休妻。 2有司:指随从使者同来的执事人等。器皿:指陪嫁的妆奁。 3辟(bì):逃避。 诛:责罚。 4少施氏:郑玄说,鲁惠公之子施父的后裔。 5疏食:粗劣的食物。

原文

21.26纳币一束[1],束五两,两五寻。妇见舅姑,兄弟(姑)姊妹皆立于堂下,西面

译文

婚礼定聘的币,每十个为一束,(每二个合卷为一两,)每束有五两,每两四丈长。新媳妇拜见公婆时,兄弟、姑、姊妹都站立在堂下,脸朝西而以靠北边为上位,而新媳

北上，是见已。见诸父，各就其寝。女虽未许嫁，年二十而笄，礼之。妇人执其礼。燕则鬈首[2]。

妇进来时要经过他们面前，就算是见过他们了（不再单独去拜见他们）。但拜见伯父、叔父，就得到他们的住处去。女子即使尚未婚配，年满二十岁也得束发加笄，为她行成人礼。由妇人来主持及笄礼。加笄以后，平日在家里也可以除去笄而束发便妆。

韠长三尺，下广二尺，上广一尺。会[3]去上五寸。纰[4]以爵韦六寸，不至下五寸。纯以素[5]，紃[6]以五采。

古人的蔽膝，长三尺，下边宽二尺，上边宽一尺。上边打围带处的"会"，距上端五寸。两边用六寸宽的赤而微黑的熟牛皮做成，距下端五寸。纯用白生帛做成边，蔽膝上的接缝处都有五色丝织的带子。

注释 1纳币：婚礼纳征。一束：十个"币"为一束。 2燕：在家闲居。鬈(quán)首：郑玄说，犹若女有鬌、纷也。 3会：韠的领上缝，在束带处。 4纰：韠的两旁称纰。 5纯：韠的下端。郑玄说，在旁曰纰，在下曰纯。 素：生帛。 6紃：饰带。

丧大记第二十二

导读

此篇记人君以下者始死、小敛、大敛、殡葬等丧事仪礼。生和死为人生之两件大事，古人死之礼仪繁复隆重，相关内容在《礼记》中占很大比例。梁启超认为《礼记》是解释《仪礼》之书，必须与《仪礼》合读。《礼记》中的丧葬内容更加具体琐碎，由此可以看出儒家把丧仪看得很重，生者要充分利用这个机会展现孝亲之情，体现宗法社会的尊卑等级观念。他还认为非研究者对那些繁琐至极又迂腐的陈词末节，不必费时去辩争论析。

《礼记》不是一人或一时之作品，内容较为混杂，有的表述还自相矛盾，但这都不影响本篇的价值。我们会好奇，有人居丧时怎么吃，怎么住。《杂记》中曾说："丧食虽恶，必充饥；饥而废事，非礼也。"办理丧事中，粗劣的食物也要吃，不能因饥饿而影响办事。《丧大记》说："君之丧，子、大夫、公子、众士皆三日不食。""食粥，纳财，朝一溢米，莫一溢米，食之无算。士，疏食水饮，食之无算。"国君的丧事，嗣子、大夫、庶子、众士都是三天不吃东西，三天后也只能喝粥。进食谷米是早上一把米，晚上一把米，想吃就做了吃，不限顿数。异姓的士人吃粗饭喝水，也不限顿数。

至于怎么住，《丧大记》载："父母之丧，居倚庐，不涂，寝苫枕块，非丧事不言。君为庐，宫之；大夫、士，袒之。"父母的丧事，孝子要住在临时搭建的倚庐里，不涂抹泥土，睡在草垫子上，头枕在土块上，与丧事无关的什么也不能说。国君与大夫、士所居住的倚庐不同，国君的加围墙，大夫和士居住的是袒露着没有帷帐的。此为丧事期间的饮食、居住之例，等级观念时时渗透其中。儒家以“礼”为人格教育的工具，把办理父母的丧事看得特别重要，虽有血缘亲情的自然流露，但也延展出种种怪诞的行为。其实“慎终追远”，才是对父母永久的纪念。葬丧之事还应该合于道理之正，宜于情理之中。

原文

22.1 疾病，外内皆扫。君、大夫彻县，士去琴瑟。寝东首于北牖下[1]。废床[2]，彻亵衣，加新衣，体一人。男女改服。属纩以俟绝气。男子不死于妇人之手，妇人不死于男子之手。

君、夫人卒于路寝[3]。大夫、世妇卒于適寝[4]。内子未命，则死于下室，迁尸于寝。〔士、〕[5]士之妻皆死于寝。

译文

病情严重时，室内外都要打扫干净。病人是国君或大夫，要撤除悬挂的钟磬等乐器，是士则要收起琴瑟。病人头朝东，躺在屋子北面的墙下。要让病人躺在地上而不睡在床上，脱掉内衣，换上新衣，四肢由四人扶持着，帮助他屈伸手脚。主人主妇都要改变服饰，穿上深衣。放些丝绵在病人的鼻孔边以观察他何时断气。男子不能死在妇女的手里，妇女也不能死在男子的手里。

国君、国君夫人要死在正寝里。大夫、大夫的世妇要死在正寝里。卿的未受爵命的妻子死在自己的寝室里，死后才迁尸到正寝。士和士的妻子都死在正寝里。

注释 1 按：郑玄说，“北牖下”或为“北墉下”。《士丧礼》正作“墉”，即墙。 2 废床：古人病将死，则去床将病人置于地，希望生气复返而得活。 3 路寝：古代天子、诸侯的正寝。 4 適寝：丈夫的正寝。 5 依孔疏当有“士”字。

原文

22.2 复[1]，有林麓则虞人设阶[2]，无林麓则狄人设阶[3]。小臣复，复者朝服。君

译文

招魂时，如果死者封邑内有山林，就由掌管山林的虞人设置上屋的梯子；如果没有山林，就由狄人设置上屋的梯子。国君的近臣为死者招魂，招魂的人得穿朝服。为国君

以卷[4],夫人以屈狄[5];大夫以玄赪,世妇以襢衣;士以爵弁,士妻以税衣。皆升自东荣[6],中屋履危,北面三号。卷衣投于前,司服受之,降自西北荣。其为宾,则公馆复,私馆不复;其在野,则升其乘车之左毂而复。复衣,不以衣尸,不以敛。妇人复,不以袡[7]。凡复,男子称名,妇人称字。唯哭先复,复而后行死事。

招魂用衮服,为国君夫人招魂用屈狄;为大夫招魂用玄衣赤裳,为大夫的世妇招魂用袒衣;为士招魂用爵弁,为士的妻子招魂用滚有红边的黑色礼服。招魂的人都要从东面屋檐飞角上屋,踩在屋顶正中的屋脊上,用竹竿挑起衣服,脸朝北三次呼叫死者的名字。然后卷起招魂用的衣服,扔到屋檐前,掌管衣服的人员就接着衣服,招魂的人也就从西北角的屋檐下来。作为宾客而死在异国,如果死在公家馆舍,就招魂;如果死在私人馆舍,就不必招魂;如果死在野外,就登上他所乘的车的左毂招魂。招魂用的衣服,不穿在尸体上,不用来装殓。为妇人招魂,不能用她出嫁时穿的衣服。凡是招魂,男子要称名,妇人要称字。在丧礼中,只有哭泣在招魂前,招魂以后才办理丧事。

注释 1复:招魂。 2虞人:掌管山泽的官。 阶:梯。登屋招魂用。 3狄人:郑玄说,乐吏之贱者。 4卷(gǔn):通“衮”,衮服。君王或上公的礼服。 5屈(què)狄:子男爵夫人及其卿大夫士之妻的礼服。 6荣:屋檐两端上翘的部分。今通称飞檐。 7袡(rán):女子出嫁时穿的衣服。

原文

22.3 始卒,主人啼,兄弟哭,妇人哭踊。

既正尸,子坐于东

译文

人刚断气时,孝子像婴儿失去母亲那样悲啼,兄弟们放声哭,妇人边哭边跺脚。

方，卿、大夫、父兄、子姓立于东方。有司、庶士哭于堂下[1]，北面。夫人坐于西方，内命妇、姑、姊妹、子姓立于西方[2]。外命妇率外宗哭于堂上[3]，北面。

大夫之丧，主人坐于东方，主妇坐于西方。其有命夫、命妇则坐，无则皆立。士之丧，主人、父兄、子姓皆坐于东方，主妇、姑、姊妹、子姓皆坐于西方。凡哭尸于室者，主人二手承衾而哭。

诸侯去世，将尸体迁移到南窗下头朝南摆正以后，太子坐在东边，卿、大夫、父辈兄辈的亲属、众子孙都站在东边。有司、庶士在堂下，脸朝北站着哭泣。国君的夫人坐在西边，国君的世妇、姑、姊妹、女儿、孙女等都站立在西边。同姓卿大夫的夫人率领同宗的妇女在堂上，脸朝北站着哭泣。

大夫的丧礼，嫡子坐在东边，嫡子妇坐在西边。其余的人，有命服的男女就能坐下，没有命服的男女都站着。士人的丧礼，嫡子、父辈兄辈的亲属、众子孙都坐在东边，嫡子妇、姑姑、姊妹、女儿、孙女都坐在西边。凡是在房里哭尸，嫡子要用双手抓着尸体上的被子而哭泣。

注释　1 有司、庶士：孙希旦说，“三等之士”“未命之士”。　2 内命妇：国君的世妇。　子姓：指众子孙。姓犹生也，子姓，即子所生。　3 外命妇：卿大夫之妻。　外宗：诸姑及姊妹之女。

原文

22.4 君之丧未小敛，为寄公[1]、国宾出。大夫之丧未小敛，为君命出。士之丧，于大夫，不当敛则出。

译文

国君的丧事，在尚未小殓前，丧主只在失去国土而寄寓本国的诸侯或他国来聘问的卿大夫前来吊唁时才出迎。大夫的丧事，在尚未小殓前，丧主只在国君派来的使者前来吊唁时才出迎。士人的丧礼，大夫前来吊

凡主人之出也，徒跣，扱[2]衽，拊[3]心，降自西阶。君拜寄公、国宾于位。大夫于君命，迎于寝门外；使者升堂致命，主人拜于下。士于大夫亲吊，则与之哭，不逆于门外。夫人为寄公夫人出；命妇为夫人之命出；士妻不当敛，则为命妇出。

唁，只要不正当小殓时，丧主就得出迎。

凡是丧主出迎的时候，要光着脚，深衣的前襟要撩起来插在带里，要捶胸，并从西阶下堂。国君的丧事，丧主就来到庭中向站在门西的寄寓本国的诸侯、向站在门东的国外来宾拜迎。大夫对于国君派来吊唁的使者，就到寝门外迎接；使者要登堂传达国君的旨意，主人就得在堂下拜谢。士人对于亲自来吊丧的大夫，只要拜谢后，即位在西阶下脸朝东一起哭，不必到门外迎接。国君夫人要在寄寓本国的诸侯夫人前来吊丧时出迎；大夫的命妇要在国君夫人来吊丧时出迎；士人的妻子只要不在小殓时，就得在大夫的命妇前来吊丧时出迎。

注释 1 寄公：诸侯失国而寄托在邻国者。 2 扱(chā)：插。 3 拊(fǔ)：拍，击。

原文

22.5 小敛，主人即位于户内，主妇东面，乃敛。卒敛，主人冯[1]之踊，主妇亦如之。主人袒，说髦[2]，括发以麻。妇人髽，带麻于房中。彻帷，男女奉尸夷[3]于堂，降拜。君拜寄公、国宾，

译文

小殓时，主人就在门内稍东，脸朝西就位，主妇脸朝东，然后小殓。小殓结束后，主人凭依着尸体号哭踩脚，主妇也是这样。主人袒露左边胳膊，去掉头上装饰的髦发，用麻绳束发。妇人在西房用麻和发合成髽，腰里要束上麻带。这时要撤去堂上的帷幕，主人主妇及男女亲属一起抬扶着尸体安放到堂上，然后主人下堂拜迎来吊唁的宾客。主

大夫士拜卿大夫于位，于士旁三拜。大夫亦拜寄公夫人于堂上。大夫内子、士妻特拜命妇，泛拜众宾于堂上。

人是嗣君就拜迎寄寓本国的诸侯和国外的来宾；主人是大夫、士，就要到卿大夫所在之位前行拜礼，对于士则向他们所在的方位拜三拜（不再一一拜）。大夫也要在堂上拜迎寄寓本国诸侯的夫人。大夫的还没有加命服的妻妾、士人的妻妾要一一礼拜卿大夫的夫人，而对于众位士妻，只要在堂上统行拜礼就可以了。

主人即位，袭带绖、踊。母之丧，即位而免。乃奠。吊者袭裘，加武[4]，带绖，与主人拾[5]踊。

拜宾之后，主人再来到阼阶下就位，披衣、束麻带、戴麻绖，跳踊。如果是母亲的丧事，在阼阶下就位后要戴"免"。然后设小殓的祭奠。吊丧的来宾要将皮裘罩袍的上衿掩着裼衣，在冠圈上加葛绖，腰里束葛带，要与主人交替着跺脚跳踊。

君丧，虞人出木、角，狄人出壶，雍人[6]出鼎，司马县[7]之，乃官代哭。大夫，官代哭，不县壶。士，代哭，不以官。君，堂上二烛，下二烛。大夫，堂上一烛，下二烛。士，堂上一烛，下一烛。

国君的丧事，虞人提供柴薪和舀水用的角，狄人提供计时用的滴漏铜壶，雍人提供烧水用的鼎，司马负责挂起滴漏铜壶，这时才让官吏依次按时轮流代替嗣君哭泣（以使哭声不绝）。大夫由家臣代哭，不必悬壶计时（，因为人手太少）。士人没有属吏，就由亲友轮流哭泣。国君的丧事，堂上设两根烛，堂下也是两根烛。大夫的丧事，堂上设一根烛，堂下设两根烛。士人的丧事，堂上设一根烛，堂下也设一根烛。

宾出彻帷。哭尸于堂上，主人在东方，由外来者在西方，诸妇南乡。妇人

宾客出门后，就把堂上分别男女的帷幕拉开。在堂上哭尸时，主人在东边，外来的

迎客、送客不下堂，下堂不哭。男子出寝门见人，不哭。

其无女主，则男主拜女宾于寝门内。其无男主，则女主拜男宾于阼阶下。子幼，则以衰抱之，人为之拜。为后者不在，则有爵者辞，无爵者人为之拜。在竟内则俟之，在竟外则殡葬可也。丧有无后，无无主。

宾客在西边，妇女们都要脸朝南。妇女在迎客、送客时都不可以走下堂去，若因故走下了堂，就不可以在堂下哭泣。男子走出寝门见人，也不可以再哭泣。

如果没有主妇，就由主人在寝门内向女宾拜迎。如果没有主人，就由主妇在阼阶下向男宾拜迎。如果嫡子还幼小，就用衰服裹上抱着他，由他人代为拜迎。嫡子不在家，若是嫡子有官爵，那代理之人就对宾客以言辞相谢而不拜；若是嫡子无官爵，那代理之人就对宾客行拜礼。如果嫡子在国内，就等候他回来再殡葬；如果嫡子在国外，就可以先殡（殡后仍未回来，到葬期也可下葬）。办丧事会有无嫡子孙主丧的情况，但不会有无主人的情况。

注释 1 冯(píng)：凭。指凭依在尸体的胸部，是将殓时亲属接触尸体的一种礼仪。 2 说(tuō)：通“脱”。脱掉。髦(máo)：幼时剪发做成的，虽成人还垂在两边，父死脱除左髦，母死脱除右髦。 3 夷：陈列，安放。 4 加武：加绖至冠卷。武，冠卷。古时冠上的结带。 5 拾：更迭，轮流。 6 雍人：古代掌宰杀烹饪的人。 7 县(xuán)：同“悬”。

原文

22.6 君之丧三日，子、夫人杖。五日，既殡，授大夫、世妇杖。

译文

国君的丧事，死后三天，孝子、国君夫人开始用丧杖。过了五天，殡后，嗣君授给大夫、世妇丧杖。孝子、大夫在殡宫外可用

子、大夫，寝门[1]之外杖，寝门之内辑之。夫人、世妇，在其次则杖，即位则使人执之。子有王命则去杖，国君之命则辑杖[2]，听卜、有事于尸则去杖。大夫于君所则辑杖，于大夫所则杖。

大夫之丧，三日之朝既殡，主人、主妇、室老皆杖。大夫有君命则去杖，大夫之命则辑杖。内子为夫人之命去杖，为世妇之命授人杖。

士之丧，二日而殡，三日之朝，主人杖，妇人皆杖。于君命、夫人之命，如大夫。于大夫、世妇之命，如大夫。

子皆杖，不以即位。大夫、士，哭殡则杖，哭柩则辑杖。弃杖

丧杖拄地，但在殡宫内就得提起丧杖，不能再拄地行走。夫人和世妇在她们居丧的房内可用丧杖拄地，但在堂上就哭位时，就得让他人拿着。太子在接受天子命令时就得拿掉丧杖，别国国君来吊丧时也得提起丧杖不能拄地，在卜葬、卜日以及虞、卒哭、祔等祭祀中都得去掉丧杖。大夫在嗣君的住所要提起丧杖，不拄地行走，而在大夫的住所可以拄地行走。

大夫的丧事，死后三天的早上殡后，主人、主妇、老家臣都开始拄丧杖。大夫的嗣子在接受国君命令时就得去掉丧杖，有大夫来吊丧就得将丧杖提起。大夫的妻子为接受国君夫人的命令就得去掉丧杖，为接受世妇的命令就把丧杖给别人拿着。

士人的丧事，死后第二天就殡，第三天早上，主人拄丧杖，妇人也都拄丧杖。对于国君的命令、国君夫人的命令，就和大夫的嗣子在接受命令时去掉丧杖一样。对于大夫和世妇的命令，也比照大夫那样的情况，将丧杖提起来。

众子都用丧杖，但不拿着丧杖就哭位。大夫、士到殡宫哭时，就可以拄丧杖；在启灵后对着灵柩哭时，就得提起丧杖。大祥以后就弃杖不用，必定要折断它，并抛

者，断而弃之于隐者。‖ 弃在隐蔽的地方（使它不能另作他用）。

注释 1寝门：指殡宫门。 2辑杖：把杖提起使不拄地。辑，敛，收，拖着不使脱落。

原文

22.7（君设大盘，造冰焉。大夫设夷盘，造冰焉。士并瓦盘，无冰。设床袒笫。有枕。含一床，袭一床，迁尸于堂又一床，皆有枕席。君、大夫、士一也。）[1]

始死，迁尸于床；幠用敛衾，去死衣。小臣楔齿用角柶，缀足用燕几。君、大夫、士一也。

管人[2]汲，不说繘，屈之，尽阶，不升堂，授御者。御者入浴。小臣四人抗衾，御者二人浴。浴水用盆，沃水用枓。浴用絺巾，挋用浴衣，如它日。小臣爪足。浴余水弃于坎。其母之丧，则内御者抗衾而浴。

管人汲，授御者。御者

译文

人刚死，就把尸体从地上迁到南墙窗下的床上；用大殓时的被子覆盖在尸体上，脱去死者临死前换上的衣服。近臣用角制的匙撑开死者的牙齿（使能够受含）；用燕居时的几夹正死者的脚（以便为他穿鞋）。国君、大夫、士都是这样做法。

管人汲水供浴尸，来不及解脱水瓶上的绳索，就屈起来拿在手里，从西阶上走到尽头，但不能登堂，递给侍御的人。侍御的人端水进去浴尸。由近臣四人举起盖尸的被子，侍者二人浴尸。浴水先用盆盛着，再用勺子舀水浇洗尸体。洗浴时用细葛巾，擦干尸体用浴衣，就如生前用的一样。近臣再为死者修剪脚指甲。浴尸后的水都倒在阶下的坑内。如果主人的母亲死了，就由内御举殓衾遮蔽尸体并洗澡。

管人汲水，递给侍御的人。侍者用淘米水在堂上为死者洗头。死者是

—

差[3]沐于堂上。君沐粱,大夫沐稷,士沐粱。甸人为垼[4]于西墙下,陶人出重鬲[5],管人受沐,乃煮之。甸人取所彻庙之西北厞薪[6],用爨之。管人授御者沐,乃沐。沐用瓦盘,挋用巾,如它日。小臣爪手翦须。濡濯弃于坎。

〔君设大盘,造冰焉。大夫设夷盘,造冰焉。士并瓦盘,无冰。设床袒笫,有枕。含一床,袭一床,迁尸于堂又一床,皆有枕席。君、大夫、士一也。〕

国君就用淘粱的水洗头,是大夫用淘稷的水洗头,是士人也用淘粱的水洗头。甸人在西墙下垒起土灶,陶人提供挂在木架上的瓦瓶,管人从堂上御者手中接过洗头用的淘米水,盛在瓦瓶中放在灶上去煮。甸人从撤掉的正寝西北角的隐蔽处折些旧料,当作柴烧。管人又将烧热的淘米水递给侍御的人供洗发用,然后就为死者洗头。洗头水用瓦盘盛放,用巾擦干头发,都像生前一样。近臣为死者修剪指甲、胡须。洗过头后的水就倒在阶下的坑里。

给国君浴尸后,就在其尸床下放置大盘,里面放入冰块。给大夫浴尸后就在其床下放置夷盘盛冰。士人则并列放着两个瓦盘(盛放水),没有冰。尸床上有垫而无席,有枕头。在饭含时用一张床,穿衣时就换一张床,移尸到堂上要再换一张床,这些尸床又都有枕、席。国君、大夫、士人都是一样的。

注释 1依郑玄注,此事皆沐浴之后,札烂脱在此,当移在“濡濯弃于坎”下。 2管人:掌管馆舍的官员。或为司汲之官。 3差(cuō):淅,淘洗,此指淘米。 4垼(yì):古代丧礼所用的土灶。 5重鬲:古代丧礼中用以悬在重木(暂代神主用的木)上的瓦瓶。 6厞(fèi):指隐蔽处。

原文

22.8 君之丧,子、大

译文

国君的丧事,嗣子、大夫、庶子、众士

夫、公子、众士皆三日不食。子、大夫、公子、(众士)食粥[1],纳财[2],朝一溢[3]米,莫[4]一溢米,食之无算。士,疏食水饮,食之无算。夫人、世妇、诸妻皆疏食水饮,食之无算。大夫之丧,主人、室老、子姓皆食粥。众士疏食水饮。妻妾疏食水饮。士亦如之。

既葬,主人疏食水饮,不食菜果,妇人亦如之。君、大夫、士一也。练而食菜果,祥而食肉。

食粥于盛不盥,食于篹者盥。食菜以醯酱。始食肉者,先食干肉。始饮酒者,先饮醴酒。

期之丧,三不食。食,疏食水饮,不食菜果。三月既葬,食肉饮酒。期,终丧不食肉,

都要在国君死后三天不吃东西。(三天以后,)嗣子、大夫、庶子开始喝稀粥,所喝的粥,是早上一溢米,晚上一溢米,但吃时不限顿数(饿了就可以吃)。异姓的士人吃粗饭喝水,也不限顿数。夫人、世妇、妻妾也都是吃粗饭,喝水,不限顿数。大夫的丧事,主人、老家臣、众子都吃粥。众士吃粗饭,喝水。妻妾也吃粗饭,喝水。士人的丧事也是这样。

死者下葬后,主人可以吃粗饭并喝水了,但还不能吃蔬菜瓜果,妇人也是这样。国君、大夫、士人都是这样。到小祥练祭以后就可以吃蔬菜瓜果了,到大祥祭祀以后就可以吃肉了。

稀粥盛在碗里喝时就不用洗手,用手从竹筥中抓饭吃就得洗手。开始吃蔬菜的时候,可以用醋酱腌渍。开始吃肉的人,要先吃干肉。开始饮酒的人,要先饮甜酒。

服一年丧的,人刚死后,他们三顿不吃饭。然后吃粗饭,喝水,但不吃蔬菜瓜果。三个月后死者下葬完毕,他们就可以吃肉饮酒。服一年丧的,在除服以前不吃肉,不饮酒,这是指父亲在为母亲、为妻子服丧。服九个月的大功丧,饮食情况同服

不饮酒，父在为母，为妻。九月之丧，食饮犹期之丧也，食肉饮酒，不与人乐之。五月、三月之丧，壹不食，再不食，可也；比葬，食肉饮酒，不与人乐之。叔母、世母、故主、宗子，食肉饮酒。不能食粥，羹之以菜可也。有疾，食肉饮酒可也。

五十不成丧。七十唯衰麻在身。

既葬，若君食之，则食之。大夫、父之友食之，则食之矣，不辟粱肉，若有酒醴则辞。

一年丧的一样，死者下葬后他们就可以吃肉饮酒，但不可以和别人吃喝作乐。服五个月的小功丧和服三个月的缌麻丧，只禁食一两顿饭就可以了；等死者下葬，他们就可以吃肉饮酒，但不可以和别人吃喝作乐。为叔母、伯母、旧君、宗子服丧，可以吃肉饮酒。（在规定喝粥的期限内因身体不好而不能喝的，吃菜羹泡饭也可以。如果有病，也可以吃肉饮酒。

五十岁以上的人守丧，不必全按规定办。七十岁守丧，只是披麻戴孝（生活起居可以像平日一样）。

死者下葬后，如果国君赐给食物吃，孝子就可以吃。大夫或父亲的朋友馈赠食物，孝子都是可以吃的。即使是米饭和肉类也不回避，但是如果是烧酒、甜酒就得推辞不喝。

注释　1唐石经“食粥”上无“众士”二字，阮元校勘记引钱大昕所说众士不在食粥之列，订为衍字。　2财：郑玄说，财，谷也。　3溢：古代容量单位。米一又二十四分之一升为一溢，约今100克。　4莫：同“暮”。

原文

22.9 小敛于户内，大敛于阼。君以簟席，大夫以蒲席，士以苇

译文

在户内进行小殓，在阼阶上进行大殓。（凡是小殓、大殓，床上都铺有席子，）国君用细苇席，大夫用蒲席，士人用苇席。

席。

小敛：布绞，缩[1]者一，横者三。君锦衾，大夫缟衾，士缁衾，皆一。衣十有九称。君陈衣于序东，大夫、士陈衣于房中，皆西领北上。绞、紟不在列。

大敛：布绞，缩者三，横者五，布紟，二衾。君、大夫、士一也。君陈衣于庭，百称，北领西上。大夫陈衣于序东，五十称，西领南上。士陈衣于序东，三十称，西领南上。绞、紟如朝服。绞一幅为三，不辟[2]。紟五幅，无紞[3]。小敛之衣，祭服不倒。

君无襚。大夫、士毕主人之祭服；亲戚之衣，受之，不以即陈。小敛，君、大夫、士皆用

小殓：扎紧尸体盖被、衣服的布带，是竖一横三。盖尸的被子，国君用织锦的被面，大夫用白帛的被面，士人用缁布的被面，都只用一条被子。小殓的衣服共有十九套。国君的殓衣陈列在堂上东夹室前，大夫和士人的殓衣陈列在东房内，都是衣领朝西，并以北边为上首依次向南横排着陈放。但裹尸的布条、单被不陈列出来。

大殓：扎紧尸体盖被、衣服的布带，是竖三横五，铺一条单被、两条夹被。国君、大夫、士人是相同的。国君的殓衣陈列在庭内，共用一百套，领子朝北，并以西边为上首向东横列。大夫的殓衣陈列在堂上东夹室前，共用五十套，领子朝西，并以南边为上首向北横列。士人的殓衣也陈列在堂上东夹室前，要用三十套，领子朝西，并以南边为上首向北横列。束尸用的布条、单被质地和朝服一样。大殓用的布条是一幅布裁为三条，但末端不裁开。大殓用的单被用五幅布拼成，但不用装饰的丝带。小殓的衣服中，祭服不能倒放。

国君入殓不用赠送来的衣服。大夫、士人入殓要先用完自己的祭服（，然后再用赠送来的衣服，凑满十九套）；亲戚赠送的衣服虽然接受下来了，但不陈列出来。小

复衣复衾。大敛，君、大夫、士祭服无算：君褶衣褶衾，大夫、士犹小敛也。袍必有表，不禅；衣必有裳，谓之一称。凡陈衣者实之箧，取衣者亦以箧，升降者自西阶。凡陈衣不诎，非列采不入，絺、绤、纻不入。

凡敛者袒，迁尸者袭。君之丧，大(胥)〔祝〕[4]是敛，众(胥)〔祝〕佐之。大夫之丧，大(胥)〔祝〕侍之，众(胥)〔祝〕是敛。士之丧，(胥)〔祝〕为侍，士是敛。小敛大敛，祭服不倒，皆左衽，结绞不纽。敛者既敛必哭。士与(其)〔共〕[5]执事则敛，敛焉则为之壹不食。凡敛者六人。

君锦冒[6]黼杀，缀

殓时，国君、大夫、士人都用夹有棉絮的衣服、被子。大殓时，国君、大夫、士人用的祭服不限定数目：国君衣服多，就用夹衣夹被，大夫、士人可以像小殓那样用有棉絮的衣和被。入殓用的袍必定要配有罩衣，不能只用单衣；上衣必定要配有下裳，这叫作“一套”。凡是陈列衣服，要从箱中取出来陈列；收取他人赠送的衣服，也要用箱子存放；登堂下堂都要从西边台阶走(，因为鬼神之位在西方，而衣服又为死者所用)。凡是陈列的殓衣，不能折叠卷曲，不是正色的就不陈列，用夏布制成的内衣不陈列。

凡是来殓尸的人都得赤膊，迁移尸体的时候都要穿上衣服。国君的丧事，由太祝亲自殓尸，众祝在一旁辅助他。大夫的丧事，由太祝亲临指点，而众祝殓尸。士人的丧事，也由太祝亲临指点，而众士殓尸。大殓小殓，祭服都不能倒放，都要衣襟向左边开，并且都用布条打成死结而不用活纽。殓尸的人，殓完后必定要哭泣。士和帮忙的人一起殓尸，殓尸完毕后得禁食一顿。凡是殓尸，需要六个人。

(用囊来韬尸也有规定：)国君用的冒是织锦，杀上画有斧文图案，旁边打七个结。大夫用的冒是玄色帛，杀上也画有斧文图

旁七。大夫玄冒黼杀，缀旁五。士缁冒赪杀，缀旁三。凡冒，质长与手齐，杀三尺，自小敛以往用夷衾[7]，夷衾质杀之裁犹冒也。

案，旁边打五个结。士人用的冒是黑色的帛，杀为浅红色，旁边打三个结。凡是这种韬尸的套囊，冒的长度和死者的手平齐，杀长三尺；从小殓以后用夷衾覆盖尸体，夷衾被面分上下两段，质地、长度、颜色、裁作就和韬尸的套囊一样。

注释 1缩：纵，直。 2辟(bò)：通“擘”。指用刀、剪等分开。 3紞(dǎn)：古代冠冕两旁用来悬挂塞耳玉坠的带子。 4郑玄说，“胥”当为“祝”。 5依孔疏，“其”当为“共”。 6冒：韬尸的套囊。上段也称冒，下段称杀。 7夷衾：小殓时盖尸的被子。

原文

22.10君将大敛，子弁绖即位于序端，卿、大夫即位于堂廉楹西，北面东上，父兄堂下北面，夫人、命妇尸西、东面，外宗房中南面。小臣铺席，商祝[1]铺绞、紟、衾、衣，士盥于盘上，士举迁尸于敛上。卒敛，宰告，子冯之踊，夫人东面亦如之。

大夫之丧，将大敛，既铺绞、紟、衾、衣，君至，主人迎，先入门右，巫止

译文

国君的尸体将要大殓，嗣子戴皮弁加环绖，在东墙下走廊的南端就位；卿、大夫在堂上南边楹柱的西面就位，脸朝北站立，而以靠东边的为上位；父兄辈的族人在堂下脸朝北站着；国君夫人、命妇都站在尸体的西边，脸都朝向东方；同宗的妇人都站在房里，脸朝南方。近臣在床上铺席，商祝再铺上束尸的布条、单被、被子、衣服，士人在盘上洗过手，然后众士抬起尸体移到殓服上，殓尸完毕，太宰报告主人，嗣子凭尸跳踊，国君夫人脸朝东，也得凭尸跳踊。

大夫去世，将要大殓时，已铺上了

于门外。君释菜[2]。祝先入,升堂,君即位于序端,卿大夫即位于堂廉楹西,北面东上。主人房外南面,主妇尸西东面。迁尸,卒敛,宰告、主人降,北面于堂下。君抚之[3],主人拜稽颡。君降,升主人冯之,命主妇冯之。士之丧,将大敛,君不在,其余礼犹大夫也。

铺绞、紟,踊。铺衾,踊。铺衣,踊。迁尸,踊。敛衣,踊。敛衾,踊。敛绞、紟,踊。

君抚大夫、抚内命妇;大夫抚室老,抚侄娣。君、大夫冯父、母、妻、长子,不冯庶子。士冯父、母、妻、长子、庶子。庶子有子,则父母不冯其尸。凡冯尸者,父母先,妻

束尸的布条、单被、被子、衣服,国君来到,主人就得出迎,并先进门站在右边,和国君一起来的巫就留在门外。国君在门内放菜(用来祭告门神)。祝要先进门登堂,国君到东边走廊的南端就位,卿大夫在堂上南面楹柱的西边就位,脸朝北,以靠东边的为上位。主人站在房外,脸朝南,而主妇站在尸体的西面,脸朝东。然后将尸体迁移到殓床上,殓尸结束,家宰报告主人,主人就下堂,脸朝北站在堂下。国君行抚尸礼,主人下拜磕头。国君下堂,主人又登堂凭尸哭踊,并让主妇也凭尸哭踊。士人去世,将要大殓时,除国君不到场以外,其余礼节同大夫的一样。

铺束尸的布条、单被时,主人主妇要哭踊。铺被子时,要哭踊。迁移尸体时,要哭踊。穿殓衣时,要哭踊。包裹被子时,要哭踊。结扎布条、单被时,也要哭踊。

国君要为大夫、内命妇行抚尸礼;大夫要为家臣、贵妾行抚尸礼。国君、大夫要为父、母、妻、长子行抚尸礼,不为庶子行抚尸礼。士要为父、母、妻、长子、庶子行抚尸礼。庶子有儿子的,父母不为他行抚尸礼。凡是行抚尸礼,父母在先,然后是妻子、儿子。国君对臣下行抚尸礼,只抚摩死者的心胸

子后。君于臣抚之。父母于子执之。子于父母冯之。妇于舅姑奉之。舅姑于妇抚之。妻于夫拘之。夫于妻、于昆弟,执之。冯尸不当君所。凡冯尸,兴必踊。

处。父母对儿子行抚尸礼,要抓住死者胸前的衣服。儿子对父母行抚尸礼,就凭依在尸体上。妇人对公公、婆婆行抚尸礼,就要捧持死者胸前衣服。公公、婆婆对媳妇行抚尸礼,就抚摩衣服。妻子对丈夫行抚尸礼,要扯着死者的衣服。丈夫对妻子、兄弟行抚尸礼,就得抓住死者的上衣。凭依在尸体上,要在国君不在场的时候。凡是凭依尸体,起来时必定要哭踊。

注释 1商祝:丧祝之习于商礼而任司祭者。 2释菜:君临臣丧时入门前向门神致礼的仪式。郑玄说,礼门神也。 3抚之:抚尸,仅用手抚摩,不凭依在尸体的胸部。

原文

22.11 父母之丧,居倚庐[1],不涂,寝苫枕块[2],非丧事不言。君为庐,宫之;大夫、士,袒之。既葬,柱楣涂庐,不于显者,君、大夫、士皆宫之。凡非適子者,自未葬,以于隐者为庐。

既葬,与人立,君言于事,不言国事;大夫、士言公事,不言家

译文

父母的丧事,孝子要住在倚庐里,倚庐上的草苫不涂抹泥土,睡在草苫上,枕着土块,不是有关丧事的话就不说。国君居住的倚庐,可以加上帷帐;大夫、士居住的倚庐是袒露着没有帷帐的。下葬以后,可以将倚庐的门楣支撑起来,在倚庐内不显眼的地方涂抹上泥土,这时国君、大夫、士人的倚庐都可以用帷帐圈起来。凡是不属嫡子的,在父母没有下葬前,已在隐蔽的地方搭起倚庐守丧。

父母下葬后,可以和他人一起站着谈论,但国君只能谈论天子的大事,不能谈论自己的国事;大夫、士只能谈论公事,不能谈论自

事。君既葬，王政入于国，既卒哭，而服王事。大夫、士既葬，公政入于家；既卒哭，弁绖带，金革之事无辟也。

既练，居垩室，不与人居。君谋国政，大夫、士谋家事。既祥，黝垩[3]。祥而外无哭者，禫而内无哭者，乐作矣故也。禫而从御，吉祭而复寝。

期居庐，终丧不御于内者，父在为母、为妻齐衰期者；大功布衰九月者，皆三月不御于内。妇人不居庐，不寝苫；丧父母，既练而归；期、九月者，既葬而归。公之丧，大夫俟练，士卒哭而归。大夫、士，父母之丧，既练而归；朔月忌日，则归哭于宗室。

己的家事。国君在下葬后，天子有政令传达到诸侯国中，卒哭祭以后，就得去执行天子的政令了。大夫、士在下葬后，国君有政令传达到家中，卒哭祭以后，虽然还头戴弁加葛绖葛带，但遇有战事也不得回避。

行过练祭后，孝子就可以居住在垩室里，但不能留他人居住。国君就可以谋划国政，大夫、士就可以考虑家事。行过祥祭后，孝子就可以整平殡宫地面，涂成黑色，涂白墙壁。大祥以后，门外再也没有哭声了（，因为孝子已从倚庐迁入殡宫内居住）。禫祭以后，屋内也没有哭声了，因为已允许奏乐的缘故。禫祭以后，就可以与妇人同房，因为在吉祭以后就可以回到寝室去住。

服一年之丧，初丧居住在倚庐里，在丧期结束以前不与妇人同房，这只限于父亲在为母亲、为妻子服丧而言；服九个月的大功布衰，都只是三个月不与妇人同房。妇人不居住在倚庐，不睡在草苫上，不枕着土块；父母死了去娘家奔丧，在练祭以后就可以回到夫家；服一年、九月之丧，在下葬后就可以回到夫家。国君的丧事，异姓的大夫等到练祭之后、士人则在卒哭祭之后可以回家。大夫、士如果是庶子，遇有父母的丧事，在练祭之后就可以回家；每逢月初和忌日就到宗子家诸父、兄弟之丧，既卒哭而归。父不次于子，兄不次于弟。

里去哭父母。叔伯、兄弟的丧事，在卒哭祭之后就可以回家。父亲不留宿在庶子的丧次，哥哥不留宿在弟弟的丧次。

注释 1倚庐：在殡宫门外靠东墙搭成的简陋的茅草盖的房屋。 2寝苫枕块：铺草苫，枕土块。古时居父母丧之礼。 3黝垩(yǒu è)：涂以黑色和白色。孔颖达说，黝，黑色，平治其地令黑也。垩，白也，新涂垩于墙壁令白。

原文

22.12 君于大夫、世妇，大敛焉；为之赐，则小敛焉。于外命妇，既加盖而君至。于士，既殡而往；为之赐，大敛焉。夫人于世妇，大敛焉；为之赐，小敛焉。于诸妻，为之赐，大敛焉。于大夫，外命妇，既殡而往。

大夫、士既殡，而君往焉，使人戒[1]之。主人具殷奠之礼，俟于门外；见马首，先入门右。巫止于门外。祝代之先。君释菜于门内。祝先升

译文

国君对于大夫、世妇的丧事，要参加他们的大殓；如果对他们特加恩赐，那小殓也可参加。对于卿大夫的命妇，则在大殓后盖上棺盖了，国君才到场。对于士人，国君在他殡以后去；如果特加恩赐，可以参加他的大殓。国君夫人对于世妇的丧事，要参加她的大殓；如果特加恩赐，那就小殓也参加。夫人对于各御妻的丧事，如果特加恩赐，那就参加她的大殓。对于大夫的外命妇，夫人在入殡以后才去。

大夫、士入殡后，国君前往吊丧，要先派人通告主人。主人得知后，要准备隆重的祭奠礼，并等候在门外，看见了国君所乘之车的马头时，就得先进门站在右边。巫就停留在门外。祝要代巫在国君之前进入。国君将菜放在门内祭门神。

自阼阶，负墉[2]南面。君即位于阼，小臣二人执戈立于前，二人立于后。傧者进，主人拜稽颡。君称言，视祝而踊。主人踊。大夫则奠可也；士则出俟于门外，命之反奠，乃反奠。卒奠，主人先俟于门外。君退，主人送于门外，拜稽颡。

君于大夫疾，三问之；在殡，三往焉。士疾，壹问之；在殡，壹往焉。君吊，则复殡服。

夫人吊于大夫、士，主人出迎于门外；见马首，先入门右。夫人入，升堂即位。主妇降自西阶，拜稽颡于下。夫人视世子而踊。奠如君至之礼。夫人退，主妇送于门内，拜稽颡；主人送于大门之外，不拜。

祝先从阼阶上登堂，背对墙脸朝南站立。国君在阼阶上就位，两个近臣执戈立在国君前面，又有两个近臣站在国君后面。这时助礼的傧人领主人到堂下，主人下拜磕头。国君致吊丧之辞，看见祝跳踊时也跟着跳踊。国君跳踊后，主人也跳踊。如果是大夫的丧事，丧主就可以接着举奠；如果是士人的丧事，丧主就得到门外等候国君出来，要国君命令他回去举奠，才可以返回举奠。举奠结束，主人先到门外等候。国君回去，主人要在门外拜送，下拜并磕头。

国君遇有大夫病重，要去探问三次；死后殡棺时，也要去三次。士人有病，国君只探问一次；死后殡棺时，也只去一次。国君在殡后来吊丧，主人就要恢复殡前还没有成服时的装束。

国君夫人到大夫、士家里吊丧，主人要到门外迎接；看见夫人乘车的马头，主人就先入门站在右边。夫人进门，登堂就位。主妇从西阶下堂，在堂下拜谢磕头。夫人看见随她而来的世子跳踊时就跳踊。主人举行奠礼的情况和国君来时的规定一样。夫人回去时，主妇送到门口，再次拜谢磕头；主人送到大门外，但不下拜。

大夫君，不迎于门外，入即位于堂下。主人北面，众主人南面，妇人即位于房中。若有君命、命夫命妇之命、四邻宾客，其君后主人而拜。

大夫君到自己家臣家里去吊丧，家臣不必到门外迎接，大夫君进入后就到堂下就位。主人脸朝北，众庶子脸朝南，妇人在房内就位。如果有国君、命夫、命妇的使者以及四邻来吊丧的宾客，大夫君代主人拜谢，主人要在大夫君后面再拜谢。

君吊，见尸柩而后踊。大夫、士，若君不戒而往，不具殷奠[3]，君退必奠。

国君去吊丧，要见到未殡前的尸体、未下葬前的灵柩后才跳踊。大夫、士入殡后，如果国君事先没有通知就来吊丧，主人可以不准备隆重的祭奠大礼，但是在国君回去后，必定还要举行奠礼。

注释 1戒：通知。 2负墉：背对着墙。墉，墙壁。 3殷(yīn)奠：大祭。

原文

22.13君“大棺”八寸，“属”六寸，“椑”四寸。上大夫“大棺”八寸，“属”六寸。下大夫“大棺”六寸，“属”四寸。士棺六寸。君里棺用朱(绿)〔琢〕[1]，用杂金鐕。大夫里棺用玄(绿)〔琢〕，用牛

译文

（国君的棺有三重：）最外面的“大棺”八寸厚，中间的“属”六寸厚，最里面的“椑”四寸厚。上大夫的“大棺”八寸厚，“属”六寸厚；下大夫的“大棺”六寸厚，“属”四寸厚。士人的棺六寸厚。国君的里棺是用朱色的缣衬里，并用金属钉钉住。大夫的里棺是用玄色的缣衬里，用牛骨钉钉住。士人则不用衬里。国君的棺盖、棺外表的缝隙都用漆涂抹，棺盖与棺身间每边有三处设衽，又有三条皮带捆紧。大夫的棺盖、棺外表的缝隙也都用漆涂抹，但

骨鬋。士不(绿)〔琢〕。君盖用漆,三衽三束。大夫盖用漆,二衽二束。士盖不用漆,二衽二束。君、大夫鬊爪实于(绿)〔琢〕中,土埋之。

君殡用輴,攒至于上,毕涂屋。大夫殡以帱,攒置于西序,涂不暨于棺。士殡见衽,涂上帷之。熬[2],君四种八筐,大夫三种六筐,士二种四筐,加鱼、腊焉。

饰棺:君龙帷、三池[3]、振容[4]。黼荒[5],火三列,黼三列,素锦褚[6],加伪[7]荒;纁纽六。齐[8]五采,五贝。黼翣二,黻翣二,画翣二,皆戴圭。鱼跃

是每边只有两处设衽,也只有两条皮带捆紧。士人的棺盖、棺外表的缝隙就不用漆涂抹,但每边也有两处设衽,也只有两条皮带捆紧。国君、大夫遗留下来的头发和指甲就塞在棺内衬里间,士人的就不放在棺内,而另外埋掉。

国君的殡法是用盛柩车载棺柩,四面围着丛木而上端在棺上方聚拢如屋形,并且全部涂抹上泥。大夫的殡法是用棺衣覆盖在棺上,三边围有丛木,一面靠着西墙壁,涂抹时不必涂棺。士人的殡法是在挖好的坑内放上棺,要露出棺衽以上的部分,并用泥涂抹,再用帷帐把殡遮掩起来。煎熟的谷物放在棺的四周,国君得用黍稷粱稻四种共八筐,大夫得用黍稷粱三种共六筐,士人用黍稷两种共四筐,另外,还都得加上干鱼、腊肉。

出葬时棺材周围的装饰:国君的棺材四周围上龙形图案的帷幕,前、左、右三面又挂着像宫室承霤那样的三只用竹编织的池,后面用青黄缯做成像幡一样的饰物悬挂在池下。车上面覆盖着边缘是白黑斧纹图案的幔,幔中央还绘有火纹三行、两个“巳”字相背图案三行,用白锦做成如屋状的帷罩,帷罩外再加帷荒,帷与荒之间用六枚浅红色的纽将上下联结起来。顶上用五色丝做绥,挂着五串贝壳。柩车两边有画斧形图案的翣两把,画“巳”字相背图案的翣两把,画云气图案的翣两把,翣角上都装饰着圭。

拂池。君纁戴[9]六,纁披[10]六。大夫画帷,二池,不振容,画荒,火三列,黻三列,素锦褚;纁纽二,玄纽二,齐三采,三贝。黻翣二,画翣二,皆戴绥。鱼跃拂池。大夫戴,前纁后玄,披亦如之。士布帷,布荒,一池,"揄绞"[11]。纁纽二,缁纽二,齐三采,一贝。画翣二,皆戴绥。士戴,前纁后缁,二披用纁。

竹池下挂有铜鱼,柩车行进时铜鱼就跃动,如拂池水。要用六根浅红色的帛带捆住棺材并绑在车上,再用六根浅红色的帛带引出帷外由送葬人牵引。大夫的棺材四周围着画云气图案的帷幕,前后设有二池,池下不悬飘动的饰物,车上覆盖的是边缘绘上云气的幔,中央画火纹三行、两个"巳"字相背图案三行,也用白锦做成如屋顶状的帷罩,帷与荒之间用两枚浅红色、两枚玄色的纽联结上下,顶上用三色丝线做绥,挂着三串贝壳。边上有画"巳"字相背图案的翣两把,画云气图案的翣两把,翣上都装饰着绥。竹池下也有铜鱼,柩车行进时铜鱼跳跃,像拂池水。大夫用的捆棺材并将其绑在柩车上的帛带,前面用的是浅红色的,后面用的是玄色的,用来牵引的帛带也像这样。士用白布做帷幕,也用白布做车上覆盖的幔,前面挂一池,池下有悬挂的饰物"揄绞"。用两枚浅红色、两枚黑色的纽联结上下,顶上用三色丝线做绥,挂一串贝壳。边上有画云气图案的翣两把,都装饰着绥。士人用的捆棺材并将其绑在柩车上的帛带,前面用的是浅红色的,后面用的是黑色的,而用来牵引的两根帛带是浅红色的。

君葬用(輴)〔辁〕[12],四綍二碑[13],御棺[14]用羽葆。大夫葬用(輴)〔辁〕,二綍二碑,御棺用茅[15]。士葬用(国)〔辁〕[16]

国君下葬用辁车,拉柩时用四条大绳索,下葬时设两座系绳的碑,用羽葆来指挥柩车前进。大夫下葬用辁车,拉柩时用两条大绳索,下葬时设两座碑,用旗子来指挥柩车前进。士下葬也用辁车,车，二綍无碑，比出宫，御棺用功布[17]。凡封[18]，用綍，去碑负引。君封以衡，大夫、士以咸[19]。君命毋哗，以鼓封。大夫命毋哭。士哭者相止也。

拉柩时用两条大绳索牵引，但不用碑，从启灵出了殡宫，要用一块大功用的布指挥柩车前进。凡下棺，都用绳索牵引，人要站在碑外，背着碑站立牵引绳索。国君的棺下葬时，要用大木横贯在束棺的皮带下，再把引绳系在横木的两头；大夫、士的棺下葬时，引绳直接系在皮带上。国君的棺下葬时，命令送葬人不准喧哗，并用鼓声指挥下棺。大夫的棺下葬时，命令大家不要哭。士人的棺下葬时，要相互劝止不哭。

君松椁，大夫柏椁，士杂木椁。棺椁之间，君容柷[20]，大夫容壶，士容甒。君里椁、虞筐[21]；大夫不里椁；士不虞筐。

国君用松木做椁，大夫用柏木做椁，士人用杂木做椁。棺椁之间的空隙，国君的可以放得下柷，大夫的可以放得下壶，士人的可以放得下甒。国君的椁里要放随葬物和虞筐；大夫的椁里不放随葬物而只放虞筐；士人的椁里连虞筐也不放。

注释　1 段注《说文》说，古本三“绿”字皆正作“琢”。琢，用绢贴在棺内。　2 熬：郑玄说，煎谷也。　3 池：本指古代宫室檐下承接雨水的天沟。也称承霤。此指织竹为笼，衣以青布。　4 振容：古代的一种棺饰。用青黄之缯制成，一丈多长，像幡，上画雉形，悬于池下为容饰，车行而飘动。　5 荒：盖在灵柩上的柳衣（棺罩）。在旁曰帷，在上曰荒。　6 褚：古代棺饰名。大夫以上所用的形如宫室、紧贴棺身的棺罩。　7 伪：郑玄说，当为“帷”。　8 齐：通“脐”。此指覆盖在上面的幔的顶。脐，中央之义。　9 戴：犹言“带”，将棺材捆在车上的带子。　10 披：牵引灵车的带子。　11 揄绞：画雉形为饰的绞缯。古代葬礼上用的幡。　12 依郑玄注孔疏，“輴”当为“辁”。辁，载柩之车。　13 綍：下棺时的引绳。　碑：用大木为碑，用于绕綍下棺。 14 御棺:指挥柩车进止缓急等情况。 15 茅:旗的一种,用牦牛尾装饰。茅,通“旄”。 16 依郑玄,“国”当为“辁”。 17 功布:指大功(八九升)之布。 18 封:当读为“窆”,下棺。下同。 19 咸(jiān):郑玄说,读为“缄”。束棺之布带。 20 柷(zhù):乐器,木制,形如方斗。奏乐开始时击之。 21 按:郑玄说,里椁之物,“虞筐”之文未闻也。俞樾认为:筐是“匡”、虞是“安”的意思。

祭法第二十三

导读

此篇记载有虞氏至周朝制定的祭祀天地群神的法度,故称《祭法》。较多学者认为本文取自《国语·鲁语》,仅是文字稍有变异。古代文献中有“自伏犧以来,五礼始彰;尧舜之时,五礼咸备”的记载。儒家不信鬼神,但也深信祭祀,《礼记》四十九篇,其中记祭祀与丧服的竟占十五篇之多。

祭礼伴随着人类活动和原始宗教而出现,很多大型祭坛、神庙、祠堂遗存就是举行大规模祭祀活动的见证,透露出远古时代礼仪制度的很多信息。《祭法》首节历述上古四代祭祀的方法,其后又从多方面分述与祭祀相关的内容,或记载天下山川百神;或记载天子至庶人设庙祭祖之法。不仅记载了天子至庶人立社(土地神)制度,也记载了天子至庶人所祭小神之名称及数量等。古代中国人信奉多种神灵,祭祀的神很多。人们对天地鬼神、山川河流、祖宗前辈、圣贤先哲都要祭祀。古代中国以农业立国,天地是万物的主宰,从帝王到庶民百姓都要祭天祭地。日月星辰能使人识别四季,山川、河谷、丘陵是民众赖以生存的自然资源,人们通过祭祀这些神灵,以求风调雨顺,五谷丰登。

篇末指出,君王制定了祭祀的制度,有祭与不祭之规则:有功于人民的,为国家效力而死去的,建立开国功勋的,能够抵御重大灾害的,能为庶民免除大灾害的,这五种人都要祭祀。“汤以宽治民而除其虐;文王以文治,武王以武功,去民之菑。此皆有功烈于民者也。及夫日月星辰,民所瞻仰也。山林、川谷、丘陵,民所取财用也。非此族也,不在祀典。”这里历述三位君王的勋业:汤给人民除去夏代的暴虐;文王以礼乐教化施政;武王用武力为民除祸患,这都是为人民立下功劳勋业的,体现了祭仪中崇德报功之内涵。现在我们能看到的,有祭祀孔子的孔庙,或称文庙,还有祭祀关羽的武庙。全国各地的文、武庙不计其数。

原文

23.1 祭法:有虞氏禘[1]黄帝而郊喾,祖颛顼而宗尧。夏后氏亦禘黄帝而郊鲧,祖颛顼而宗禹。殷人禘喾而郊冥,祖契而宗汤。周人禘喾而郊稷,祖文王而宗武王。

燔柴于泰坛[2],祭天也;瘗埋于泰折,祭地也。用骍犊。埋少牢于泰昭[3],祭时也。相近[4]于坎坛,祭寒暑也。王宫[5],祭日也;夜明[6],祭月也;幽宗[7],祭星也;雩宗[8],祭水旱也。四坎坛,祭四方也。山林、川谷、丘陵能出云,为风雨,见怪物,皆曰神。有天下者祭百神。诸侯在其地则祭之,亡其地则不祭。

大凡生于天地之间者皆曰命。其万物

译文

祭法:有虞氏用禘礼祭祀黄帝,而用郊礼祭天配享帝喾;庙祭以颛顼为祖,帝尧为宗。夏后氏也用禘礼祭祀黄帝,而用郊礼祭天配享鲧;庙祭以颛顼为祖,禹为宗。殷人用禘礼祭祀帝喾,而用郊礼祭天配享冥;庙祭以契为祖,汤为宗。周人用禘礼祭祀帝喾,而用郊礼祭天配享后稷;庙祭以文王为祖,武王为宗。

在高大的土坛上堆柴焚烧祭品牲、玉等,使气上达于天,这是祭天;把祭品牲、缯等埋在高大的土坛下面,这是祭地。祭牲要用小黄牛。把祭品羊猪埋在泰昭坛下,这是祭四时阴阳之神。在坎、坛上祭祀祈求寒暑正常的,这是祭寒暑。王宫,是祭日的坛;夜明,是祭月的坛;幽宗,是祭星的坛;雩宗,是祭水旱的坛。四坎坛,是祭四方之神的。凡是山林、川谷、丘陵能生出云气,化为风雨,显现不常见的东西的,都叫作神。掌握天下的人要祭祀众多的神祇。诸侯只祭祀在其境内的神,如果丧失了国土就不再祭祀了。

凡是生存于天地之间的都称为"命"。其中万物死去都称为"折",而人死称为"鬼"。这些名称从唐、虞、夏、殷、周五代以死皆曰折，人死曰鬼。此五代之所不变也。七代之所更立者，禘郊宗祖，其余不变也。

来都没有改变过。在颛顼、帝喾、唐、虞、夏、殷、周七代中所改变过的，只是禘、郊、宗、祖等祭祀的对象，其余的没有变化。

注释 1禘：古代祭名。以下"郊""祖""宗"，也均为祭名。 2坛：土筑的高台，古时用于祭祀及朝会盟誓等大事。下句"折"同。 3昭：郑玄说，明也，亦谓坛也。 4相近：郑玄说，当为"禳祈"。祭祷消灾。祈，向神求祷。寒暑不时，则或禳之，或祈之。寒于坎，暑于坛。 5王宫：日坛。 6夜明：月坛。 7幽宗：星坛。 8雩(yú)宗：水旱坛。

原文

23.2 天下有王，分地建国，置都立邑，设庙祧坛墠[1]而祭之，乃为亲疏多少之数。是故王立七庙，一坛一墠，曰考庙，曰王考庙，曰皇考庙，曰显考庙，曰祖考庙，皆月祭之。远庙[2]为祧，有二祧，享尝[3]乃止。去祧为坛，去坛为墠；坛墠有祷焉祭之，无祷乃止。去墠曰鬼。诸侯立五庙，一坛一墠，曰考庙，曰王考庙，曰皇考庙，皆月祭之。显

译文

天下有了帝王，就分封土地，建立诸侯国，为卿大夫设置都邑，设立庙、祧、坛、墠而进行祭祀，于是又根据亲情、尊贤中的差别制定祭祀次数和规模大小。因此，帝王建立七庙，一坛，一墠，其中的五庙是考庙、王考庙、皇考庙、显考庙、祖考庙，都按月祭祀。祖考庙以上的祖庙称"祧"，依昭穆的辈分，又分为两个祧庙，按季节祭祀。去祧庙所祭祖先更远的祖先就为他设立祭坛，去坛所祭祖先更远的祖先就为他设立祭墠；对这些很远的祖先，只是在祈祷时才祭祀他们，无所祈祷也就无须祭祀。去墠所祭祖先更远的祖先称为"鬼"。诸侯建立五庙，一坛，一墠，还有考庙、王考庙、

考庙、祖考庙,享尝乃止。去祖为坛,去坛为墠;坛墠有祷焉祭之,无祷乃止。去墠为鬼。大夫立三庙二坛,曰考庙,曰王考庙,曰皇考庙,享尝乃止。显考、祖考无庙,有祷焉,为坛祭之。去坛为鬼。適士[4]二庙一坛,曰考庙,曰王考庙,享尝乃止。(显)〔皇〕考无庙[5],有祷焉,为坛祭之。去坛为鬼。官师[6]一庙,曰考庙。王考无庙而祭之。去王考为鬼。庶士、庶人无庙,死曰鬼。

皇考庙,这些都是每月要祭祀一次的。显考庙、祖考庙,只按季节祭祀。去祖考庙所祭祖先更远的祖先就为他设立祭坛,去坛所祭祖先更远的祖先就为他设立祭墠;有祈祷时祭祀他们,无所祈祷也就无须祭祀。去墠所祭祖先更远的祖先称为“鬼”。大夫建立三庙二坛,其中考庙、王考庙、皇考庙,只享尝四时之祭。显考、祖考没有庙,如有祈祷,就设坛祭祀他们。去坛所祭祖先更远的祖先称为“鬼”。嫡士建立二庙一坛。其中考庙、王考庙只按季节祭祀。皇考没有庙,如有祈祷,就设坛祭祀他。去坛所祭祖先更远的祖先称为“鬼”。官师只建立一庙,称为考庙。王考没有庙,在考庙行祭。去王考所祭祖先更远的祖先称为“鬼”。庶士、庶民没有庙,死去就称为“鬼”。

注释 1墠(shàn):祭祀用的平地。 2远庙:谓高祖之父、高祖之祖之庙也。即远祖之宗庙。 3享尝:泛指四时的祭祀。 4適士:郑玄说,嫡士指上士。孙希旦说,指大宗世嫡为士者。 5按:郑玄说,此“適士”云“显考无庙”,非也;当为“皇考”,字之误也。 6官师:郑玄说,中士、下士。孙希旦说,三等之士而非为大宗子者。

原文

王为群姓立社,曰大社。王自为立社,曰王社。

译文

王为天下的众多族姓总立一个社庙,称为大社。王为自己立的社庙,

诸侯为百姓立社,曰国社。诸侯自为立社,曰侯社。大夫以下[1]成群[2]立社,曰置社。

王为群姓立七祀,曰司命,曰中溜,曰国门,曰国行,曰泰厉[3],曰户,曰灶。王自为立七祀。诸侯为国立五祀,曰司命,曰中霤,曰国门,曰国行,曰公厉[4]。诸侯自为立五祀。大夫立三祀,曰族厉[5],曰门,曰行。適士立二祀,曰门,曰行。庶士、庶人立一祀,或立户,或立灶。

王下祭殇五:適[6]子、適孙、適曾孙、適玄孙、適来孙。诸侯下祭三,大夫下祭二,適士及庶人祭子而止。

称为王社。诸侯为国内百姓总立一个社庙,称为国社。诸侯为自己立的社庙,称为侯社。大夫以下聚居邑里的人共立一社庙,称为置社。

王为天下的众多族姓设立七种祭祀,分别是司命、中溜、国门、国行、泰厉、户、灶。王为自己设立七种祭祀。诸侯为国内百姓设立五种祭祀,分别是司命、中霤、国门、国行、公厉。诸侯为自己设立五种祭祀。大夫设立三种祭祀,分别是族厉、门、行。嫡士设立两种祭祀,分别是门、行。庶士、庶民只设立一种祭祀,有的设立户,有的设立灶。

王下祭未成年而死去的有五种人:嫡子、嫡孙、嫡曾孙、嫡玄孙、嫡来孙。诸侯下祭三代,大夫下祭二代,嫡士和庶民只祭到自己嫡系的殇子为止。

注释 1 大夫以下:指大夫至于庶人。 2 成群:聚居邑里。 3 泰厉:古代帝王无后者的幽灵。 4 公厉:古代诸侯无后者的幽灵。 5 族厉:古代大夫无后者的幽灵。 6 適:通“嫡”。下同。

原文

23.3 夫圣王之制祭祀

译文

圣王制定的祭祀制度规定,把法

也，法施于民则祀之，以死勤事则祀之，以劳定国则祀之，能御大菑[1]则祀之，能捍大患则祀之。是故厉山氏之有天下也，其子曰农，能殖百谷；夏之衰也，周弃继之，故祀以为稷。共工氏之霸九州也，其子曰后土，能平九州，故祀以为社。帝喾[2]能序星辰以著众，尧能赏均刑法以义终[3]，舜勤众事而野死，鲧鄣[4]鸿水而殛死，禹能修鲧之功。黄帝正名百物以明民[5]共财，颛顼能修之。契为司徒而民成，冥勤其官而水死。汤以宽治民而除其虐；文王以文治，武王以武功，去民之菑。此皆有功烈于民者也。及夫日月星辰，民所瞻仰也。山林、川谷、丘陵，民所取财用也。非

度贯彻到民众中去的就祭祀他，以死殉职的就祭祀他，有安邦定国功勋的就祭祀他，能抵御大灾害的就祭祀他，能保卫民众不使受苦的就祭祀他。因此，厉山氏执掌天下时，他的儿子叫农，能种植各种谷物庄稼；到了夏代衰亡的时候，周代名叫弃的人又继承了农的事业，所以就祭祀农和弃而配享稷之神。共工氏称霸九州的时候，他的儿子叫后土，能够治理九州，所以就祭祀后土而配享社之神。帝喾能纪星辰、定时间，使民众作息有期，不失时节；尧能公平地赏罚，最后又让位给舜而老死；舜为民众的事勤苦而死在野外；鲧堵塞洪水未成功而被诛杀；禹能继承父亲事业又改正错误。黄帝为百物定下名称，使民众各有衣裳而贵贱分明，各取物产而自谋生计；颛顼又能继承并加以改进。契为司徒，使民众的五教得以成功；冥致力于水利官的职事而溺水殉职。汤用宽厚的政策治理民众，革除夏桀的暴虐；文王用礼乐文教来治理民众，武王用武力除去民众的灾祸。这些都是对人民有功勋的人。至于日月星辰，是民众瞻仰而用来识别时序的；山林、川谷、丘陵，是民众获取财用的地方。（因此它们也属于祭祀的范

此族也,不在祀典。‖ 围。)如果不属于这一类,就不在祭祀范围内。

注释 1 菑(zāi):同"灾"。祸害,灾害。 2 帝喾:王国维说,即帝夋(qūn)。 3 义终:郑玄说,谓既禅二十八载乃死也。 4 鄣:亦作"障",阻塞,遮挡。 5 明民:孔颖达说,谓垂衣裳,使贵贱分明,得其所也。

祭义第二十四

导读

此篇主要记祭祀、斋戒、荐羞等的意义，如阐述祭祀的主敬之义，孝悌祭祖之道，养老尊长之理，可与《祭法》互相阐发。其中谈及的礼乐有修身养性、治理天下的功能，与《乐记》《大戴礼记·曾子大孝》中的相关内容相类。可能前者取礼乐之庄严肃穆之意蕴，后者则与孝顺双亲有关。整篇荟萃礼仪之美言美语很多，文辞之美，义理之富，可与《大学》《中庸》相媲美。

孔子最重视孝悌，认为孝悌是“仁”的基础。孝不仅仅是对父母的赡养，更是对父母和长辈的敬重。“孝子之至，莫大于尊亲”，这是我国古代文明的体现。儒家的祭礼是对丧礼的补充和延续，文中对父母的祭祀的记述非常生动：“齐之日，思其居处，思其笑语，思其志意，思其所乐，思其所嗜。”“祭之日，入室，僾然必有见乎其位；周还出户，肃然必有闻乎其容声；出户而听，忾然必有闻乎其叹息之声。”所记声情并茂，父母的音容笑貌宛如在眼前。

“先王之所以治天下者五：贵有德，贵贵，贵老，敬长，慈幼。”尊重有道德的人和有地位的人，尊敬老人和长辈，慈爱小辈，这是先王之所以安定天下的道理。贵有德，近于道；贵贵，近于君；贵老，近于亲；敬长，近于兄；慈幼，近于子。所以孔子又说：“立爱自亲始，教民睦也。立教自长始，教民顺也。”“孝以事亲，顺以听命。错诸天下，无所不行。”曾子认为“孝”有三个层次：大孝是能使父母得到天下的敬重，其次是不辱没父母的名声，最下等的是仅能赡养父母。我们现在讲孝顺，一般都指赡养父母，离古人所推崇的大孝相去甚远。

本篇中孔子与宰我论鬼神一段，可考古代之哲学；曾子论孝之语，推衍虞、夏、殷、周尊崇长者之义，可考古代伦理以家族为本，修身、齐家、治国、平天下的道理一以贯之。

原文

24.1 祭不欲数[1],教则烦,烦则不敬。祭不欲疏,疏则怠,怠则忘。是故君子合诸天道,春禘秋尝。〔秋,〕[2]霜露既降,君子履之,必有凄怆之心,非其寒之谓也。春,雨露既濡,君子履之,必有怵惕之心,如将见之。乐以迎来,哀以送往,故禘有乐而尝无乐。

致齐于内[3],散齐于外。齐之日,思其居处,思其笑语,思其志意,思其所乐,思其所嗜。齐三日,乃见[4]其所为齐者。祭之日,入室,僾然[5]必有见乎其位;周还出户[6],肃然必有闻乎其容声;出户而听,忾然必有闻乎其叹息之声。是故先王之孝也,色不忘乎目,声不绝乎耳,心

译文

祭祀不要太频繁,太频繁就会使人感到麻烦,使人感到麻烦就会不恭敬。祭祀不要太稀疏,太稀疏就会怠慢,怠慢就会淡忘。因此,君子配合自然的季节变化情况,春天进行禘祭,秋天进行尝祭。秋天,霜露已经降下,君子踩着霜露,一定会有凄凉的心境,并不是霜露的寒意引起的(,而是因为秋天的肃杀,让人感念到失去的亲人)。春天,雨露已经滋润大地,君子踩着雨露,一定会有惊动的心境,好像将要见到失去的亲人跟随春天重返人间。人们用欢乐的心情迎接亲人来临,用悲哀的心情送别亲人离去,所以禘祭有乐舞,而尝祭就没有乐舞。

(祭祀之前,先要斋戒。)致斋戒的诚意在内心,表现斋戒的诚意在日常生活起居。在斋戒的这些日子里,要思念死者生前居住之地,思念他的笑语,思念他的志趣,思念他的欢乐,思念他的嗜好。这样斋戒三天,心中才能显现出死去的亲人的较清晰的形象。祭祀这天,进入放置灵位的庙室,仿佛看到亲人就在被祭祀的神位上;转身出室门,心中肃敬,仿佛能听到亲人举动容止的声音;出室门以后,仿佛能听到亲人的长长叹息之声。因此先王孝

志嗜欲不忘乎心。致爱则存,致悫[7]则著,著存不忘乎心,夫安得不敬乎?

君子生则敬养,死则敬享,思终身弗辱也。君子有终身之丧,忌日之谓也。忌日不用,非不祥也,言夫日志有所至,而不敢尽其私也。

唯圣人为能飨帝,孝子为能飨亲。飨者乡[8]也,乡之,然后能飨焉。是故孝子临尸而不怍[9]。君牵牲,夫人奠盎;君献尸,夫人荐豆;卿大夫相君,命妇相夫人。齐齐[10]乎其敬也,愉愉乎其忠也,勿勿[11]诸其欲其飨之也!

文王之祭也,事死者如事生,思死者

敬亲人,亲人的容颜始终在眼前而不离开,声音始终在耳边而不断绝,志趣和嗜好始终记在心中而不忘怀。极其敬爱亲人,亲人就存活在他心里;极其诚实真挚,亲人就会显现出形象来;亲人形象永存心中而不忘,对亲人怎么会不恭敬呢?

君子在父母活着的时候恭敬地奉养,在父母死了后就恭敬地祭享,要想着终生都不能辱没双亲的名声。君子有终生的丧事,这是说不忘双亲的忌日(父母的忌日年年都有,也就是君子终生的丧事了)。忌日不做别的事,并不是不吉祥,而是说那天心里都想着父母了,不敢再分心去干自己的私事了。

只有圣人才能够使天帝飨用祭祀,只有孝子才能够使父母飨用祭祀。飨就是"向",要至诚地向着祭祀的对象,然后鬼神才会接受祭祀。因此孝子面对着尸,脸上没有一点儿不和悦之色。国君牵入祭牲,夫人进献五斋之一的白酒;国君向尸献酒,夫人进献豆;卿大夫辅助国君行祭,命妇辅助夫人行祭。他们行祭时是多么恭敬啊,他们和颜悦色显得多么虔诚啊,他们是那样勤勉不懈地祈望神灵来飨用祭祀。

文王祭祀的时候,敬事死去的亲人如同亲人生前一样,想起死去的亲人就痛不欲生,

如不欲生，忌日必哀，称讳如见亲。祀之忠也，如见亲之所爱，如欲色然。其文王与！《诗》云[12]："明发不寐，有怀二人！"文王之诗也。祭之明日，明发不寐；飨而致之，又从而思之。祭之日，乐与哀半。飨之必乐，已至必哀。

每逢亲人的忌日必是悲哀至极，提到亲人的名字就像见了亲人一样。奉献祭品时的诚挚，就好像见到亲人生前所喜爱的东西，就好像看到了亲人想要得到这些东西的神情。大概只有文王才能做到这样吧！《诗》说："天明了还没有睡着，又是在怀念死去的双亲啊！"这是赞扬文王孝敬的诗句。文王在祭祀父母的第二天，仍然到天明还没有睡着；祭祀时就好像见到自己的亲人，祭祀后又夜不成寐地思念父母。祭祀这天，欢乐与悲哀参半。亲人能来享用，所以必定欢乐；亲人享用过后又得离去，所以又必定悲哀。

注释　1 数(cù)：密，频繁。　2 此脱"秋"字，依郑注补之。　3 齐(zhāi)：通"斋"，斋戒。　4 见(xiàn)：现，显现。　5 僾(ài)：然：仿佛，隐约貌。陆德明《释文》："僾，微见貌。"　位：或以为，《说苑》作"其容"，当为"容"字，而此"容"字又错杂入下句"闻乎其容声"中。　6 周：转。还(xuán)：旋转。　7 悫(què)：诚实，谨慎。　8 乡：通"向"。　9 怍：孙希旦说，色不和而有所变动曰怍。　10 齐齐(zhāi zhāi)：恭敬严肃貌。　11 勿勿：犹勉勉。勤恳不懈貌。　12 见《诗·小雅·小宛》。

原文

24.2 仲尼尝，奉荐而进，其亲[1]也悫，其行也趋趋以数。[2]已祭，子赣问曰："子之言'祭，济

译文

孔仲尼举行尝祭，捧着祭品去进献给尸时，他身为执事但形貌缺少威仪，走路很快也缺少威仪。祭毕后，子赣问道："您说过：'祭祀时仪容应庄重严肃、

济漆漆然[3]。'今子之祭,无济济漆漆,何也?"子曰:"济济者,容也,远也;漆漆者,容也,自反也。容以远,若容以自反也,夫何神明之及交?夫何济济漆漆之有乎?反馈乐成,荐其荐俎,序其礼乐,备其百官。君子致其济济漆漆,夫何慌惚之有乎?夫言岂一端而已?夫各有所当也。"

恭敬戒惧。'但是,现在您祭祀时并无那种庄重严肃、恭敬戒惧的样子,这是什么原因呢?"孔子回答说:"仪容庄重严肃,这种仪容是疏远的表情;仪容恭敬戒惧,这种仪容是自我的修饰。仪容或是一种疏远的表情,或是一种自我的修饰,那怎么可能和神明互相沟通呢?因此,我为何要显出庄重严肃、恭敬戒惧的样子呢?比如天子诸侯的祭礼,到返回室内举行馈食礼时,音乐舞蹈齐作,向神明进献盛有食物的豆、俎等,按礼的规定和音乐的节奏有序进退,百官皆来助祭。这些助祭的君子都显出庄重严肃而恭敬戒惧的样子,怎么还能有深挚的思念而在恍惚间与神灵沟通呢?一句话怎么可以只从一方面去理解呢?祭祀时对孝子和宾客各有各的要求(济济漆漆是祭祀中宾客的仪容,而主人的仪容不该是济济漆漆的)。"

注释 1 亲:郑玄说,谓身亲执事时也。 2 按:郑玄说,"悫"与"趋趋",言少威仪也。趋,读如促。数之言速也。 3 济济(qí qí):庄严恭敬的样子。济,通"齐"。 漆漆(qiè):恭敬谨慎貌。

原文

24.3 孝子将祭,虑事不可以不豫,比时[1]具物,不可以不备,虚中[2]以治之。宫室既修,墙屋既设,[3]百

译文

孝子将要举行祭祀,一切事情都不可以不预先仔细考虑,依照时令准备祭物不可以不齐备,还要心内无其他杂念,一心一意地准备祭祀。庙宇已经修

物既备；夫妇齐戒，沐浴，盛服，奉承而进之，洞洞乎，属属乎，如弗胜，如将失之。其孝敬之心至也与！荐其荐俎，序其礼乐，备其百官，奉承而进之。于是谕其志意，以其慌惚以与神明交，庶或飨之。庶或飨之，孝子之志也。

缮，墙壁和房屋都已布置好，各种祭祀用的器具物品已齐备，于是夫妇斋戒沐浴，穿戴整齐，捧着祭品进献，态度极为恭敬，好像捧着捧不动的重物，而又怕失手落地的样子。这是孝敬心到达了极点的表现！向神明进献那些盛有祭品的豆俎，按礼的规定和音乐的节奏有序进退，百官皆来助祭，捧着祭品献上。于是又使祝将自己的心愿敬告鬼神；孝子思念情深而和神明相沟通，仿佛见到神明前来享用祭品。希望见到神明来享用祭品，这正是孝子的心愿。

孝子之祭也，尽其悫而悫焉，尽其信而信焉，尽其敬而敬焉，尽其礼而不过失焉。进退必敬，如亲听命，则或使之也。孝子之祭可知也：其立之也，敬以诎[4]；其进之也，敬以愉；其荐之也，敬以欲；退而立，如将受命；已彻而退，敬齐之色不绝于面。孝子之祭

孝子祭祀的时候，要竭尽内心的诚挚而表现为对神的诚挚，而要竭尽内心的诚信而表现为对神的诚信，要竭尽内心的敬意而表现为对神的敬意，要竭力遵守祭祀的礼节而没有过失。进退一定恭恭敬敬，好像自己在听取父母的吩咐，好像父母正想使唤他。孝子举行祭礼是可以知道他的孝心的：他站立在祭位上的时候，用俯屈身体表示恭敬；他来到尸面前的时候，用愉悦的神情表示恭敬；他捧着祭品进献的时候，用希望双亲来享用的心愿表示恭敬；退回到自己的祭位上站立的时候，就好像在接受父母的吩咐使唤；到了撤去祭品退出的时候，那种恭敬庄重的神色还一直显露在脸上。这就是孝子祭祀的情形！孝子站立时不俯屈身体就显得粗野不知礼，来到尸面前时不愉悦

也！立而不诎，固[5]也；进而不愉，疏也；荐而不欲，不爱也；退立而不如受命，敖[6]也；已彻而退，无敬齐之色，而忘本也。如是而祭，失之矣！

就显得与亲人疏远，捧着祭品进献时不希望双亲来享用就显得对亲人不亲爱，退回到站位上站立的时候不像在接受父母吩咐使唤就显得很傲慢，撤去祭品退出的时候脸上没有那种恭敬庄重的神色就显得忘记了祭祀的本意。像这样的祭礼，就失去了祭祀的意义！

孝子之有深爱者，必有和气；有和气者，必有愉色；有愉色者，必有婉容。孝子如执玉，如奉盈，洞洞属属然如弗胜，如将失之。严威俨恪[7]，非所以事亲也，成人之道也。

孝子对他的亲人有深挚的爱，就必定会和气；有和气，就必定会有愉悦的神色；有愉悦的神色，就必定会有柔顺的容貌。孝子捧持着祭品进献时，就像拿着很贵重的玉，捧着满杯的水一样，恭恭敬敬地似乎承受不了，又似乎害怕失手落地。但是，那种严肃而庄重的样子，不是用来侍奉父母的仪容，那是成人互相交往的态度（而孝子对父母永远不会失去孺子之心）。

注释　1 比时：到祭祀时。比，及。　2 虚中：心内无杂念。　3 郑玄说，“修”“设”，谓除及黝、垩也。　4 诎（qū）：俯曲。　5 固：固陋不知礼。　6 敖：通“傲”。傲慢。　7 俨恪（yǎn kè）：庄严恭敬。孔疏说，俨谓俨正，恪谓恭敬。

原文

24.4 先王之所以治天下者五：贵有德，贵贵，贵老，敬长，慈幼。此五者，

译文

先王之所以能够统治天下的原因有五方面：以有德的人为尊贵，以有地位的人为尊贵，以年老的人为尊贵，尊

先王之所以定天下也。贵有德，何为也？为其近于道也。贵贵，为其近于君也。贵老，为其近于亲也。敬长，为其近于兄也。慈幼，为其近于子也。是故至孝近乎王，至弟近乎霸。至孝近乎王，虽天子必有父；至弟近乎霸，虽诸侯必有兄。先王之教，因而弗改，所以领天下国家也。

敬长辈，慈爱小辈。这五方面就是先王用来安定天下的做法。以有德的人为尊贵，是为什么呢？是因为他们接近于天理人情。以有地位的人为尊贵，是因为他们接近国君。以年老的人为尊贵，是因为他们近似于自己的父母。尊敬长辈，是因为他们近似于自己的兄长。慈爱小辈，是因为他们近似于自己的子女。因此，至孝的人能使人们感动，近似于王者能使天下归心；至悌的人能亲爱弟兄，近似于霸者能庇护民众。至孝的人近似于王者，因为即使是王者也必定会敬事他的父母；至悌的人近似于霸者，因为即使是霸者也必定会尊敬他的兄长。对于上述先王的教化，因袭而不加改变，就可以用来统领天下的国家。

子曰：“立爱自亲始，教民睦也。立教自长始，教民顺也。教以慈睦[1]，而民贵有亲；教以敬长，而民贵用命。孝以事亲，顺以听命，错[2]诸天下，无所不行。”

孔子说：“树立爱心要从侍奉父母开始，这是教导民众要慈睦。确立敬礼要从尊敬长辈开始，这是教导民众要和顺。教导民众要慈睦，民众就会看重亲情；教导民众尊敬长上，民众就会重视长上的命令。而用孝心来侍奉父母，用敬顺来听从命令，并将这些施行到天下去，那就没有行不通的事了。”

注释 1慈睦：慈爱和睦。 2错：通“措”。安置，施行。

原文

24.5郊之祭也，丧者不敢哭，凶服者不敢入国门，敬之至也。祭之日，君牵牲，穆答君[1]，卿、大夫序从。既入庙门，丽于碑[2]，卿、大夫袒，而毛牛尚耳。鸾刀以刲[3]，取膟膋[4]，乃退。爓祭、祭腥而退[5]，敬之至也。

郊之祭，大报天而主日，配以月。夏后氏祭其暗，殷人祭其阳，周人祭日，以朝及暗。祭日于坛，祭月于坎，以别幽明，以制上下。祭日于东，祭月于西，以别外内，以端其位。日出于东，月生于西。阴阳长短，终始相巡，以致天下之和。

译文

在举行郊祭上天时，有丧事的人不敢哭泣，穿丧服的人不敢进入国都门，这是敬重到了极点的表现。举行宗庙祭祀那天，国君牵着祭牲，他的嗣子也要与他相对着牵着祭牲，卿、大夫按次序跟随在后边。进了庙门，要把祭牲系在碑上，卿、大夫就袒开衣服杀牲，先取牛耳边的毛荐献神灵，这是希望神灵能听到祈祷，所以崇尚荐献耳边的毛。又用带有铃的刀剖开牛腹，取出血和肠间的脂肪荐献神灵，完毕后就暂退。还要用沉在祭汤里的爓肉、腥肉祭神，等到祭毕礼终再退下，这些都是恭敬之心到达了极致的表现。

郊祭上天，是厚重地报答上天，而祭祀的主要对象是太阳，以月亮为配祭。夏后氏祭太阳是在黄昏时，殷人祭太阳是在中午时，周人祭太阳是从日出到将近日落时。祭太阳是在坛上，祭月亮是在坑内，用来分别幽暗与明亮，用来制定阴阳上下。祭太阳是在东郊，祭月亮是在西郊，用来分别内外，用来端正方位。因为太阳在东方升起，月亮晦后生明先是显现在西方。夏天日长夜短，冬天日短夜长，太阳有朝有夕，月亮有朔有晦，终而复始循环运行，从而达到天下万物的和谐。

天下的礼在效用方面有五种：一是使人

天下之礼：致反始也，致鬼神也，致和用也，致义也，致让也。致反始，以厚其本也；致鬼神，以尊上也；致物用，以立民纪也；致义，则上下不悖逆矣；致让，以去争也。合此五者以治天下之礼也，虽有奇邪而不治者，则微矣。

们回报上天而不忘根本，二是使人们去进行祭祀而沟通鬼神，三是使民众和睦、财用丰足，四是使世间裁决得宜、治恶惩暴，五是使人们能够互相谦让。回报上天，可以使本始厚重；沟通鬼神，可以使人尊重长上；财用丰足，可以使人遵守礼仪纲纪；施行道义，就使上下不会悖逆了；互相谦让，可以消除争斗冲突。综合这五方面就是治理天下的礼，即使还会有奇异邪恶而不服从治理的人，那也很少了。

注释 1穆：主祭人的嗣子。答：对。 2丽：附着，系，拴。 3鸾刀：有铃的刀。 刲(kuī)：剖，割。 4膟(lǜ)：血。 膋(liáo)：肠间脂肪。 5爓(xún)：用热水烫肉使半熟。亦指烫过的肉。古代用为祭品。郑玄说，沉肉于汤也。 祭腥：祭献腥肉。

原文

24.6 宰我曰："吾闻鬼神之名，不知其所谓。"

子曰："气[1]也者，神之盛也。魄[2]也者，鬼之盛也。合鬼与神，教之至也。

"众生必死，死必归土，此之谓鬼。骨

译文

宰我说："我只听说鬼神的名称，但并不知道说的是什么。"

孔子说："人的气息，就是神充盈于人体内。人的魄，就是鬼充盈于人体内。人死后将鬼与神一起祭祀，是圣人教化的极致。

"各种生命必有死亡，死后必归于土中，这就叫作鬼。骨肉在地下腐烂，腐烂后化作土壤。它们的气散发飘扬到上天，显出光明；或香或臭的气蒸出，又使人感动而凄怆；这

肉䏿[3]于下，阴[4]为野土。其气发扬于上，为昭明，焄蒿凄怆[5]，此百物之精也，神之著也。因物之精，制为之极，明命[6]鬼神，以为黔首[7]则，百众以畏，万民以服。圣人以是为未足也，筑为宫室，设立宫祧，以别亲疏远迩；教民反古复始，不忘其所由生也。众之服自此，故听且速也。二端既立，报以二礼：建设朝事[8]，燔燎（膻）〔馨〕芗[9]，（见）〔覸〕以萧光[10]。以报气也。此教众反始也。荐黍稷，羞[11]肝肺首心，（见间）〔覸〕以侠甒[12]，加以郁鬯。以报魄也。教民相爱，上下用情，礼之至也。

“君子反古复始，不忘其所由生也，是以致其敬，发其情，竭力从

是各种生物的精气，是可以看得见的神。圣人就依据生物的精气，制定出至高无上的名称，尊称为鬼神，让它们作为百姓们信奉的法则，使百姓畏惧而不敢怠慢，万民敬服而不敢违逆。圣人认为这样做还不够，又建筑宫室，设立宗庙祧庙，用来分别亲疏远近；教导民众举行祭祀来追溯始祖，纪念先人，不要忘记自身的本源。民众对长上的服从之心由此而生，因此能听信教令而迅速服从。鬼和神两个名称既已确立，又设立朝践、馈食两种祭礼：设立早朝举行的朝践礼，取牲血和肠间的脂肪在炉炭上焚烧，以产生香气，又因兼烧萧蒿而使气味中又夹杂着火光。这是用来报气的。它教导民众返回初始去。馈食礼，进献黍稷，同时献上肝肺首心，并要间杂献上两壶醴酒，还得加上香草酒。这是用来报魄的。教导民众互相亲爱，上下都互相沟通感情，这是礼的极致。

“君子追溯始祖，纪念先人，不忘记自身的来源，用这种方式来致以敬意，抒发情感，并竭力去祭祀，从而回报父母的恩德，不敢不尽心竭力。所以古代天子有藉田千亩，要戴着系有红带的礼帽，亲自拿着耒耜耕作；诸侯有藉田百亩，要戴着

事以报其亲，不敢弗尽也。是故昔者天子为藉千亩，冕而朱纮，躬秉耒；诸侯为藉百亩，冕而青纮，躬秉耒。以事天地、山川、社稷、先古，以为醴酪齐盛[13]于是乎取之，敬之至也。

“古者天子诸侯必有养兽之官。及岁时，齐戒沐浴而躬朝之，牺牷[14]祭牲必于是取之，敬之至也。君召牛，纳而视之，择其毛而卜之；吉，然后养之。君皮弁素积[15]，朔月、月半君巡牲，所以致力，孝之至也。

“古者天子诸侯必有公桑蚕室。近川而为之，筑宫仞[16]有三尺，棘墙而外闭之。及大昕之朝[17]，君皮弁素积，卜三宫之夫人、世妇之吉者，使入蚕于蚕室。

系有青带的礼帽，亲自拿着耒耜耕作。要用藉田上亲自耕作的收获来祭奉天地、山川、社稷、先祖，祭祀用的酒浆米饭都是从这里取来的，这是对鬼神恭敬至极的表现。

“古代天子、诸侯必定有豢养兽畜的官。到每年一定的时候，天子、诸侯就斋戒沐浴，亲自去视察那些牲畜，祭祀用的牺牛、牷牛等，必须从这里取来，这也是恭敬至极的表现。国君命令从牧养地方择取牛，进纳上来时要经过察看，要挑选它们的毛色，并且由占卜来决定；如果是吉兆，就豢养它们。国君要穿戴礼服，在每月初一、十五去视察牲口，这样尽力为祭祀做准备，正是孝顺至极的表现。

“古代天子、诸侯必定有官家的桑园蚕室。选择在靠近河边的地方，建筑养蚕的房室，墙高达一丈，墙上设置棘刺，门扇是在外边上锁的。到了三月初一的早上，国君穿戴着礼服，占卜选择合于吉兆的后宫中的夫人、世妇，让她们进入桑园，并住在蚕室养蚕。她们捧着蚕种到河里去浸漂，在桑园里采摘桑叶，晾干桑叶上的露水再饲蚕。三月将尽的时候，世妇结束养蚕，捧着蚕茧请国君来检视，接着就把茧

奉种浴于川，桑于公桑，风戾[18]以食之。岁既单[19]矣，世妇卒蚕，奉茧以示于君，遂献茧于夫人。夫人曰：'此所以为君服与！'遂副袆而受之，因少牢以礼之。古之献茧者，其率用此与？及良日，夫人缫，三盆手，遂布于三宫夫人、世妇之吉者，使缫。遂朱绿之，玄黄之，以为黼黻文章。服既成，君服以祀先王先公，敬之至也。"

进献给夫人。夫人说：'这是用来给国君做祭服的吧！'于是夫人就头戴'副'的首饰，身穿袆衣而接受献蚕，并用羊猪二牲的少牢礼来接待献茧的世妇。古代进献蚕茧，也许都用这样的礼仪吧？到了选定的吉日，夫人亲自缫丝，将手三次浸入盆中抽出蚕丝，于是再把蚕茧分发给后宫中经占卜而吉利的夫人、世妇，让她们去缫丝。然后就染成红色、绿色、黑色、黄色，用来织成有图案花纹的丝绸。祭服做成以后，国君穿上它去祭祀先王先公，这是恭敬至极的表现。"

注释　1 气：郑玄说，谓嘘吸出入者也。　2 魄：郑玄说，耳目之聪明为魄。　3 髡：败毁，腐烂。　4 阴：郑玄说，读为"依荫"之"荫"，言人之骨肉荫于地中为土壤也。　5 焄(hūn)：郑玄说，谓香臭也。　蒿：郑玄说，气蒸出貌。　6 明命：郑玄说，犹尊名也。尊极于鬼神，不可复加也。　7 黔首：百姓，民众。　8 朝事：郑玄说，谓荐血腥时也。　9 郑氏说，"膻"当为"馨"，声之误也。　芗(xiāng)：香气。　10 郑玄说，"见"及"见间"皆当为"覸"字之误也。覸(jiàn)，杂。萧：香蒿。　11 羞：进献。　12 侠甒：两甒醴酒。侠，两。甒(wǔ)，陶制容器，多用以盛酒。　13 齐盛：即粢盛，米饭一类。　14 牺牷：色纯曰牺，体全曰牷。　15 积：帻。　16 仞：七尺。有三尺：又三尺。　17 大昕之朝：郑玄说，季春朔日之朝也。　18 戾：干，晾干。　19 单：通"殚"。尽。

原文

24.7 君子曰[1]:"礼乐不可斯须去身。致乐以治心,则易直子谅之心油然生矣。易直子谅之心生,则乐,乐则安,安则久,久则天,天则神。天则不言而信,神则不怒而威。致乐以治心者也。致礼以治躬则庄敬,庄敬则严威。心中斯须不和不乐,而鄙诈之心入之矣。外貌斯须不庄不敬,而慢易之心入之矣。故乐也者,动于内者也;礼也者,动于外者也。乐极和,礼极顺,内和而外顺,则民瞻其颜色而不与争也,望其容貌,而众不生慢易焉。故德辉动乎内,而民莫不承听;理发乎外,而众莫不承顺。故

译文

君子说:"礼乐是不可以片刻离身的。通过研习音乐来修养自身的思想品德,那和易正直慈爱诚信之心就会油然而生了。和易正直慈爱之心产生了,就会心情愉快;心情愉快就会内心安宁;内心安宁就能长期不懈地进行自我修养;长期不懈地进行自我修养就会通达天理,通达天理就可与神明相通。天虽然不说话,但四时运行从不失信;神虽不发怒,但人们无不畏惧它的威严。这就是通过研习乐来修养自身的思想品德的结果。通过研习礼来端正自身的言行,就可以做到庄严而恭敬;庄严而恭敬了,就会有威严。心中稍有片刻不和不乐,卑鄙诈伪的心思就会侵入。外貌稍有片刻不庄严不恭敬,轻忽怠慢的心思也就会侵入。所以,乐影响人的内心,礼影响人的外在。乐极其和畅,礼极其恭顺,内心和畅而外貌恭敬,那民众看到他的容颜神色就不会和他相争,望到他的仪容外貌就不会生出轻忽怠慢的想法。所以德性的光辉是从内心先发出的,那民众就没有不听从他的话的;情理表现在外表的行动上,那民众就没有不承顺他的。所以说:'研习礼乐的道理,让天下都能充满礼乐,都能实行礼乐的

曰：'致礼乐之道，而天下塞焉，举而错之无难矣。乐也者，动于内者也；礼也者，动于外者也。故礼主其减，乐主其盈。礼减而进，以进为文；乐盈而反，以反为文。礼减而不进则销，乐盈而不反则放。故礼有报而乐有反。礼得其报则乐，乐得其反则安。礼之报，乐之反，其义一也。'"

道理，那天下就没有什么难办的事了。乐影响人的内心，礼影响人的外在。所以，礼要以减少人们的疲倦为原则，乐要以使人充满欢乐为原则。礼虽减少，但要自我勉励，并以自我勉励为美好；乐虽充盈，但要自我抑止，并以自我抑止为美好。礼减少而人们不能自我勉励，就会消衰；乐充盈而人们不能自我抑止，就会放纵。所以礼要求自我勉励，乐要求自我抑止。行礼能够有自我勉励，就会和乐而没有困苦；举乐能够有自我抑止，就会安静而不放纵。礼中的自我勉励，乐中的自我抑止，它们的义理是一致的。'"

注释 1 以上一节可参见《乐记》19.6 有关注释。

原文

24.8 曾子曰："孝有三，大孝尊亲，其次弗辱，其下能养。"公明仪问于曾子曰："夫子可以为孝乎？"曾子曰："是何言与，是何言与！君子之所为孝者，先意承志，谕父母于道。参

译文

曾子说："孝有三方面，大孝是能使父母得到天下的敬重，其次是不辱没父母的名声，最下等的是仅能侍养父母。"公明仪问曾子："您可以称得上孝吧？"曾子说："这是什么话呀，这是什么话呀！君子行孝，是在父母还没有表示以前就能知道他们的心意，而把事情先做了，并使父母明白那是做事的正理。我只是能够奉养父

直[1]养者也，安能为孝乎？”

曾子曰：“身也者，父母之遗体也。行父母之遗体，敢不敬乎？居处不庄，非孝也；事君不忠，非孝也；莅官不敬，非孝也；朋友不信，非孝也；战陈无勇，非孝也。五者不遂，烖及于亲，敢不敬乎？亨孰(膻)〔馨〕芗[2]，尝而荐之，非孝也，养也。君子之所谓孝也者，国人称愿然曰：‘幸哉有子如此！’所谓孝也已。众之本教曰孝，其行曰养。养可能也，敬为难。敬可能也，安为难。安可能也，卒为难。父母既没，慎行其身，不遗父母恶名，可谓能终矣。仁者仁此者也，礼者履此者也，义者宜此者也，信者信此者也，强者强此者也。乐自顺此生，刑自反此作。”

母的人，怎么能称得上孝呢？”

曾子说：“身体是父母遗留给我的。用父母给的身体去做事，怎么敢不恭敬呢？日常生活不庄重，就是不孝；为国君做事不忠心，就是不孝；居官办事不慎重，就是不孝；对朋友不诚信，就是不孝；参战上阵不勇敢，就是不孝。这五方面不能做到，灾祸就会降及父母，所以怎么敢不慎重呢？烹煮熟的馨香味美的食物，品尝以后再献给父母，这不是孝，而是奉养。君子所谓的孝，是要让全国的人都称扬羡慕他，说：‘这人的父母真幸运啊，能有这样的孝子！’这就是所谓的孝。教育民众的根本是孝，表现在行为上的叫作养，奉养是容易做到的，但尊敬父母就难做到。尊敬父母也是可能做到的，但要使父母安乐就更难做到。使父母安乐也还是可能做到的，但在父母死后能终身行孝就很难做到。父母已去世，自己能够慎重行事，不使父母蒙受坏名声，就可以说是终身行孝了。所谓仁，就是以孝为仁；所谓礼，就是履行孝道；所谓义，就是合乎孝道；所谓诚信，就是孝上讲诚信；所谓强，就是行孝强于人。人们的和乐是顺从孝道而产生的，身受刑

曾子曰："夫孝，置之而塞乎天地，(溥)〔敷〕[3]之而横乎四海，施诸后世而无朝夕；推而放诸东海而准，推而放诸西海而准，推而放诸南海而准，推而放诸北海而准。《诗》云[4]：'自西自东，自南自北，无思不服。'此之谓也。"

曾子曰："树木以时伐焉，禽兽以时杀焉。夫子曰：'断一树，杀一兽，不以其时，非孝也。'孝有三：小孝用力，中孝用劳，大孝不匮。思慈爱忘劳，可谓用力矣。尊仁安义，可谓用劳矣。博施备物，可谓不匮矣。父母爱之，嘉而弗忘；父母恶之，惧而无怨；父母有过，谏而不逆；父母既没，必求仁者之粟以祀之。此之谓礼终。"

乐正子春下堂而伤

戮则是违反孝道而引起的。"

曾子说："孝道，置于天地之间便充塞天地，分布于四海之间便横被四海，施行到后世而没有一刻停止，推广到东海而为准则，推广到西海而为准则，推广到南海而为准则，推广到北海而为准则。《诗》说：'从西往东，从南往北，没有不服从的。'就是说的这个意思。"

曾子说："树木要依照时节砍伐，禽兽要依照时节宰杀。孔夫子说：'砍断一株树木，宰杀一只禽兽，不依照时节，就是不孝。'孝有三方面：小孝仅是出力气，中孝还要用心思，大孝是孝心无处不在。思念父母的慈爱，忘记了躬耕供养的劳累，可以说是用力了。尊崇仁爱，安乐行义，可以说是劳心了。广施德教，四海之内都按其职守来助祭，可以说是孝心无处不在了。父母喜爱自己，就高兴而永远不忘记；父母厌恶自己，就戒惧而不怨恨；父母有过失，可以劝谏但不违逆他们；父母已去世，就必定要到仁君那里去做官，取得俸禄来祭祀父母。这就叫作终身行礼行孝。"

乐正子春走下堂时伤了脚，好几个月没有出门，还很忧愁。他的门下弟子

其足，数月不出，犹有忧色。门弟子曰："夫子之足瘳[5]矣，数月不出，犹有忧色，何也？"乐正子春曰："善如尔之问也，善如尔之问也！吾闻诸曾子，曾子闻诸夫子曰：'天之所生，地之所养，无人为大。父母全而生之，子全而归之，可谓孝矣。不亏其体，不辱其身，可谓全矣。故君子顷步[6]而弗敢忘孝也。'今予忘孝之道，予是以有忧色也。壹举足而不敢忘父母，壹出言而不敢忘父母。壹举足而不敢忘父母，是故道而不径，舟而不游，不敢以先父母之遗体行殆；壹出言而不敢忘父母，是故恶言不出于口，忿言不(反)〔及〕[7]于身。不辱其身，不羞其亲，可谓孝矣！"

问道："老师脚上的伤已经好了，几个月不出门，仍有忧伤之色，这是为什么呢？"乐正子春说："你问得真好，你问得真好！我从曾子那儿听说，而曾子又是从孔夫子那里听说：'上天所化生的，大地所养育的，没有比人更为伟大的了。父母完整地生下儿子的身体，儿子死了也要完整地将身体归还给父母，这可以称为孝了。不损伤自己的身体，不使自身受辱，这可以称为完完整整地保存父母遗留给我的身体了。所以君子即使走上半步也不敢忘记孝道。'如今我忘记了孝道，因此很忧愁。每一次抬脚行走，都不敢忘记父母；每一次开口说话，也都不敢忘记父母。每一次抬脚行走不敢忘记父母，因此就行大道而不走小路，渡河就乘船而不游水，不敢拿父母留给自己的身体去冒险；每一次开口说话不敢忘记父母，因此就不口出恶言，自身也不会招来他人的责骂。不使自身受辱，不使父母蒙羞，可以称为孝了！"

注释 1 直：只，仅。 2 亨：同"烹"。 孰：同"熟"。 膻：当作"馨"。

王引之说，凡《礼记》中“馨芗”多作“膻芗”。 3 王引之说，自唐石经误刻作“溥”，而后人从之，遂改经文之“敷”为“溥”。 敷(fū)：传布，散布。 4 见《诗·大雅·文王有声》。 5 瘳(chōu)：病愈。 6 顷步：郑玄说，“顷”当为“跬”，声之误也。一举足为跬，再举足为步。 7 孔疏说，定本“反”作“及”字。

原文

24.9 昔者有虞氏贵德而尚齿，夏后氏贵爵而尚齿，殷人贵富而尚齿，周人贵亲而尚齿。虞、夏、殷、周，天下之盛王也，未有遗年者。年之贵乎天下久矣，次乎事亲也。是故朝廷同爵则尚齿。七十杖于朝，君问则席；八十不俟朝，君问则就之。而弟达乎朝廷矣。行，肩而不并，不错则随，见老者则车徒辟[1]，斑白者不以其任行乎道路。而弟达乎道路矣。居乡以齿，而老穷不遗；强不犯弱，众不暴

译文

从前有虞氏尊崇德行，并以有德行的年长者为上；夏后氏尊崇功爵，并以有功爵的年长者为上；殷人尊崇财富，并以有财富的年长者为上；周人尊崇亲情，并以有亲情的年长者为上。虞、夏、殷、周都有统领天下的、光明伟大的君王，他们都没有忽视尊尚年长的人。年龄被天下人看重已是由来已久的了，它的重要性仅次于侍奉父母。所以在朝中，爵位相同的，就以年高的人为上。七十岁可以拄杖上朝，国君如有所询问就得给他安排坐席；八十岁就不在朝廷上俟立了，国君如有所询问就要到他家里去请教。这样，尊敬年长者的风气就会通行于朝廷了。行路时，不该和年长的人并肩前行，是兄长辈的就斜错在他后边走，是父辈的就跟随着他走，路上看见年长的人，不管是乘车或是步行都得避让到旁边；头发花白的人，不该让他再在路上挑着担子行走。这样，尊敬年长者的风气就会通行于道路上了。居住在乡

寡。而弟达乎州巷矣。古之道，五十不为甸[2]徒，颁[3]禽隆诸长者。而弟达乎蒐狩矣。军旅什伍[4]，同爵则尚齿。而弟达乎军旅矣。孝弟发诸朝廷，行乎道路，至乎州巷，放[5]乎蒐狩，(修)〔循〕[6]乎军旅，众以义死之而弗敢犯也。

里以年长的人为上，不遗弃年老贫穷的人；强者不欺侮弱小的，人多的不欺侮人少的。这样，尊敬年长者的风气就会通行于州巷了。古代的规定，五十岁以上的人就不再去承担军赋田役的差事，但田猎后分发猎物时，却给年长的人多分。这样，尊敬年长者的风气就会通行于狩猎中了。在军队里，官爵相同的就以年长者为上。这样，尊敬年长者的风气就会通行于军队里了。孝顺老人和尊敬长上之行从朝廷上生发出来，通行于道路，贯彻于州巷，并且狩猎时也效法，军队中也遵循，民众就能为道义去死，就没人敢违反道义了。

注释 1 辟(bì)：通“避”，让开。 2 甸：郑玄说，甸，六十四井也，以为军田。 3 颁：分，分发。 4 什伍：五人为伍，二伍为什。 5 放：通“仿”。仿效。 6 王念孙说，“修”当作“循”。

原文

24.10 祀乎明堂，所以教诸侯之孝也。食三老五更于大学，所以教诸侯之弟也。祀先贤于西学[1]，所以教诸侯之德也。耕藉[2]，所以教诸侯之养也。朝觐，所以教诸侯之臣

译文

周人在文王庙里举行祭祀，用来教导诸侯应孝敬父母。邀请年长的人在大学里举行宴会，是用来教导诸侯应敬事长上。又在小学里祭祀先前的贤人，是用来教导诸侯应崇尚德行。亲自在藉田耕作，是用来教导诸侯应祭养神明。举行朝礼觐礼，是用来教导诸侯应怎样做臣。这五方面是天下最大的教育。

也。五者天下之大教也。

食三老五更于大学，天子袒而割牲，执酱而馈，执爵而酳[3]，冕而揔干[4]，所以教诸侯之弟也。是故乡里有齿而老穷不遗，强不犯弱，众不暴寡，此由大学来者也。天子设四学，当入学而大子齿。

天子巡守，诸侯待于竟。天子先见百年者。八十九十者东行，西行者弗敢过；西行，东行者弗敢过。欲言政者，君就之可也。

壹命[5]齿于乡里，再命齿于族，三命不齿，族有七十者，弗敢先。七十者不有大故不入朝；若有大故而入，君必与之揖让[6]，而后及爵者。

天子有善，让德于

在大学里请年长的人宴饮，天子亲自袒开衣服分割牲体，端着肉酱献食，端着酒杯请他们用酒漱口，又戴冕执盾为年长者舞蹈，以此来教导诸侯怎样尊敬长上。因此乡里也尊重年老的人，年老贫穷的人就不会被遗弃，强者不欺侮弱小的，人多的不欺侮人少的，这些都是从大学里传出来的风尚。天子在东西南北四郊设立学校，有周学、殷学、夏学、虞学，在入学的时候，太子也得按年龄与同学序尊卑。

天子巡视诸侯，诸侯要在自己的国境上等候迎接。天子到达后，先去谒见百岁老人。八十岁、九十岁以上的人在路的东边行走，即使走在西边的人也不敢超过他；如果在路的西边行走，那走在东边的人也就不敢超过他。这些老人如果想要发表政见，国君应亲自去他家听取。

官阶为一命的人，要与乡里的民众按年龄序尊卑；官阶为二命的人，要与宗人按年龄序尊卑；官阶为三命的人就不再和族人按年龄序尊卑。但是不敢排在七十岁以上的族人之前。七十岁以上的官，没有重大的事情就不入朝了；如果有重大的事情要入朝，国君必定要与他先行揖礼并请他回去休息，然后才按爵位高低同朝臣行揖礼。

天。诸侯有善，归诸天子。卿大夫有善，荐于诸侯。士、庶人有善，本诸父母，(存)〔荐〕[7]诸长老；禄爵庆赏，成诸宗庙，所以示顺也。

天子有善行，应该把功德归于上天。诸侯有善行，应该把功德归于天子。卿大夫有善行，应该把功德归于诸侯。士、庶人有善行，要说是因为父母的教导，并归功于长辈；如果得到爵位、俸禄或赏赐，就要到宗庙祭告祖先。这是用来表示敬顺长上。

昔者圣人(建)〔达〕[8]阴阳天地之情，立以为《易》。易[9]抱龟南面，天子卷冕北面。虽有明知之心，必进断其志焉，示不敢专，以尊天也。善则称人，过则称己，教不伐[10]，以尊贤也。

从前圣人通达阴阳天地的吉凶变化情况，撰写了《易》。占卜官抱着宝龟面朝南站立，天子穿戴衮冕朝北。即使天子有明智的慧心，遇事也须占问鬼神来决断，表示自己不敢自专独断，而尊重上天。有善行就归功于人，有过失就归过于己，这样来教导臣民不夸耀自大，而尊重贤德的人。

孝子将祭祀，必有齐庄[11]之心虑事，以具服物，以修宫室，以治百事。及祭之日，颜色必温，行必恐，如惧不及爱然。其奠之也，容貌必温，身必诎，如语焉而未之然。宿者[12]皆出，其立卑静以正，如将弗见然。乃祭之后，陶陶遂

孝子将要祭祀，必以严肃诚敬之心来考虑祭祀之事，并且准备祭服祭品，修缮宗庙房室，处理各种有关祭祀的事。到祭祀这天，孝子的脸色必须温和，行走急促又战战兢兢，就好像害怕见不到亲人的样子。祭奠的时候，孝子的态度必须温顺，身体必须俯屈，好像在对父母诉说禀告而尚未得到答复的样子。到了助祭的来宾退出时，孝子还是卑恭静默地站立着，而且诚心专注地思念父母，好像即将要见不

遂[13],如将复入然。是故悫善不违身,耳目不违心,思虑不违亲;结诸心,形诸色,而术[14]省之。孝子之志也。

到亲人的样子了。到祭祀完毕后,孝子显出深深思念的神情,好像父母又将再进入庙中的样子。因此,祭祀时的那种真挚善良一直存留在身上,祭祀时耳闻目睹的一切都记在心里,所思所虑也一直没有离开亲人;思念很深而结积在心,显现在面色上,反复地回忆着。这就是孝子的心志。

24.11 建国之神位,右社稷而左宗庙。

建立国家的神位,(因周人崇尚左方,所以)祭社稷的庙应在右方,祭祖宗的庙应在左方。

注释 1 西学:郑玄说,周小学也。 2 藉:藉田,又作"籍田"。古代天子、诸侯征用民力耕种的田。每逢春耕前,天子或诸侯执耒耜在籍田上三推或一拔,称为"藉礼",以示对农业的重视。 3 酳(yìn):古代宴会礼节,食毕用酒漱口。 4 干:盾牌。 5 壹命:周时官阶从一命到九命,一命为最低一级的官。命,官阶。 6 让:孙希旦说,辞让令退,不欲久劳之也。 7 王念孙说,"存"字本作"荐"。 8 王引之说,"建"字当作"达"。 9 昜:卜筮之官。 10 伐:夸耀。 11 齐(zhāi)庄:严肃诚敬。 12 宿者:指来助祭的宾客。 13 陶陶遂遂:陶陶,思之结于中;遂遂,思之达于外。 14 术:郑玄说,术,义作述。述,循环反复。

祭统第二十五

导读

此篇记祭祀之根本要义。统,犹本。祭有物有礼,有乐有时,而其根本在于心。要以孝道为祭祀之本,使人民了解所生之根,从而懂得祭祀之重要意义。

篇首指出:“凡治人之道,莫急于礼。礼有五经,莫重于祭。”“是故唯贤者能尽祭之义。”凡是治理民众的措施,没有比“礼”更紧要的了。而礼有五类,没有比祭礼更为重要的。祭礼不是由外在的事物来到而产生的,而是从人们的内心产生出来的。内心先感念思亲,然后用祭礼来奉祀,因此只有贤德的人才能透彻地了解祭礼的义理。

整部《礼记》均记叙庄敬祭祀之事,因为民众行孝,是修身、齐家、治国之本。本篇对这方面的论述有较多精义荟萃与经验总结,也有礼义的归纳升华。比如,“是故贤者之祭也,致其诚信与其忠敬,奉之以物,道之以礼,安之以乐,参之以时,明荐之而已矣,不求其为。此孝子之心也。”贤德的人在祭祀时,能够得到福,百事顺利。他竭尽自己内心的诚敬,并且还用祭品来供奉。施行礼义,安置礼乐,顺应四时节气,按时而恭敬地祭祀,并不是为了神灵的护佑。这是孝子对父母的心意。

祭祀是为了延续孝子对父母生前的孝敬,有利于形成孝悌、仁爱、和顺的社会风气。“养则观其顺也,丧则观其哀也,祭则观其敬而时也。”父母活着的时候,看他是否孝顺;父母过世的时候,看他是否悲伤;祭奠父母的时候,看他是否恭敬。表达自己的诚信,竭尽心意,是祭祀的原则。

君子的教化正是需要发自内心的真诚,所以祭礼也是教化的基础。

文中还归纳了祭礼的十种意义:可以体现与鬼神沟通的方法,体现君臣关系的大义,体现父子关系的伦理,体现贵贱的等差,体现亲疏关系的递减,体现爵赏的施行,体现夫妇间的区别,体现政事的公平,体现长幼的秩序,体现上下的关系。这十种意义囊括了当时祭礼的要义。

原文

25.1 凡治人之道，莫急于礼。礼有五经，莫重于祭。夫祭者，非物自外至者也，自中出生于心也。心怵[1]而奉之以礼。是故唯贤者能尽祭之义。

贤者之祭也，必受其“福”，非世所谓福也。福者备也，备者百顺之名也。无所不顺者(谓)之〔谓〕[2]备，言内尽于己，而外顺于道也。忠臣以事其君，孝子以事其亲，其本一也。上则顺于鬼神，外则顺于君长，内则以孝于亲，如此之谓“备”。唯贤者能“备”，能“备”然后能祭。是故贤者之祭也，致其诚信与其忠敬，奉之以物，道[3]之以礼，安之以乐，参之以时，明[4]荐之而已矣，不求其为。此孝子之心也。

祭者，所以追养继孝也。孝者畜也。顺于道，

译文

凡是治理民众的措施，没有比礼更为紧要的了。礼有五类，没有比祭礼更为重要的。祭礼，不是由外在的事物来到而产生的，而是从人们的内心产生出来的。内心先感念思亲，然后通过祭礼来供奉祭物。因此只有贤德的人，才能透彻地了解祭礼的意义。

贤德的人祭祀，必定会获得祭祀之“福”，但不是世人所说的那种福。福是备的意思，而备就是无事不顺利的说法。无所不顺就称为备，是说在内心竭尽自己的诚敬，在外则顺从着天道人道的情理。忠臣用顺来为国君谋事，孝子就用这种情理来侍候父母，忠和孝的本源是一致的。对上则是顺从鬼神，对外则是顺从君长，对内则是孝敬父母，这样就称为“备”。只有贤德的人才能做到“备”，能做到“备”然后才能去祭祀。因此贤德的人在祭祀的时候，是在表达自己内心的诚信和忠敬，向神供奉祭品，用礼来导引，用乐来安抚，按时节将洁净的祭品恭敬地进献给神，但并不希冀神赐予福佑。这就是孝子的心意。

不逆于伦，是之谓“畜”。是故孝子之事亲也有三道焉：生则养，没则丧，丧毕则祭。养则观其顺也，丧则观其哀也，祭则观其敬而时也。尽此三道者，孝子之行也。

既内自尽，又外求助，昏礼是也。故国君取[5]夫人之辞曰：“请君之玉女，与寡人共有敝邑，事宗庙社稷。”此求助之本也。

夫祭也者，必夫妇亲之，所以备外内之官[6]也。官备则具备。水草之菹[7]、陆产之醢，小物备矣。三牲之俎、八簋之实，美物备矣。昆虫之异[8]、草木之实，阴阳之物备矣。凡天之所生、地之所长，苟可荐者，莫不咸在，示尽物也。外则尽物，内则尽志，此祭之心也。是故天子亲耕

祭祀是用来追生时之养，继生时之孝的。孝就是“畜”的意思。顺从道的情理，不违逆人伦，这就称为“畜”。因此孝子侍候父母有三个原则：父母活着就要赡养，父母去世就要服丧，服丧结束就要祭祀。赡养时要看他是否顺从，服丧时要看他是否悲哀，祭祀时要看他是否恭敬而适时。尽力做到这三个原则，就是孝子的行为。

祭祀时既在内心竭尽心意，又要向外求助异姓的人，举办婚礼就是为此。所以国君娶夫人纳采时的语辞是：“请求君家的玉女，和寡人共同拥有敝邑，奉事宗庙社稷。”这是求助异姓的根本目的。

祭礼必定要夫妇亲自参加，才可以使内外的职分都能齐备。各种职分齐备，那各种祭品也就会准备齐全。有水产的腌菜、陆产的肉酱，小的祭品就齐全了。有俎上的牛羊猪三牲、八簋中的黍稷，美味的食物就齐全了。有用昆虫做的食物、草木的果实，阴阳祭物也齐全了。凡是上天所生、地上所长，只要能进献的，无不在祭品中，以表示已竭尽各类物品来祭祀。在外要竭尽各类祭品，在内要竭尽诚敬，这才是祭祀应有的心理。因此天子亲自在南郊耕种藉田，用来供给祭祀用的黍

于南郊，以共[9]齐盛；王后蚕于北郊，以共纯服[10]。诸侯耕于东郊，亦以共齐盛；夫人蚕于北郊，以共冕服。天子、诸侯非莫耕也，王后、夫人非莫蚕也，身致其诚信。诚信之谓尽，尽之谓敬；敬、尽然后可以事神明，此祭之道也。

稷；王后亲自在北郊养蚕，用来供给祭祀穿的礼服。诸侯亲自在东郊耕种藉田，也用来供给祭祀用的黍稷；诸侯夫人亲自在北郊养蚕，用来供给祭祀穿的礼服。天子、诸侯不是没有人为他们耕种，王后、夫人不是没有人为她们养蚕，而他们亲自去做这些事，是要向要祭祀的神明致以诚信。这样的诚信才称为尽心，这样的尽心才是恭敬；竭尽恭敬之心，然后才可以侍奉神明。这是祭祀的原则。

及时将祭，君子乃齐[11]。齐之为言齐也，齐不齐以致齐者也。是以君子非有大事也，非有恭敬也，则不齐。不齐则于物无防也，嗜欲无止也。及其将齐也，防其邪物，讫其嗜欲，耳不听乐，故《记》曰："齐者不乐。"言不敢散其志也。心不苟虑，必依于道；手足不苟动，必依于礼。是故君子之齐也，专致其精明之德也。故散齐七日以定之，致齐三日以齐之。定之

到了将要祭祀的时候，君子就先斋戒。斋的意思就是"齐"，使不齐一的身心达到齐一状态。因此君子没有大事，没有恭敬之心，就不斋戒。不斋戒，就对外来的邪物不加防备，对内心产生的嗜欲也不加限制。等到他将要斋戒的时候，就得防备那些外来的邪物，限制那些内心的嗜欲，耳朵不能听音乐，所以古书上说："斋戒的人就不听音乐。"这是说不敢分散自己的心志。心中不生出杂念，就必定依从道义；手脚不乱动，就必定依从礼仪。因此君子斋戒的时候，专心致志于精诚的德性上。所以要先有七天的散斋来稳定心志，又有三天的致斋来齐一身心。稳定心志就称为"斋"，"斋"是

之谓“齐”，齐者精明之至也，然后可以交于神明也。

精诚到了极致，然后就可以和神明相沟通了。

注释 1 怵(chù)：陈澔说，心有感动。 2 据孔疏改。 3 道(dǎo)：通“导”。 4 明：郑玄说，明犹洁也。 5 取：通“娶”。 6 官：犹职也。 7 菹：用水草制成的腌菜。《周礼·醢人》中有“茆菹”“芹菹”之类。 8 昆虫之异：用昆虫做成的奇异食物。如《周礼·醢人》中有“蚳醢”等。 9 共：同“供”。供给。 齐盛：通“粢盛”。祭祀用的谷物。 10 纯服：郑玄说，纯服亦冕服也。 11 齐(zhāi)：通“斋”。斋戒。

原文

是故先期旬有一日，宫宰宿[1]夫人，夫人亦散齐七日，致齐三日。君致齐于外，夫人致齐于内，然后会于大庙。君纯冕立于阼，夫人副袆立于东房。君执圭瓒祼[2]尸，大宗执璋瓒亚[3]祼。及迎牲，君执纼[4]，卿大夫从，士执刍；宗妇执盎从夫人，荐涚水。君执鸾刀，羞哜；夫人荐豆。此之谓夫妇亲之。

及人舞，君执干戚

译文

因此，在祭祀前十一天，宫宰官就要向夫人告诫，夫人也要散斋七天，致斋三天。国君致斋居住在外边，夫人致斋住在里边，然后要等到在宗庙祭祀那天才会面。国君穿上祭服站立在阼阶上，夫人戴上副笄、穿上袆衣站立在东房里。国君拿着圭瓒到尸面前行祼酒礼，太宗拿着璋瓒在国君之后行祼礼。到了迎接祭牲的时候，国君要牵着祭牲的绳子，卿大夫们跟在后边，士拿着草料也跟随着；宗妇就端着盎齐的祭酒跟随着夫人，夫人将涚水掺入盎齐向尸进献。国君拿着带铃的刀剖取祭牲的内脏，并进献给尸尝一下；夫人进献盛在豆中的食物。这就称为夫妇亲自参与祭祀。

就舞位。君为东上，冕而揔[5]干，率其群臣，以乐皇尸。是故天子之祭也，与天下乐之；诸侯之祭也，与竟内乐之。冕而揔干，率其群臣，以乐皇尸，此与竟内乐之之义也。

到了举行乐舞的时候，国君拿着盾牌、大斧站在舞位上。国君是在东边的上位，戴冕执盾，率领群臣起舞，以使皇尸快乐（皇尸是象征先祖的代表）。因此天子祭祀的时候，是与天下的人民同乐；诸侯祭祀的时候，是与境内的人民同乐。国君戴冕执盾，率领群臣起舞，以使皇尸快乐，这样做的意义就是与境内的人民同乐。

夫祭有三重焉：献之属莫重于祼，声莫重于升歌，舞莫重于《武宿夜》。此周道也。凡三道者，所以假于外，而以增君子之志也，故与志进退。志轻则亦轻，志重则亦重。轻其志而求外之重也，虽圣人弗能得也。是故君子之祭也，必身自尽也，所以明重也。道之以礼，以奉三重而荐诸皇尸，此圣人之道也。

祭祀有三件事很重要：在献酒这一类中没有再比祼礼更为重要的了，在歌唱这一类中没有再比登堂唱《清庙》诗更为重要的了，在舞蹈这一类中没有再比《武宿夜》舞更为重要的了。这是周人的礼节。这三项重要的事都是假借于外物，而用来增强君子敬神的心意，所以它们的轻重与敬神心意的轻重直接相关。心意轻忽，那举行这些祭祀时也就轻忽；心意庄重，那举行这些祭礼时也就庄重。心意轻忽却要求外在庄重，即使是圣人也不能做到。因此君子祭祀的时候，必须要自己竭尽诚敬，才能够表明敬神的庄重。用礼来导引人们奉行那祼献、升歌、《武宿夜》乐舞，而把它们进献给皇尸，这是圣人祭祀的原则。

夫祭有“馂”[6]，“馂”者祭之末也，不可不知也。是故古之人

祭祀中有“馂”这一项，“馂”是祭祀

有言曰："善终者如始。"馂其是已。是故古之君子曰："尸亦馂鬼神之馀也，惠术也，可以观政矣。"是故尸谡[7]，君与卿四人馂；君起，大夫六人馂，臣馂君之余也；大夫起，士八人馂，贱馂贵之余也；士起，各执其具以出，陈于堂下，百官(进)〔馂〕[8]，彻之，下馂上之余也。凡"馂"之道，每变以众，所以别贵贱之等，而兴施惠之象也。是故以四簋黍见其(修)〔遍〕[9]于庙中也，庙中者，竟内之象也。祭者泽之大者也。是故上有大泽，则惠必及下，顾上先下后耳，非上积重而下有冻馁之民也。是故上有大泽，则民夫人待于下流，知惠之必将至也，由馂见之矣。故曰："可以观政矣。"

的最后一项礼节，不可不了解它的意义。因此古代的人有这样的说法："好好的结束要像好好的开始一样。"馂就是这样的。所以古代的君子说："尸也要吃祭祀鬼神剩下的祭品，这是一种施与恩惠的方法，可以由此来观察一个国家的政教。"因此，尸在祭毕起身后，国君和卿四人吃尸剩下的食物；国君起身后，大夫六人又吃他们剩下的食物，这是臣子吃国君剩下的食物；大夫起身后，士八人来吃剩下的食物，这是地位低下者吃地位尊贵者剩下的食物；士起身后，各人拿着剩下的食物出来，陈列在堂下，再有那些小吏们吃这些剩余的食物，然后再撤去，这是下级吃上级剩余的食物。凡是"馂"的方法，每变换一次，共馂的人就增多一些，用以区别贵与贱的等级，而又反映出由上而下普施恩惠之状。所以在庙中用四簋所盛的黍来"馂"以体现鬼神的恩惠普施于庙中之人，而庙中的情况又象征着一个国家内部的景象。祭祀是报答鬼神的大恩泽的方式。所以在上者获得大恩泽，那就必须施惠到在下的臣民，只不过是先上后下而已，而不是使在上者积聚厚重，

夫祭之为物[10]大矣，其兴物[11]备矣。顺以备者也，其教之本与！是故君子之教也，外则教之以尊其君长，内则教之以孝于其亲。是故明君在上，则诸臣服从；崇事宗庙社稷，则子孙顺孝。尽其道，端其义，而教生焉。是故君子之事君也，必身行之；所不安于上，则不以使下；所恶于下，则不以事上。非诸人，行诸已，非教之道也。是故君子之教也，必由其本，顺之至也，祭其是与！故曰："祭者教之本也已。"

在下的民众却受冻挨饿。因此在上者获得大恩泽，那在下的每个民众都会等待，知道恩惠必将会普施到他们，这从馂食就可以看出来。所以说："通过馂食可以观察一个国家的政教了。"

祭祀作为一种礼真是盛大啊，祭祀所进献的祭品真是完备啊。上下和顺而又众物具备，这就是进行教化的根本！因此君子的教化，对外则教他们要尊敬自己的君长，对内则教他们要孝敬自己的父母。所以明君在上，臣子们就会服从；重视宗庙社稷的祭事，子孙们就会孝顺。国君如果能尽孝道，又能端正君臣上下的关系，政教也就由此而产生了。因此君子侍奉国君，必须身体力行；使君上不安的事，就不使唤下面的人去做；使下面的人厌恶的事，就不用来侍奉君上。否定他人的做法，自己又那样做了，不是教育人的方法。因此君子的教化，必须从根本出发，竭力依顺于礼，而祭祀大概就是这样的吧！所以说："祭祀是教化的根本。"

注释　1宿：郑玄说，读为"肃"。肃犹戒也，戒轻肃重也。　2祼：灌酒于地。　3亚：次，第二。　4纼(zhèn)：指牵祭牲的绳。　5揔(zǒng)：持。　6馂(jùn)：别人吃剩下的食物。　7谡(sù)：起身，起来。　8郑玄说，

“进”字当作“馂”。 9 陆德明说,别本“修”字作“遍”;王念孙说,当作“遍”。 10 为物:郑玄说,“为物”犹为礼也。 11 兴物:郑玄说,“兴物”谓荐百品。

原文

25.2 夫祭有十伦[1]焉:见[2]事鬼神之道焉,见君臣之义焉,见父子之伦焉,见贵贱之等焉,见亲疏之杀焉,见爵赏之施焉,见夫妇之别焉,见政事之均焉,见长幼之序焉,见上下之际焉。此之谓十伦。

铺筵设同几[3],为依神也。诏祝于室,而出于祊[4],此交神明之道也。

君迎牲而不迎尸,别嫌也。尸在庙门外则疑于臣,在庙中则全于君。君在庙门外则疑于君,入庙门则全于臣、全于子。是故不出者,明君臣之义也。

夫祭之道,孙为王父尸。所使为尸者,于祭者子行也。父北面而事之,所以明子事父之道也。此

译文

祭祀有十个方面的意义:一是体现与鬼神沟通的方法,二是体现君臣关系的大义,三是体现父子关系的伦理,四是体现贵贱的等差,五是体现亲疏关系的递减,六是体现爵赏的施行,七是体现夫妇间的区别,八是体现政事的公平,九是体现长幼的秩序,十是体现上下的关系。这些就是祭祀的十个方面的意义。

祭祀的时候,铺上筵席,设置一个几案,是为了供鬼神倚靠用的。祝在室内告神,又到庙门旁告神,这就是与神明沟通的方法。

国君到庙门外迎接祭牲,却不去迎接尸,是为了避开嫌疑。尸在庙门外,而国君出去迎接,就有以君迎臣之嫌,而进入庙门,尸才完全成为君、成为父的象征。君在庙门外迎接尸就有将充当尸的臣充当君的嫌疑,而进入庙门之后,国君才完全成为尸之臣、尸之子。所以国君不出庙门迎尸,是为

父子之伦也。

尸饮五,君洗玉爵献卿。尸饮七,以瑶爵献大夫。尸饮九,以散爵献士及群有司,(皆以齿)[5]明尊卑之等也。

夫祭有昭穆。昭穆者,所以别父子、远近、长幼、亲疏之序而无乱也。是故有事于大庙,则群昭群穆咸在而不失其伦。此之谓亲疏之杀也。

古者明君爵有德而禄有功,必赐爵禄于大庙,示不敢专也。故祭之日,一献,君降立于阼阶之南,南乡,所命北面。史由君右执策命之;再拜稽首受书以归,而舍奠[6]于其庙。此爵赏之施也。

君卷冕立于阼,夫人副袆立于东房。夫人荐豆执校[7]。执醴授

了体现君臣之间的大义。

祭祀的方法,是用孙子充当祖父的尸。那个充当尸的人,对于主祭的人来说是儿子。祭祀的时候,父亲面朝北而奉事尸,用来表明儿子敬事父亲的道理。这体现了父子关系的伦理。

(诸侯祭祀中有上公九献礼,)尸饮裸献、朝献等五献,等到饮毕,国君要洗净玉爵酌酒献给卿。尸饮七献以后,国君要洗净瑶爵酌酒献给大夫。尸饮九献以后,国君就用散爵酌酒献给士和众吏,由此来体现尊卑的等差。

祭祀有昭穆制度。昭穆,用来区别父辈子辈、远亲近亲、长幼、亲疏的次序而不使之紊乱。因此在太庙里行祭礼,尽管众多的昭辈、穆辈的人全聚集在一起,也不会把辈分弄错。这就体现了亲疏关系的递减。

古代明君对有德的人赐予爵位,对有功的人赐予俸禄,而且必定要在太庙里举行赏赐爵禄的典礼,表示不敢专断独行。所以祭祀的这天,在第一次向尸献酳酒以后,国君就下堂站立在阼阶的南面,脸朝南,被封赏的人就脸向北。主管这方面的内史从国君的右边拿着策书授命给他们,被封赏的人先两拜又叩头,接受策书回

之,执镫[8]。尸酢夫人执柄,夫人(授)〔受〕[9]尸执足。夫妇相授受,不相袭处,酢必易爵。明夫妇之别也。

凡为俎者,以骨为主。骨有贵贱。殷人贵髀,周人贵肩,凡前贵于后。俎者,所以明祭之必有惠也。是故贵者取贵骨,贱者取贱骨;贵者不重,贱者不虚,示均也。惠均则政行,政行则事成,事成则功立。功之所以立者,不可不知也。俎者,所以明惠之必均也。善为政者如此。故曰:"见政事之均焉。"

凡赐爵,昭为一,穆为一;昭与昭齿,穆与穆齿。凡群有司皆以齿。此之谓长幼有序。

夫祭有畀煇[10]、胞、

去,将策书放在家庙内进行释奠的礼,以向祖先报告。这体现了爵赏的施行。

祭祀时,国君穿戴礼服站立在阼阶上,夫人戴副笄穿袆衣站在东房中。夫人向尸进献豆时,要握住豆下面的校。(当夫人献尸时,有人执醴先授给夫人,)当夫人进献豆时,执醴之人授给夫人豆,手要托着豆下面的镫。尸回敬夫人的时候,要手托着爵的柄;夫人接受爵时,要手握着爵的足。主人、主妇互相敬酒时,不握爵上对方握过的部分;回敬对方时必须要换一只爵。这是表明夫妇之间的区别。

凡是俎中的祭肉,要以带骨的部分为主。骨也有贵有贱。殷人看重髀骨,周人看重肩骨,一般是前部的体骨比后部的体骨贵重。俎肉的分配,用来表明祭祀必有恩惠施与助祭者。因此,祭完之后,尊贵的人分得贵重的体骨,卑贱的人分得低贱的体骨;但是尊贵的人不重复拿取,卑贱的人也不至于空手而归,以此体现施惠的公平。施惠公平,政事就能推行;政事能推行,事业就会有成就;事业有成就,功绩也就能建立。建立功绩的缘由,是不可以不知道的。俎肉的分配,又用来表明恩惠的赐予必定是公平的。善于治理国政的人就应该这样。所以说:

翟[11]、阍者,惠下之道也。唯有德之君为能行此,明足以见之,仁足以与之。畀之为言与也,能以其余畀其下者也。煇者,甲吏之贱者也;胞者,肉吏之贱者也;翟者,乐吏之贱者也;阍者,守门之贱者也,古者不使刑人守门。此四守者,吏之至贱者也。尸又至尊,以至尊既祭之末,而不忘至贱,而以其馀畀之。是故明君在上,则竟内之民无冻馁者矣。此之谓上下之际。

"祭祀可以体现政事的公平。"

凡是祭祀中赐予酒爵,参加祭祀的兄弟子孙属昭辈的为一列,属穆辈的另为一列;属昭辈的按年龄长幼递相赐酒,属穆辈的也按年龄长幼递相赐酒。另外,凡是参与祭祀的众吏都按年龄长幼递相赐酒。这就体现了长幼有序。

祭祀中又有分给皮匠、屠夫、舞师、守门人食物的,这是恩惠普施于下人的方法。只有贤德的君子才能够做到这样,因为他的明智足以顾及下人,他的仁爱足以赐予下人。畀就是给予的意思,是将剩余的食物给予下人吃的意思。煇是制作铠甲的小吏中最低下的人;胞,是屠宰小吏中最低下的人;翟,是舞师小吏中最低下的人;阍,是守门人中最低下的人,古代不使用受到刑罚的人守门。担任这四种职务的人,是官吏中最为低贱的。尸又是祭祀中最尊贵的人,有如此尊贵的身份而在祭祀最后仍没有忘记最低贱的人,而把剩余的食物给予他们。因此也就可以推知,明君在上,他境内就无挨冻受饿的民众。这就体现了上下的关系。

注释 1 伦:伦犹义也。 2 见(xiàn):体现。下同。 3 同几:祭祀鬼神有配偶,共同用一个几案,称"同几"。 4 祊(bēng):宗庙门旁设祭的地方。 5 王引之认为,"皆以齿"三字涉下文而误衍。 6 舍奠:即"释奠",是不用牲而行一献的祭礼。 7 校:古代食器"豆"下面的垂直部分。 8 镫:是"校"底下的跗(fū,物体的足部)。 9 据孔疏,"授"当作"受"。 10 畀

(bì):赐予,给。 煇(yùn):郑玄说,《周礼》作“韗”,谓韗磔(zhé)皮革之官。韗磔,治皮革使之张开平直。 11 翟:教羽舞的人。

原文

25.3 凡祭有四时,春祭曰礿,夏祭曰禘,秋祭曰尝,冬祭曰烝。礿、禘阳义也。尝、烝阴义也。禘者阳之盛也,尝者阴之盛也。故曰:“莫重于禘、尝。”古者于禘也发爵赐服,顺阳义也;于尝也,出田邑,发秋政,顺阴义也。故《记》曰:“尝之日,发公室,示赏也。”草艾则墨[1],未发秋政,则民弗敢〔艾〕[2]草也。故曰:“禘、尝之义大矣,治国之本也,不可不知也。明其义者君也,能其事者臣也。不明其义,君人不全;不能其事,为臣不全。”夫义者,所以济[3]志也,诸德之发也。是故其德盛者其志厚,

译文

祭祀有四季的分别:春祭称为礿,夏祭称为禘,秋祭称为尝,冬祭称为烝。礿祭、禘祭体现了依顺阳气之义。尝祭、烝祭,体现了依顺阴气之义。禘祭是在盛夏时进行,阳气最盛;尝祭是在秋天进行,阴气最盛。所以说:“没有比禘祭、尝祭更为重要的了。”古代禘祭的时候也要颁发爵位,赏赐车服,这是依顺阳气之义;在尝祭的时候,要让人们离开田邑去演习军事,发布刑杀的政令,这是依顺阴气之义。所以古书上说:“尝祭这天,要分发出公家的财物,以表示奖赏。”初秋可以刈草作柴用时,就开始施用较轻的墨刑;而如果还没有发布秋天的政令,民众是不敢割草的。所以说:“禘祭、尝祭的意义是很重大的,这是治国的根本,不可以不知道。明了这些意义的是国君,能够办好这些祭事的是臣子。不明了禘祭、尝祭的意义,是国君的欠缺;不能办好这些祭事,就是臣子的欠缺。”这里所谓意义,是说可以通过禘祭和尝祭来成就国君的心志,彰显国君的各种德行。因此,德行显盛的,心志也就深厚;

其志厚者其义章[4]，其义章者其祭也敬；祭敬，则竟内之子孙莫敢不敬矣。是故君子之祭也，必身亲莅之，有故则使人可也。虽使人也，君不失其义者，君明其义故也。其德薄者其志轻，疑于其义而求祭，使之必敬也弗可得已。祭而不敬，何以为民父母矣？

心志深厚的，意义也就显著；意义显著的，祭祀就会恭敬；祭祀恭敬，境内的子孙就没有敢不恭敬的了。因此君子祭祀的时候，自己必须明了它的意义并亲自到场参与；如果有非常之事，派人去主持也是可以的。即使派人代理，国君的德义也无损，因为国君明了祭祀的意义之故。德行浅薄的，心志也就轻浅；对祭祀的意义有疑惑，而要求他祭祀时恭敬，那是不可能的。祭祀而不能做到恭敬，凭什么来做民众的父母呢？

夫鼎有铭。铭者自名也，自名以称扬其先祖之美，而明著之后世者也。为先祖者，莫不有美焉，莫不有恶焉。铭义之，称美而不称恶，此孝子孝孙之心也，唯贤者能之。铭者，论撰其先祖之有德善、功烈、勋劳、庆赏、声名，列于天下，而酌之祭器[5]，自成其名焉，以祀其先祖者也。显扬先祖，所以

祭祀用的鼎上铸有铭文。铭，就是自己借此留下名声的意思，自己留名的时候先称扬祖先的美德在上，而使祖先扬名于后世。作为祖先，没有无美德的，也没有无缺点的。铭的意义，就是称扬美德，而不说缺点，这是孝子孝孙的心意，只有贤德的人才能做到这样。铭文，要记述祖先的德行善事、功业勋劳、所获赏赐、生前的荣誉声名，列出来使天下的人知道，斟酌重要的刻在祭器钟鼎上，并在后面附上自己的名字，用以祭祀先祖。如此显扬祖先的功德，就是用来尊崇孝道。先称扬祖先美德而将自己的名字附在后，这是孝顺的行为；使祖先扬名于后

崇孝也。身比焉[6],顺也;明示后世,教也。

世而使后世的人效慕,这就是用孝顺来教化民众。

注释 1 艾(yì):通"刈"。割。墨:黥面的刑罚。此处泛指行刑。2 王引之说,"草"上脱一"艾"字。3 济:成。4 章:彰明,明显,显著。5 酌之祭器:郑玄说,言斟酌其美,传著于钟鼎也。6 身比焉:郑玄说,谓自著名于下也。

原文

夫铭者,壹称而上下皆得焉耳矣。是故君子之观于铭也,既美其所称,又美其所为。为之者,明足以见之,仁足以与之,知足以利之,可谓贤矣。贤而勿伐[1],可谓恭矣。

故卫孔悝之鼎铭曰:"六月丁亥,公假[2]于大庙,公曰:'叔舅!乃[3]祖庄叔左右成公。成公乃命庄叔随难于汉阳,即宫于宗周,奔走无射[4]。启右[5]献公。献公乃命成叔纂乃祖服[6]。乃考文叔,兴旧

译文

铭文,通过一次称扬先祖而使祖先、自己和后世都得到了好处。因此君子观看铭文,既赞美那些所称扬的,又赞美制铭的举动。制铭的人,他的明智足以看见先祖的美德,他的仁爱足以参与制铭,他的智慧足以使上下都能得到利益,这样就可以称得上贤德了。贤德而不夸耀,可以称得上恭敬了。

所以春秋时卫国大夫孔悝铸鼎作铭文说:"六月丁亥,卫庄公来到太庙行夏祭,说:'外甥!你的祖先庄叔在我祖先成公左右辅佐。成公命令庄叔跟随他到汉水的北岸避难,后来庄叔又因成公被拘于京师的深宫而来京师住下,奔走效力而没有厌倦。上天保佑我的先祖献公返国。献公就命令你的先祖成叔继承庄叔的职务。你父亲文叔,能重振祖先的心志,带头

耆[7]欲,作率庆士[8],躬恤卫国,其勤公家,夙夜不解[9]。民咸曰:'休[10]哉!'公曰:'叔舅!予女铭[11],若[12]纂乃考服!'悝拜稽首曰:'对扬以辟之勤大命[13],施于烝彝鼎[14]。'"此卫孔悝之鼎铭也。古之君子论譔其先祖之美,而明著之后世者也,以比其身,以重其国家如此。子孙之守宗庙社稷者,其先祖无美而称之,是诬[15]也;有善而弗知,不明也;知而弗传,不仁也。此三者,君子之所耻也。

起来率领卿士们,优恤卫国,为公家勤劳,夙夜不懈怠。民众都称赞说:'美善啊!'卫庄公又说:'外甥!我命你铸鼎刻铭,而你要继承你父亲的职务!'孔悝下拜磕头说:'我一定要完成称扬君命以彰显我祖先的功德之事,把国君赐的铭文刻在冬祭用的彝鼎上。'"这就是卫国孔悝之鼎的铭文。古代的君子记述自己先祖的美德,而使其显扬于后世,并且附上自己的名字,借以尊崇自己的国家,他们都是这样做的。子孙后代中有主持宗庙社稷的人,如果自己的先祖无美德而称扬他们,这就是欺骗;如果先祖有善事却不知道,这就是愚昧;如果知道了却不为先祖刻铭传扬,这就是不仁。以上三种情况,君子引以为耻。

注释 1伐:夸耀。 2假(gé):通"格"。到,至。 3乃:你。 4无射(yì):不厌倦。 5右:亦作"佑",保佑,佑助。 6纂(zuǎn):通"缵",继承。 服:事,职务。 7耆(shì):通"嗜"。 8庆士:即"卿士"。 9解:通"懈",懈怠。 10休:吉庆,美善。 11女:通"汝"。你。 12若:你。 13对:完成,成功。郑玄说,对,遂也。 辟(bì):彰明,显明。 14施:著,刻著。 烝:烝祭,指冬祭。 15诬:欺骗,说谎。

原文

25.4 昔者周公旦有

译文

从前周公旦对天下有功勋。他去世

勋劳于天下。周公既没，成王、康王追念周公之所以勋劳者，而欲尊鲁，故赐之以重祭。外祭则郊、社是也，内祭则大尝禘[1]是也，夫大尝禘，升歌[2]《清庙》，下而管《象》，朱干玉戚[3]以舞《大武》，八佾[4]以舞《大夏》，此天子之乐也。康[5]周公，故以赐鲁也。子孙纂之，至于今不废，所以明周公之德，而又以重其国也。

后，周成王、康王追念周公的功勋，而想尊崇鲁国，所以赐给鲁国举行最隆重的祭祀的权利。宗庙外可以行郊祭、社祭，宗庙内可以行大规模的尝祭、禘祭。大规模的尝祭、禘祭，要登堂歌唱《清庙》诗，堂下要奏管乐，并跳《象》舞，用红色的盾牌和玉斧来跳《大武》舞，用八行舞队来跳《大夏》舞，这些都是天子才有的乐舞。因为要褒扬周公，所以才赐给鲁国。周代的子孙继承了上述规定，一直到今天也没有废除，既用来表彰周公的德行，又用来尊崇鲁国。

注释　1 尝禘(dì)：尝礼与禘礼的并称。周礼，夏祭曰禘，秋祭曰尝。古代常用以指天子、诸侯岁时祭祖的大典。　2 升歌：祭祀、宴会登堂时演奏的乐歌。　3 朱干玉戚：红色的盾与玉饰的斧。古代武舞所用。　4 八佾(yì)：古代天子用的一种乐舞。佾，舞列，纵横都是八人。八佾共六十四人。　5 康：褒扬，赞美。

经解第二十六

导读

《经解》著作年代,研究者认为似在汉武帝时期。此篇首节讲述"六经"《诗》《书》《乐》《礼》《易》《春秋》之政教得失,所以谓之"经解"。以下各节兼及论述天子德配天地,霸王治民之器以及治国隆礼之道。

本篇阐发了以礼为本的儒家精神,强调治国之本莫过于隆礼。说话温柔,性情敦厚而不愚蠢,是《诗》的教化;通达政事,知晓古事而不失真实,是《书》的教化;襟怀宽广,性情和通,是《乐》的教化;纯洁宁静,心思精微而不害理,是《易》的教化;谦虚俭约,庄重恭敬而不繁琐,是《礼》的教化。能行仁义方可治理天下,霸主或王者必须以"和、仁、信、义"方能治民。

礼是巩固封建等级制度的重要利器,因而即使是旧的礼制也不能随意废弃。"夫礼,禁乱之所由生,犹坊止水之自来也。故以旧坊为无所用而坏之者,必有水败;以旧礼为无所用而去之者,必有乱患。"礼,是用来禁绝祸乱而产生的,就像堤防是用来阻止洪水横溢的。如果认为旧堤防没有用就毁坏它,必定会有洪水毁坏产业;如果认为旧礼仪没有用处而废弃它,必定会有动乱祸患及身。所以古代统治者重视推行"礼治",积极"制礼"。

末节指出:"故礼之教化也微,其止邪也于未形,使人日徙善远罪而不自知也。是以先王隆之也。"这里点明了礼之潜移默化的影响与作用。礼能涵养情性,能在不知不觉中改变人的品行和习惯,在自然而然中达到“徙善远罪”的效果。这也体现了礼从事神致福、治政安民的功能,向礼与教育职能结合的更大范围扩展,“隆礼”的目的向更高层次提升了,标志着儒家“礼学”进入新的阶段。

篇末引用《易经》说:“君子慎始。差若豪氂,缪以千里。”君子做事时要谨慎小心地对待开端。开始时仅差一丝一毫,到后来也可能会差之千里。这其中蕴含的道理是很深刻的。

原文

26.1孔子曰:"入其国,其教[1]可知也。其为人也:温柔敦厚,《诗》教也;疏通知远,《书》教也;广博易良,《乐》教也;洁静精微,《易》教也;恭俭庄敬,《礼》教也;属辞比事,《春秋》教也。故《诗》之失[2]愚,《书》之失诬,《乐》之失奢,《易》之失贼[3],《礼》之失烦,《春秋》之失乱。其为人也:温柔敦厚而不愚,则深于《诗》者也;疏通知远而不诬,则深于《书》者也;广博易良而不奢,则深于《乐》者也;洁静精微而不贼,则深于《易》者也;恭俭庄敬而不烦,则深于《礼》者也;属辞比事而不乱,则深于《春秋》者也。"

译文

孔子说:"进入一个国家,它的教化也就可以知道。若该国的人说话温柔,性情敦厚,这是得力于《诗》的教化;通达政事,知晓古事,这是得力于《书》的教化;襟怀宽广,性情和通,这是得力于《乐》的教化;纯洁宁静,心思精微,这是得力于《易》的教化;谦逊俭约,庄重恭敬,这是得力于《礼》的教化;善于撰作,编次史事,这是得力于《春秋》的教化。(但是各种教化,如果不善于学习运用,就会出现各种缺点。)所以《诗》教(不知道变通,)会导致愚蠢,《书》教(不知道阙疑,)会导致失实,《乐》教(不知道检束,)会导致奢侈,《易》教(不知道辨析,)会导致害理,《礼》教(不知道适宜,)会导致烦琐,《春秋》教化(不知道明断,)会导致惑乱。而如果他们国家中的人说话温柔,性情敦厚,却并不愚蠢,那就是深得《诗》的教化;通达政事,远知古事,却并不失实,那就是深得《书》的教化;襟怀宽广,性情和通,却并不奢侈,那就是深得《乐》的教化;纯洁宁静,心思精微,却并不害理,那就是深得《易》的教化;谦逊俭约,庄重恭敬,却并不烦琐,那就是深得《礼》的教化;善于撰作,编次史事,却并不惑乱,那就是深得《春秋》的教化。"

注释 1教:教化,指民风、习俗等方面。 2失:过失,不足。孙希旦说,此指“不善学者之失”。 3贼:害。

原文

26.2 天子者,与天地参,故德配天地,兼利万物,与日月并明,明照四海而不遗微小。其在朝廷,则道仁圣礼义之序;燕处,则听《雅》《颂》之音;行步,则有环、佩之声;升车,则有鸾、和[1]之音。居处有礼,进退有度,百官得其宜,万事得其序。《诗》云[2]:“淑人君子,其仪不忒[3]。其仪不忒,正是四国。”此之谓也。发号出令而民说[4],谓之和;上下相亲,谓之仁;民不求其所欲而得之,谓之信;除去天地之害,谓之义。义与信,和与仁,霸王之器也。有治民之意而无其器,则不成。

礼之于正国也,犹衡

译文

天子和天、地并列而为三,所以天子的德行比配天地,恩泽遍施万物,和日月同放光辉,光明普照四海,无物不及,无处不至。天子在朝廷上,阐说仁爱圣明恭敬正义的政治秩序;在闲居处,倾听《雅》《颂》这一类的音乐;行走时,伴有佩环佩玉的声音节奏;登车时,伴有鸾和车铃的声音节奏。这样,起居有一定的礼仪,进退有一定的节度,百官各得适宜,万事皆有秩序。《诗》说:“好人君子,威仪端庄无偏差。威仪无偏差,就是四方各国的好榜样。”说的就是这一意思。发号施令而民众高兴,称为和;上上下下互相亲密,称为仁;民众没有去谋求那想要得到的而又得到了,称为信;除去天地间的祸害,称为义。义与信,和与仁,这些是霸主、王者的统治工具。就算有统治人民的意愿,但没有统治人民的工具,那也不能成功。

礼对于治理国家来说,就像用秤来称量轻重,用绳墨来审定曲直,用规矩

之于轻重也，绳墨之于曲直也，规矩之于方圜也。故衡[5]诚[6]县[7]，不可欺以轻重；绳墨诚陈[8]，不可欺以曲直；规矩诚设[9]，不可欺以方圜；君子审礼，不可诬以奸诈。是故隆礼由[10]礼，谓之有方之士；不隆礼，不由礼，谓之无方之民。敬让之道也。故以奉宗庙则敬，以入朝廷则贵贱有位，以处室家则父子亲、兄弟和，以处乡里则长幼有序。孔子曰："安上治民，莫善于礼。"此之谓也。

来测量方圆。所以，如果秤细察无误后挂锤称重，必定不可能再用轻重来欺骗他人；绳墨详审无误后弹线，必定不再可能用直曲来欺骗他人；规矩详审无误后测量，必定不可能再用方圆来欺骗他人；君子如能详审礼仪，那么必定不可能再用奸诈来欺骗人。因此，践行礼的人，称为懂得道理的人；不践行礼的人，称为不懂得道理的人。礼是以敬、让作为根本的。所以以礼来奉祀宗庙便会使人恭敬，以礼来立于朝廷便会使尊贵与卑贱各有位次，在家庭中以礼相处便会使父子相亲、兄弟和睦，在乡里以礼相处便会使长幼年辈秩序井然。孔子说："要使国君安宁，使民众得到管理，没有比行礼更好的了。"说的正是这个意思。

注释　1 鸾、和：皆为车铃，鸾在衡上，和在轼前。　2 见《诗·曹风·鸤鸠》。　3 忒：偏差。　4 说：同"悦"。喜悦。　5 衡：秤。　6 诚：审，细察。　7 县：郑玄说，锤也。　8 陈：郑玄说，弹也。　9 设：郑玄说，画也。　10 由：行，即践行。

原文

26.3 故朝觐之礼，所以明君臣之义也；聘问之礼，所以使诸侯相

译文

所以朝觐之礼，是用来表明君臣之间的义理的；聘问之礼，是用来使诸侯互尊互敬的；丧祭之礼，是用来表明臣下对君

尊敬也；丧祭之礼，所以明臣子之恩也；乡饮酒之礼，所以明长幼之序也；昏姻之礼，所以明男女之别也。夫礼，禁乱之所由生，犹坊[1]止水之所自来也。故以旧坊为无所用而坏之者，必有水败；以旧礼为无所用而去之者，必有乱患。

故昏姻之礼废，则夫妇之道苦[2]，而淫辟之罪多矣；乡饮酒之礼废，则长幼之序失，而争斗之狱繁矣；丧祭之礼废，则臣子之恩薄，而倍[3]死忘(生)〔先〕[4]者众矣；聘、觐之礼废，则君臣之位失，诸侯之行恶，而倍畔[5]侵陵之败起矣。故礼之教化也微，其止邪也于未形，使人日徙善远罪而不自知也。是以先王隆之也。《易》曰[6]："君子慎始。差若豪氂[7]，缪

上、儿子对父母的恩情；乡饮酒之礼，是用来表明长幼年辈秩序的；婚姻之礼，是用来明确男女之间的差别的。礼，是用来禁绝祸乱产生的，就像堤防是用来阻止洪水横溢的。因此，若有人认为旧堤防没有用处而毁坏它，必定会有洪水败毁他的产业；认为旧礼仪没有用处而废弃它，必定会有动乱祸患及身。

所以婚姻之礼被废除，那么夫妇的道义就不能施行，而淫荡邪恶的罪行就会多起来；乡饮酒之礼被废除，那么长幼年辈的井然秩序就丢失了，而争夺斗殴的案件就会很繁杂；丧祭之礼被废除，那么做臣下的、做儿子的将变得薄情寡恩，而背叛死者、忘记祖先的人就会增多了；聘问、朝觐之礼被废除，那么国君和臣下的不同身份也就没有了，而诸侯妄为作恶，背叛或互相侵犯的战乱也就发生了。所以，礼的教化是不显露的，因为它能够在邪恶还未形成之际就加以遏止，能够使人们一天天地在不知不觉中转向善良而远离罪恶。因此先世的君王都尊重礼。《易》说："君子做事从一开始就要特别小心。如果开始的时候只有微小的差错，那么到后来可能会产生极大的差错。"

以千里。”此之谓也。 ‖ 说的就是这个意思。

注释 1坊:同“防”。堤防。 2苦:郑玄说,谓不至、不答之属。 3倍:通“背”。背着,背向。 4忘生:王念孙说,当作“忘先”。 5倍畔:背叛。畔,通“叛”。 6按:《周易》无此文,《史记集解》及《汉书》颜师古注皆以为《易纬》之辞也。 7豪氂(lí):即“毫厘”。毫与厘都是微小的度量单位,比喻极微小。

哀公问第二十七

导读

此篇记载鲁哀公向孔子问礼、问政,孔子的回答旨在解说为政先礼、礼为政教之本。本篇述事简明生动,孔子的回答则见解独到,耐人寻味。

文中载孔子与哀公对话,哀公问,在治理人民的道理中哪一个最重要?孔子说,国君能考虑这个问题正是百姓的福分,治理人民的道理中,当然是政事最重要。孔子说:“政者,正也。君为正,则百姓从政矣。君之所为,百姓之所从也。君所不为,百姓何从?”孔子认为国君的所作所为,百姓会遵从效仿,国君若是“正”,那么老百姓就会跟着走正道。这与《论语》中“其身正,不令而行”的道理是一致的。

我们都知道孔子说过“唯女子与小人难养也”,本篇中孔子却阐述了要尊重妇女、敬重妻子的观点。他认为,在婚礼中,天子、诸侯穿上祭祀用的冕服亲自去迎接一个女子是应该的。因为天子、诸侯的婚姻是为了延续后嗣,使后世有人担当天地、宗庙、社稷的主人,所以不可以说是太隆重了。同是,君主要由敬重自己的妻子而推及到敬重百姓的妻子,进而明白“爱与敬,政之本”的治政之道。

本篇中孔子还批评了当时的君子贪爱财富、行为放荡、逸乐过度、懒惰傲慢、搜刮民财等情况,提出了“君子言不过辞,动不过则,百姓不命而敬恭”的行事处世之道,更道出了安处、安宁,无忧无虑,才能使自己有所成就。由此,他指出,成就自己,也是成就了父母的名声。

最后,孔子又强调仁人做事不犯过失,孝敬父母,泛爱众人,体现了天下安乐祥和之道。结尾处，哀公又问："我听到了这番道理，只怕往后做事还会有过错，那该怎么办？"孔子说："您能说出这样的话，就是臣下的福分！"孔子机智的回答，透露出他希望国君能为百姓着想的愿望。

原文

27.1 哀公问于孔子曰:"大礼何如?君子之言礼,何其尊也?"孔子曰:"丘也小人,不足以知礼。"君曰:"否。吾子言之也!"孔子曰:"丘闻之:民之所由生,礼为大。非礼无以节[1]事天地之神也,非礼无以辨君臣、上下、长幼之位也,非礼无以别男女、父子、兄弟之亲,昏姻疏数[2]之交也。君子以此之为尊敬然。然后以其所能教百姓,不废其会节[3]。有成事,然后治其雕镂、文章、黼黻[4]以嗣。其顺之,然后言其丧筭[5],备其鼎俎,设其豕腊[6],修其宗庙,岁时以敬祭祀,以序宗族。即安其居,节[7]丑其衣服,卑其宫室,车不雕幾[8],器不刻镂,食不贰味,以

译文

鲁哀公向孔子询问,说:"大礼是怎么样的?君子说到礼,为什么都那么尊重它呢?"孔子说:"我是个鄙陋无知之人,还不能充分地了解礼仪。"哀公说:"不。请您一定得说说!"孔子说:"我听说,在民众的生活中,礼是最为重大的事情。如果没有礼,就无法节制地祭祀天地神灵;如果没有礼,就无法分辨君臣、上下、长幼的地位;如果没有礼,就无法区别男女、父子、兄弟的亲情关系,以及婚姻中和社会上交际往来的关系。因此,君子对于礼是很尊重的。然后用他所了解的礼来教育百姓,使其不至于废弃那些行礼的时节。等到教育有了成效,圣人再治理器物的雕画刻镂、服饰的色彩花纹,使礼仪传续不绝(因为礼器礼服常存,礼就不会泯灭了)。等到上下都已没有了违逆之心,再讲明那些丧礼的月数,准备鼎俎一类祭器,陈设牲体干肉一类祭品,修缮宗庙,每年按时节举行恭敬的祭祀,排定宗族的次序。同时安置居处,要使衣服穿得很节俭简陋,要使房屋造得低矮,车辆不加雕饰,器具不加刻镂,食物单一薄味,(这是不挥霍财物,不损

与民同利。昔之君子之行礼者如此。”

公曰:“今之君子胡莫之行也?”孔子曰:“今之君子好实无厌,淫德不倦,荒怠敖[9]慢;固[10]民是尽,午[11]其众以伐有道,求得当欲不以其所。昔之用民者由前,今之用民者由后,今之君子莫为礼也!”

害百姓,)而和民众同享利益。古代的君子行礼就是这样的。”

哀公问:“现在的君子为什么不这样做呢?”孔子说:“现在的君子贪爱财富而从不知道满足,行为放荡而从不感到厌倦,逸乐过度而懒惰傲慢;并且竭力独占民众的资财,违逆民众的意愿而去侵略政治清明的国家,只求满足自己的私欲而不问道理何在。古代治民的君子用的是前面说的方法,现在治民的君子用的是后面说的方法,现在的君子不行礼了啊!”

注释 1节:节制。 2疏数(cù):指交际往来或疏或密。数,密。 3会节:行礼之节期。如葬祭有葬祭之时,冠昏有冠昏之时。 4黼黻(fǔ fú):古代礼服上所绣的花纹。 5丧筭(suàn):即“丧算”,指丧礼月数。筭,同“算”。 6腊(xī):干肉。 7节:俭。丑:恶。 8雕幾(qí):雕镂花纹。幾,指车边缘的装饰。 9敖(ào):通“傲”。傲慢。 10固:欲专之,即独占。 11午:通“迕”。违反,抵触。

原文

27.2 孔子侍坐于哀公。哀公曰:“敢问人道谁为大?”孔子愀然作色而对曰:“君之及此言也,百姓之德[1]也,固臣敢无辞而对?人道政为大。”

译文

孔子在哀公那里陪坐谈论。哀公问:“请问先生,治理人民的道理中哪一方面最为重大?”孔子变得肃然起敬,回答说:“国君能考虑到这问题,那真是百姓的福分。鄙人怎敢无言对答呢?要说治理人民的道理,当然应该是治理政事最重要。”

公曰："敢问何谓为政？"孔子对曰："政者，正也。君为正，则百姓从政矣。君之所为，百姓之所从也。君所不为，百姓何从？"公曰："敢问为政如之何？"孔子对曰："夫妇别，父子亲，君臣严；三者正，则庶物[2]从之矣。"公曰："寡人虽无似[3]也，愿闻所以行三言之道，可得闻乎？"孔子对曰："古之为政，爱人为大。所以治爱人，礼为大。所以治礼，敬为大。敬之至矣，大昏[4]为大。大昏至矣！大昏既至，冕而亲迎，亲之也。亲之也者，亲之也。是故君子兴敬为亲，舍敬是遗亲也。弗爱不亲，弗敬不正。爱与敬，其政之本与？"

公曰："寡人愿有言

哀公问："请问什么叫作治理政事呢？"孔子回答说："政就是正。国君做得正，百姓就跟着做得正了。国君的所作所为，百姓就会去遵从效仿。国君什么也不做，百姓遵从效仿谁呢？"哀公又问："请问如何治理政事呢？"孔子回答说："夫妇有分别，父子相亲爱，君臣相敬重；这三件事做得正了，那么其他许多事情也就跟着做得正了。"哀公说："我虽然是无才无德的人，但也希望听到实施这三句话的道理，能说给我听吗？"孔子回答说："古代处理政事，爱护他人是最重大的方面。而要做到爱护他人，礼是最为重要的。而要施行礼，恭敬是最重要的。而最为恭敬的事，就是天子、诸侯的婚姻。天子、诸侯的婚姻确实是恭敬至极了！结婚那天，天子、诸侯得穿戴冕服亲自去迎接新娘，以表示爱她。自己爱她，也就使得别人爱自己。因此君子用亲自迎娶的敬重态度来表示爱她，如果抛去敬重的态度，就是失去了爱她的感情。不爱别人也就不会亲热，不敬重别人也就不是正当的婚姻了。（由婚姻中的爱和敬，推广至四海之内的百姓，）那么爱和敬，不也就是政事的根本吗？"

然。然冕而亲迎,不已[5]重乎?"孔子愀然作色而对曰:"合二姓之好,以继先圣之后,以为天地宗庙社稷之主。君何谓已重乎?"公曰:"寡人固[6]。不固,焉得闻此言也?寡人欲问,不得其辞,请少进。"孔子曰:"天地不合,万物不生。大昏,万世之嗣也。君何谓已重焉?"

哀公说:"我有句话想说。天子、诸侯穿上祭祀用的冕服去亲自迎接一个女子,不是太隆重了吗?"孔子一下子变了脸色,回答说:"婚姻是将不同血统的两姓结合而作成的美好之事,从而延续祖宗的后嗣,使后世有人担当天地、宗庙、社稷的主人。您怎么可以说是太隆重了呢?"哀公说:"我真是鄙陋!(但可庆幸的是,)如果不是因鄙陋而谈到这一点,又怎么能听到这番话呢?我想再问,又找不到适当的话,请您再稍做进一步的解说。"孔子说:"天气和土地不相配合,万物就不能生长。天子、诸侯的婚姻,是用来使后嗣世世代代延续的。您怎么可以说是太隆重了呢?"

注释 1德:郑玄说,德犹福也。 2庶物:指众事。 3无似:自谦之词。不肖,不才,不贤。 4大昏:天子诸侯的婚姻。昏,"婚"的本字。 5已:太,过。 6固:鄙陋。

原文

孔子遂言曰:"内以治宗庙之礼,足以配天地之神明。出以治直言[1]之礼,足以立上下之敬。物耻[2]足以振之,国耻[3]足以兴之。为政先礼,礼其政之

译文

孔子于是又说:"夫妇在内则主持宗庙祭礼,(而夫就像日,妇就像月,)能够和天地神明相匹配。在外则掌管政教号令之礼,又能够使君臣上下互相敬重。臣子的职事如有耻愧的,可以借此来纠正振作;国君的治国如有耻愧

本与?"

孔子遂言曰:"昔三代明王之政,必敬其妻子也,有道。妻也者,亲之主也,敢不敬与?子也者,亲之后也,敢不敬与?君子无不敬也,敬身为大。身也者,亲之枝也,敢不敬与?不能敬其身,是伤其亲。伤其亲,是伤其本。伤其本,枝从而亡。三者,百姓之象也。身以及身,子以及子,妃以及妃,君行此三者,则忾[4]乎天下矣,大王之道也。如此,则国家顺矣。"

公曰:"敢问何谓敬身?"孔子对曰:"君子过言则民作辞,过动则民作则。君子言不过辞,动不过则,百姓不命而敬恭。如是

的,可以借此来补过振兴。处理政事以礼法为先,礼难道不是政事的根本吗?"

孔子于是又接着说:"以往三代圣明帝王治理政事,必定会敬重他们的妻子,这样做一定是有道理的。妻子,是侍奉宗祧的主体,怎么敢不敬重呢?儿子,是传宗接代的后嗣,怎么敢不敬重呢?君子没有不被敬重的,但敬重自己最为重大。因为自己像是父母大树上的分枝,怎么敢不敬重自己呢?不能敬重自己,就是伤害父母。伤害了父母,就像是伤害了自身的根本。伤害了根本,分枝也就跟随着死亡了。这三者,即自身、儿子、妻子,是百姓的象征。由敬重自身而推及敬重百姓之身,由敬重儿子而推及敬重百姓的儿子,由敬重妻子而推及敬重百姓的妻子;如果国君做到了这三个方面,那么敬重自身、儿子、妻子的做法就会通行普及到天下的百姓中去了,这就是周代太王古公亶父的方法。如此,整个国家就都依顺了。"

哀公问:"请问什么叫作敬重自己?"孔子回答说:"君子说错了话,民众还是认为言之成文;君子做错了事,民众还是当作行为法则。因此君子说话不能有过错,举动也不能犯错误;这样的话,即使没有君子的命令,百姓也会毕恭毕敬。如此,就算是能敬重自

则能敬其身；能敬其身，则能成其亲矣。”

己；能够敬重自己，也就能成就父母的名声。”

注释 1 直言：郑玄说，直犹正也，正言谓出政教也。 2 物耻：郑玄说，物犹事也；事耻，臣耻也。 3 国耻：郑玄说，君耻。 4 忾(xì)：犹“迄”。通行，遍及。

原文

公曰：“敢问何谓成亲？”孔子对曰：“君子也者，人之成名也。百姓归[1]之名，谓之君子之子，是使其亲为君子也，是为成其亲之名也已。”

孔子遂言曰：“古之为政，爱人为大。不能爱人，不能有其身；不能有其身，不能安土；不能安土，不能乐天；不能乐天，不能成其身。”

公曰：“敢问何谓成身？”孔子对曰：“不过乎物。”公曰：“敢问君子何贵乎天道

译文

哀公问：“请问什么叫作成就父母的名声呢？”孔子回答说：“所谓君子，就是人在成名后的称谓。百姓送给他君子的称谓，又称他为‘君子之子’，这就使他的父母也成了君子，这就是成就了他父母的名声啊！”

孔子于是又说：“古代治理政事，爱护别人是最为重大的。不能爱护别人，（也就会有伤害自己的人，）那就不能使自身安全；不能使自身安全，那就必然要为寻觅容身之地而不能安处；不能安处，也就不能安宁和无忧无虑；不能安宁和无忧无虑，也就不可能使自己有所成就。”

哀公问：“请问什么叫作成就自己呢？”孔子回答说：“自己所履行的都没有超过义理的界限。”哀公又问：“请问君子为什么尊重自然的法则呢？”孔子回答说：“之所以尊重它，是因为自然的运行永不止息，如日月

也？”孔子对曰：“贵其不已，如日月东西相从而不已也，是天道也。不闭[2]其久，是天道也。无为而物成，是天道也。已成而明，是天道也。”

公曰：“寡人蠢愚、冥烦[3]，子志[4]之心也！”孔子蹴然[5]辟席而对曰：“仁人不过乎物，孝子不过乎物。是故仁人之事亲也如事天，事天如事亲。是故孝子成身。”公曰：“寡人既闻此言也，无如[6]后罪何！”孔子对曰：“君之及此言也，是臣之福也。”

相随，从东到西运行不停，这是自然的法则。运行既不阻塞而又恒久如一，这是自然的法则。无思虑无经营，而万物又各有所成，这是自然的法则。万物既已各有所成，那么功绩也就彰明显著了，这是自然的法则。”

哀公说：“我实在蠢笨愚昧，不明事理，希望您能将铭记在心里的一番道理（再简要地向我谈谈，让我明白）！”孔子恭敬地离开坐席，回答说：“仁人做事不犯过失，孝子做事也不犯过失。因此，仁人是用恭敬来侍奉父母的，也就像他用恭敬来对待上天一样；而仁人用孝敬来对待上天，又像他用孝敬来侍奉父母一样。所以，（仁孝是一致的，因其泛爱众人就称仁人，因其孝敬父母就可称孝子，）孝子能够成就自己。”哀公说：“我听到了这番道理，（想要去实行，）只怕往后做事还会有过错，那该怎么办？”孔子回答说：“您能说出这样的话，就是臣下的福分。”

注释　1 归(kuì)：通“馈”。赠送。　2 闭：阻塞。　3 冥烦：不明事理。冥，暗于理；烦，乱于事。　4 志：记。　5 蹴(cù)然：恭敬貌。　6 无如：无奈。

仲尼燕居第二十八

导读

此篇记述子张、子贡和言游三位弟子向孔子问礼、问政，孔子回答并阐发礼的本质、内容和作用，也涉及郊祭、地祭、禘尝之祭与食飨之礼义。

《仲尼燕居》开篇，子贡即问礼，孔子先分析了“敬”“恭”“勇”三种不中礼，都会丧失心中的慈仁之德。孔子又以子张、子夏两位弟子的礼貌特点为例，指出子张“太过”，子夏“不及”，说明“礼所以制中”的重要性。孔子还以子产为例，说他慈爱如民众的母亲，给民众喂食，但不能教育他们，这也不够恰当，以此使弟子们知道行礼要适中，知道礼就是用来裁量人事的，而且需要恰到好处。

以上表明孔子一方面用仁爱的思想教育弟子，另一方面又对弟子进行行为规范的训练，使弟子们的言行举动能符合礼的准则。这是孔子“执礼”教育的范例，它将礼的理论与实践紧密结合。由此亦可领略孔子别具一格的教学风采。

其次，孔子回答子张问政的问题，再次谈了礼的意义与作用，告诫弟子们：“礼之所兴，众之所治也；礼之所废，众之所乱也。”他希望弟子们明白了礼乐后，能将其运用到政事中去。

文中孔子说：礼就是理，乐就是节。君子不做无理无节的事。不懂得《诗》，行礼就会有错误；不懂得音乐，行礼就会单调；德行浅薄，行礼就会虚伪。接着孔子又强调：“行之，其在人乎！”这是说要实行起来，最后还要落实到人啊！这段话阐明了诗、乐、礼的关系，三者相辅相成，缺一不可。由此,我们更好理解了为何诗、书、礼、乐会成为贵族子弟的必修课,为何孔子要如此不知怠倦地传授"六艺",同样也明白了为何《诗》在春秋时代那么盛行。这里体现出孔子在教学中,将礼与教互相融合渗透。《礼记》中已逐步体现出礼的教学与政治学、伦理学以及教育学的密切结合,表明了儒家教育学说的发展提升。

原文

28.1 仲尼燕居，子张、子贡、言游侍，纵言至于礼。子曰：“居，女[1]三人者！吾语女礼，使女以礼周流无不遍也。”

子贡越席而对曰：“敢问何如？”子曰：“敬而不中礼谓之野，恭而不中礼谓之给[2]，勇而不中礼谓之逆。”子曰：“给夺慈仁。”

子曰：“师，尔过，而商也不及。子产犹众人之母也，能食之，不能教也。”子贡越席而对曰：“敢问将何以为此中者也？”子曰：“礼乎礼！夫礼所以制中也。”

译文

仲尼在家里休息，子张、子贡、言游侍候着，谈论得很广泛，说到了礼。孔子说：“你们三人坐下，我告诉你们礼是怎么回事，以便使你们把礼应用自如，没有不合礼的地方。”

子贡越过他人的坐席先对答说：“请问礼是怎样的呢？”孔子说：“内心敬重而言行上不能符合礼的就称为野，外表上恭敬而言行上不能符合礼的就称为给，勇敢妄动而言行上不能符合礼的就称为逆。”孔子说：“口齿伶俐而又阿谀逢迎就会丧失心中的慈仁之德。”

孔子说：“子张，你有些过分，而子夏又还不够。郑国的大夫子产就好像众人的母亲，能给他们喂食，却不能教育他们。（这也是做的还嫌不够。）”子贡又越过他人的坐席对答说：“请问先生，怎样才可以做到适中呢？”孔子说：“礼呀，就是那个礼！礼就是用来使人的言行恰到好处的。”

注释　1 女：通“汝”。你们。　2 给：陈澔说，足(jù，过分)恭便佞之貌。足恭，过于谦卑，以取悦于人。便佞，巧言善辩，阿谀逢迎。

原文

28.2 子贡退，言游

译文

子贡退下，言游上前说：“请问先生，

进曰:"敢问礼也者,领[1]恶而全好者与?"子曰:"然。""然则何如?"子曰:"郊社之义,所以仁鬼神也。尝禘之礼,所以仁昭穆也。馈奠之礼,所以仁死丧也。射乡之礼,所以仁乡党也。食飨之礼,所以仁宾客也。"子曰:"明乎郊社之义、尝禘之礼,治国其如指诸掌而已乎!是故以之居处有礼,故长幼辨也;以之闺门之内有礼,故三族[2]和也;以之朝廷有礼,故官爵序也;以之田猎有礼,故戎事闲也;以之军旅有礼,故武功成也。是故宫室得其度,量[3]鼎得其象[4],味得其时,乐得其节,车得其式,鬼神得其飨,丧纪得其哀,辨说得其党,官得其体,政事得其施,加于身而错[5]于前,凡众

礼是否就是整治恶劣的而保全美好的呢?"孔子说:"是这样。"言游又问:"既然这样,那么怎样才能做到呢?"孔子说:"郊祭、社祭的意义,就是在于仁爱鬼神。尝祭、禘祭的礼仪,就是在于仁爱昭穆。馈食、奠祭的礼仪,就是在于仁爱死丧者。射礼、乡饮酒的礼仪,就是在于仁爱乡亲。食礼、飨礼,就是在于仁爱宾客。"孔子说:"明白了郊祭、社祭的意义,明白了尝祭、禘祭的礼仪,那么治理国家只不过像在手掌上指画一番而已!因此,居处就有居处之礼,所以长辈、晚辈就分清了;家族就有家族之礼,所以父、子、孙三代就能相处和睦;朝廷就有朝廷之礼,所以百官的爵位就会井然有序;田猎就有田猎之礼,所以军事行动就会娴熟;军队就有军队之礼,所以攻城克敌就会成功。因此,有了礼,营造宫室就有法度,铸作量器钟鼎就有法式,烹调五味就有时令,音乐就有和谐的节拍,车辆就有一定的形制,鬼神就有各自的享用,丧制就有适度的哀痛,辩论就有支持自己的人,百官就有各自的职责,政事就能成功地推行,用礼施加于自身并且放在行事之前,那么任何举动都能做得适宜。"

之动得其宜。”

子曰:“礼者何也?即事之治也。君子有其事,必有其治。治国而无礼,譬犹瞽之无相与,伥伥乎其何之?譬如终夜有求于幽室之中,非烛何见?若无礼,则手足无所错,耳目无所加,进退揖让无所制。是故以之居处,长幼失其别,闺门三族失其和,朝廷官爵失其序,田猎戎事失其策,军旅武功失其制,宫室失其度,量鼎失其象,味失其时,乐失其节,车失其式,鬼神失其飨,丧纪失其哀,辨说失其党,官失其体,政事失其施,加于身而错于前,凡众之动失其宜。如此则无以祖[6]洽[7]于众也。”

孔子说:“礼是什么呢?礼就是做事的方法。君子有要做的那件事,必定有做那事的方法。治理国家却没有礼,譬如盲人没有扶着他走路的相一样,迷迷糊糊地向哪里走去呢?又譬如整夜在暗室里摸索,不用火烛又怎么能看得见呢?如果没有礼,那么手足不知该怎么放,耳目也不知该听什么看什么,进退、作揖和谦让都没有了准则。所以,如果没有礼,日常居处就会长幼不分,家族中就会失去和睦,朝廷上百官爵位就会失去秩序,田猎战事就会失去谋划,军队攻战就会失去控制,宫室营造就会不合法度,量鼎铸作就会不合法式,五味烹调就会不合时令,音乐就会不合节拍,车辆就会不合形制,鬼神就会失去祭祀,丧制就会失去哀痛,辩论就会失去支持的人,百官就会分工失当,政事就会得不到推行,没有用礼施加于自身并且放在行事之前,任何举动都会不适宜。如此,就没有办法率先引导天下而使民众和睦相处。”

注释 1领:犹治。整治,惩处。 2三族:郑玄说,父、子、孙也。 3量:量器,如豆、区、斗、斛。 4象:标准,规范。 5错:通“措”。放置。 6祖:初,开始。 7洽:和睦,融洽。

原文

28.3 子曰："慎听之，女三人者！吾语女礼犹有九焉，大飨[1]有四焉。苟知此矣，虽在畎亩之中，事之，圣人已。两君相见，揖让而入门，入门而县[2]兴，揖让而升堂，升堂而乐阕[3]，下管《象》《武》《夏》籥序兴，陈其荐俎，序其礼乐，备其百官。如此而后君子知仁焉。行中规，还中矩，和、鸾[4]中《采齐》，客出以《雍》，彻以《振羽》，是故君子无物而不在礼矣。入门而金作，示情也。升歌《清庙》，示德也。下而管《象》，示事也。是故古之君子不必亲相与言也，以礼乐相示而已。"

子曰："礼也者，理也。乐也者，节也。君子无理不动，无节不作。不

译文

孔子说："你们三人，认真地听着！我告诉你们礼还有九种，其中大飨礼又有四种。如果能懂得了这些礼，那么这个人即使是在田亩中种庄稼，也算是圣人了。两国国君见面，揖拜谦让进入大门，进门时悬挂的钟鼓就奏乐；又揖拜谦让登堂，登堂以后奏乐就停止。堂下的管乐奏起，于是《象》舞、《大武》舞以及要拿着籥才起舞的《大夏》舞都按次序一一跳起来。同时，陈设供献祭的食物，安排礼仪和乐章的次序，而且执事人员都已齐备。如此，然后君子才懂得互敬互爱。而且，前进、后退都符合规矩，车铃声正符合《采齐》乐章的节拍，宾客出门就奏《雍》的乐章，撤席时就奏《振羽》的乐章，因此君子的一事一物没有不体现在礼上的。宾客进门要鸣钟奏乐，是表示欢迎的盛情；登堂要歌唱《清庙》诗篇，是表示文王的盛德；下堂奏管乐，跳《象》舞，是表示武王征伐战事的功业。因此古代的君子相见时不必去说客套话，彼此之间的情意凭借礼仪和音乐就可以表达。"

孔子说："礼就是理，乐就是节。君

能《诗》，于礼缪[5]。不能乐，于礼素。薄于德，于礼虚。”子曰：“制度在礼，文为在礼。行之，其在人乎！”

子贡越席而对曰：“敢问夔其穷与？”子曰：“古之人与？古之人也！达于礼而不达于乐，谓之素；达于乐而不达于礼，谓之偏。夫夔，达于乐而不达于礼，是以传于此名也，古之人也。”

子没有理的事不做，没有节制的事也不做。不懂得《诗》，行礼就会出错；不懂音乐，行礼就会太单调。德行浅薄，行礼就会显得虚伪。”孔子说：“一切制度在礼的范围内，一切修饰的行为也都在礼的范围内。而要实行它们还在于人啊！”

子贡又越过坐席对答说：“请问先生，据说夔只通音乐，是否不通礼呢？”孔子说：“这是古代的人吧？这是古代的人啊！通晓礼而不通晓音乐，称为素；通晓音乐而不通晓礼，称为偏。那个夔通晓音乐而不通晓礼，（只能说是不通晓而不是不知道礼，这就称为偏，而不能称为穷。）因此就传出这种说法，（然而）他毕竟是古代的贤人。”

注释 1 大飨(xiǎng)：合祀先王的祭礼。亦指天子宴饮诸侯来朝者。2 县(xuán)：同“悬”。3 阕(què)：终了，停止。4 和、鸾：和是车轼上的铃。鸾，通“銮”，车铃。常饰于帝王的车上。5 缪(miù)：通“谬”。错误。

原文

28.4 子张问政。子曰：“师乎！前，吾语女乎？君子明于礼乐，举而错[1]之而已。”子张复问。子曰：“师，尔以为必铺几筵，升降酌献酬酢，然后谓之礼乎？尔以

译文

子张又问治理政治的事。孔子说：“子张！之前不是已告诉过你了吗？君子明晓礼乐，将它们施行于政事上就行了。”子张又问。孔子再回答说：“子张，你以为必定要铺陈几案筵席，登堂下堂，酌酒献宾，敬谢

为必行缀兆[2],兴羽籥,作钟鼓,然后谓之乐乎?言而履之,礼也。行而乐之,乐也。君子力此二者,以南面而立,夫是以天下大平也。诸侯朝,万物服体,而百官莫敢不承事矣。礼之所兴,众之所治也;礼之所废,众之所乱也。目巧之室[3],则有奥阼,席则有上下,车则有左右,行则有随,立则有序,古之义也。室而无奥阼,则乱于堂室也。席而无上下,则乱于席上也。车而无左右,则乱于车也。行而无随,则乱于涂也。立而无序,则乱于位也。昔圣帝、明王、诸侯,辨贵贱、长幼、远近、男女、外内,莫敢相逾越,皆由此涂出也。"

三子者既得闻此

主人,然后才能称为礼吗?你以为必定要使乐舞的队伍成行成列,挥动羽籥,鸣钟击鼓,然后才能称为乐吗?说出来并且去践行就叫作礼,践行礼而感到快乐的就叫作乐。君子致力于这二者,并且用礼乐来统治天下,天下就会因此而太平。各方诸侯都来朝见,万物都顺应事理,百官也不敢不遵守职责。礼所兴盛的时代,也就是民众被治理得很好的时候;礼被败坏的时代,那就是民众纷乱的时候。(不凭借规矩绳墨,)只根据眼力观察和巧妙的构思建造的房屋,也必定有奥有阼阶,布置坐席时也必有上下,乘车之时也必有左右,行走时也有主从,站立时也有次序,这是自古以来的道理。建造房屋却无奥和阼阶,那么堂和室就被搞乱了;布置坐席却无上下分别,那么座次就被搞乱了;乘坐车辆不分左右,那么车上座次就被搞乱了;行走时不分主从,那么路上的秩序就被搞乱了;站立时没有次序,那么位次就被搞乱了。古代的圣明帝王、诸侯,分别身份贵贱、年龄长幼、血缘远近、男女性别、家里门外,没有谁敢逾越界限,都是依照礼乐的道理。"

子张、子贡、言游三人从孔夫子那里

言也于夫子，昭然若发蒙[4]矣。	听到这些道理以后，豁然开朗，就像失明的人又重见光明一般。

注释 1错：通“措”，指施行。 2缀兆：古代乐舞中舞者之行列位置。3目巧之室：根据眼力观察和巧妙的构思来建造房屋。 4蒙：盲，目失明。

孔子闲居第二十九

导读

此篇与《仲尼燕居》形式相同，都是弟子与孔子的问答。本篇是孔子闲居时，子夏在旁侍候，并向孔子请教《诗》中有关“民之父母”的问题，孔子阐发了如何才能成为“民之父母”的从政之道。

孔子回答子夏说，“民之父母”必须通晓礼乐的本原，由此推及“五至”，进而实行“三无”，而且要充分地施展到天下去。接着孔子又解释了“五至”，再讲解三王之德能参于天地，是因为遵奉“三无私”。所谓“三无私”，是说君王要像天一样覆盖大地而没有私心，像大地一样载育万物而没有私心，像日月一样光照人间而没有私心。天有四时的变化，春生夏长秋收冬藏，风霜雨露化育万物，圣人效法天的这种均一无私的变化，无一不可成为王者教化的根据。

最后，孔子又引用《诗·大雅·江汉》的诗句，来赞美三代的王和周太王的德行：“‘明明天子，令闻不已。’三代之德也。‘弛其文德，协此四国。’大王之德也。”意思是说：“勤勉的天子，好名声传扬不止。”这是三代的王的德行。“施行他的美德，团结四方的国家。”这是周太王的德行。

本文谈论了《诗》中的问题，又引用《诗》中的句子来说明问题，可见《诗》在春秋时代的盛行。那时贵族应酬交际的辞令都要选自《诗》，赋诗言志和辞令口才成为从政的必备条件，所以《诗》和《礼》都成为弟子必修的功课。当时的诗是可歌可舞的乐歌，与礼、乐紧密相连。诗是礼之源，礼是乐之源。在心为志，成言为诗。兴于诗，礼也至；礼至，乐也至。所以孔子说“不学《诗》,无以言”“不学《礼》,无以立”。孔子教学又善于把知识技艺教育与人格教育结合在一起,常常以道德学说和人生理想训导弟子,这使孔门弟子人才辈出。孔子的弟子大多成为闻达之人,且多有“仲尼日月也,无得而逾焉”的信念,使孔子在当时即赢得很高声誉。

原文

29.1 孔子闲居[1]，子夏侍。子夏曰："敢问《诗》云'凯弟[2]君子，民之父母'[3]，何如斯可谓'民之父母'矣？"孔子曰："夫'民之父母'乎，必达于礼乐之原[4]，以致'五至'而行'三无'以横于天下，四方有败，必先知之。此之谓'民之父母'矣。"

子夏曰："'民之父母'既得而闻之矣，敢问何谓'五至'？"孔子曰："志之所至[5]，《诗》亦至焉。《诗》之所至，礼亦至焉。礼之所至，乐亦至焉。乐之所至，哀亦至焉。哀乐相生。是故正明目而视之，不可得而见也；倾耳而听之，不可得而闻也；志气塞

译文

孔子闲居在家里，子夏在旁边侍候。子夏说："请问先生，《诗·大雅·泂酌》上讲'乐观而平易近人的君子，是民众的父母'，究竟怎样才可以称为'民众的父母'呢？"孔子说："'民众的父母'吗？他一定得通晓礼乐的本原，并由此而推及'五至'，进而实行'三无'，并且充分地施展到天下去；四方之内有灾祸，必定能预先知道（，从而使民众免遭灾祸）。这就可以称为'民众的父母'了。"

子夏说："'民众的父母'这方面的情况已领教过了，还要请问先生，什么叫作'五至'呢？"孔子说："国君心中的情意能考虑到民众，那么作为抒发情感的《诗》也就有忧民的诗句。既然《诗》中有了忧民的诗句，那么就会去实行诺言，而有了治民的礼。既然有了治民的礼，那么也就有乐来附和辅助。既然和民众同乐了，那么就会和民众同哀伤。国君以民众的哀乐作为自己的哀乐，民众也就以国君的哀乐作为自己的哀乐。因此，（这种君民的哀乐是无声的乐，是无服的丧，）即使眼睛雪亮地正视它，也不可能看到；即使侧耳倾听它，也不可能听到；国君施给民众的恩情就像空气充塞在天地间。这就称为'五至'。"

乎天地。此之谓'五至'。"

子夏曰:"'五至'既得而闻之矣,敢问何谓'三无'?"孔子曰:"无声之乐,无体之礼,无服之丧,此之谓'三无'。"

子夏曰:"'三无'既得略而闻之矣,敢问何诗近之?"孔子曰:"'夙夜其命宥密'[6],无声之乐也;'威仪逮逮,不可选也'[7],无体之礼也;'凡民有丧,匍匐救之'[8],无服之丧也。"

子夏说:"'五至'也已经领教了,还要请问先生,什么叫作'三无'呢?"孔子说:"没有声音的音乐,没有仪式的礼节,没有服制的丧事,这就叫作'三无'。"

子夏说:"'三无'已经大致领教了,请问先生,什么诗句最接近'三无'的情况呢?"孔子说:"'先王从早到晚谋划政教大事,要使民众生活得宽和宁静'(这诗句反映出,虽无钟鼓乐声,而民众却得到了安乐),这就是无声之乐;'仁人有威仪又有安和的神态,没有一点可挑剔的'(这诗句反映出,民众会效法仁人,而这里却没有升降揖让的礼节),这是无体之礼;'凡是民众有了死丧之事,就哀恸惶急地去料理'(这诗句反映出,君对于民如此,民众也就会效法,而这里也没有衰绖一类丧服),这就是无服之丧。"

注释 1闲居:郑玄说,退燕避人曰闲居。 2凯弟(tì):和易近人。凯,和乐,欢乐。弟,同"悌",平易,随和。 3见《诗·大雅·泂酌》。 4原:本原,根本。 5志之所至:郑玄说,凡言"至"者,至于民也。志,恩意,情意。 6见《诗·周颂·昊天有成命》。其:郑玄说,诗读"其"为"基"。声之误也。基,谋也。宥:宽和。密:宁静。 7见《诗·邶风·柏舟》。逮逮(dì dì):或作"棣棣"。安和的样子。 8见《诗·邶风·谷风》。

原文

29.2 子夏曰："言则大矣，美矣，盛矣！言尽于此而已乎？"孔子曰："何为其然也？君子之服之也，犹有'五起'焉。"子夏曰："何如？"孔子曰："无声之乐，气志不违；无体之礼，威仪迟迟[1]；无服之丧，内恕孔[2]悲。无声之乐，气志既得；无体之礼，威仪翼翼[3]；无服之丧，施[4]及四国。无声之乐，气志既从；无体之礼，上下和同；无服之丧，以畜万邦。无声之乐，日闻四方；无体之礼，日就月将；无服之丧，纯德孔明。无声之乐，气志既起；无体之礼，施及四海；无服之丧，施于孙子。"

译文

子夏说："先生的话太博大了，太美妙了，太丰富了！只不过话说到这里大约已经都说完了吧？"孔子说："怎么会这样呢？君子在从事'三无'的时候，还应有'五起'啊。"子夏说："怎么回事呢？"孔子说："（一是，）无声的音乐，不违反意志；无体的礼节，行礼和谐又从容；无服的丧事，内心仁爱富有同情心。（二是，）无声的音乐，志气融合于理；无体的礼节，行礼恭敬又威严；无服的丧事，恩惠施及四面八方。（三是，）无声的音乐，君民志气相顺从；无体的礼节，君民上下相和同；无服的丧事，就可以养育万国。（四是，）无声的音乐，一天天地传闻于四方；无体的礼节，每日每月有所成就；无服的丧事，德性纯一又完备。（五是，）无声的音乐，民众志气都振奋而相应顺；无体的礼节，人人推行而遍及四海；无服的丧事，恩德延续到子孙后代。"

注释　1 迟迟：从容不迫的样子。　2 孔：很。　3 翼翼：恭敬小心的样子。　4 施(yì)：蔓延，延续。

原文

29.3 子夏曰："三王之德，参于天地。敢问何如斯可谓参于天地矣？"孔子曰："奉'三无私'以劳[1]天下。"子夏曰："敢问何谓'三无私'？"孔子曰："天无私覆，地无私载，日月无私照。奉斯三者以劳天下，此之谓'三无私'。其在《诗》曰[2]：'帝命不违，至于汤齐[3]。汤降不迟，圣敬日齐[4]。昭假[5]迟迟，上帝是祗[6]，帝命式[7]于九围[8]。'是汤之德也。天有四时，春秋冬夏，风雨霜露，无非教也。地载神气，神气风霆[9]，风霆流形，庶物露生，无非教也。清明在躬，气志如神。嗜欲将至，有开必先。天降时雨，山川出云。其在《诗》曰[10]：'嵩高惟岳，

译文

子夏又问："禹、汤、文王这三王的德行，能比配天地而为三。请问先生，怎样才可以说是比配天地而为三呢？"孔子说："要奉行'三无私'来安抚天下。"子夏问："请问先生，什么叫作'三无私'呢？"孔子说："要像天一样覆盖大地而没有私心，像大地一样载育万物而没有私心，像日月一样光照人间而没有私心。奉行这三种精神来安抚天下，就称为'三无私'。这情形在《诗·商颂·长发》里也说过：'天命没有差错，到了成汤就上升为天子（，一统天下）。成汤承受天命，不敢懈怠，圣人至诚与日俱增。祭祀祈祷长久不息，只是一心敬奉上帝，而上帝命他做王，为九州立法。'这是成汤的德行。天有四时的变化，春生夏长秋收冬藏，风雨霜露化养万物，（圣人效法天的这种均一无私的变化，）无一不可成为王者教化的根据。大地载育万物的神妙精气，精气的变化便显现风雷，风雷的鼓荡造化，使万物得以生长繁育，（圣人效法大地的这种均一无私的变化，）无一不可以成为王者教化的根据。圣人自身有清静光明的德行，气志变化微妙如神。当他所冀求的愿望即将来临时，必定有神灵先为他开道（，为他预先产生出辅佐的贤臣）；

峻极于天。惟岳降神,生甫[11]及申[12]。惟申及甫,惟周之翰[13]。四国于蕃[14],四方于宣。'此文武之德也。三代之王也,必先〔其〕[15]令闻。《诗》云[16]:'明明[17]天子,令闻不已。'三代之德也。'弛[18]其文德,协此四国。'大王之德也。"子夏蹶然而起,负墙而立,曰:"弟子敢不承乎!"

这就像上天将要降下及时雨,必先在山川中显现出云气来。这种情形在《诗·大雅·崧高》里也说过:'又高又大只有山,高峻至极插云天。唯有高山降神灵,诞生甫侯和申伯。唯有甫侯和申伯,才为周代做栋梁。四海之内得保护,君王德化扬四方。'这是文王和武王的德行。(总之,)三代的王,必定是先有了好的名声的。《诗·大雅·江汉》说:'勤勉的天子,好名声传扬不止。'这是三代的王的德行。'施行他的美德,团结四方的国家。'这是周太王的德行。"子夏听了这番话,高兴得一跃而起,背对墙站着说:"弟子怎么敢不领受这番教导啊!"

注释　1 劳(旧读 lào):安抚,慰劳。　2 见《诗·商颂·长发》。　3 汤齐(jī):郑玄说,读为"汤跻"。跻,升也。　4 日齐(jī):朱熹读为"日跻"。　5 昭假:指祀上帝。昭,表明。假,至,达。　6 祗(zhī):敬。　7 式:法式,法度。　8 九围:九州。　9 "神气风霆"四字,吕大临认为是衍文,可删。霆,雷。　10 见《诗·大雅·崧高》。　11 甫:甫侯,亦作吕侯。周代的功臣。　12 申:申伯。周代的功臣。　13 翰:郑玄说,翰,干也。　14 蕃:通"藩"。屏障。　15 据孔疏,当有"其"字。　16 以下诗句均见《诗·大雅·江汉》。　17 明明:勤勉。　18 弛:施行,实施。

坊记第三十

导读

此篇中将“礼”比喻为防水的堤防，想通过礼的约束作用，来防止民众出现各种违礼的过失。坊，同“防”，引申为防范、规范。本文有较多“子曰”，但不一定都是孔子所说。有学者特别研究过《坊记》《表记》《缁衣》中的“子”究竟为何人，问题很复杂，我们将三篇中的“子”暂译为“孔子”。

什么是“礼”？胡适曾说：“几乎没有人能下一个完全满意的界说。有许多西洋的‘中国哲学家’也都承认中文的‘礼’字在西洋文字中竟没有相当的译名。”（参见欧阳哲生编《胡适选集》，吉林人民出版社，2006年）《坊记》说：“礼者，因人之情而为之节文，以为民坊者也。”礼是依据人的情感而制定的，以使人情之发能节制、能符合封建社会之道德准则。在古代社会，“礼”成为生活中的各种具体规定，人们把它视为不可侵犯的准则。因此，“礼”也有了某种法律性质。

礼是约束民众放荡行为的一种“堤防”。统治者是否遵循礼仪，关系社会风尚，民间风气。文中载：“有国家者，贵人而贱禄，则民兴让；尚技而贱车，则民兴艺。”掌管国家的人，能看重人才而轻视爵禄，民众就会兴起谦让的风气；崇尚技艺而轻视车服，民众就会振兴技艺，不做忘义争利的事。此言在当今仍然具有现实意义。

《坊记》又说：“上酌民言，则下天上施。上不酌民言，则犯也。”如果在上位的人能参酌民意，那么民众好比得到上天的恩惠；如果在上位的人不能参酌民意，就会相互冲突。这些礼“义”之导向，对国家、社会、家庭、个人都有很好的警示和劝勉作用，当今仍然是值得提倡的。至于文中一些极繁琐迂腐的仪节礼数，因不合时宜而已废弃。《庄子·天运》有说："礼义法度者，应时而变者也。"宋代朱熹说："所因之礼，是天做底，万世不可易；所损益之礼，是人做底，故随时更变。"（《朱子语类》卷二十四）只有符合天理人性的礼才是不会改变的。

原文

30.1 子言之："君子之道，辟[1]则坊[2]与？坊民之所不足者也。大为之坊，民犹逾之，故君子礼以坊德，刑以坊淫，命以坊欲。"

30.2 子云："小人贫斯约[3]，富斯骄；约斯盗，骄斯乱。礼者，因人之情而为之节文，以为民坊者也。故圣人之制富贵也，使民富不足以骄，贫不至于约，贵不慊[4]于上，故乱益亡。"

子云："贫而好乐，富而好礼，众而以宁者，天下其几矣。《诗》云：'民之贪乱，宁为荼毒。'故制国不过千乘，都(成)〔城〕不过百雉[5]，家富不过百乘。以此坊民，诸侯犹有畔[6]者。"

译文

孔子说："君子的道，不就好像堤防吗？这是用来防止民众行仁义不足而犯过失的。虽是大设堤防来防止，但民众还是逾越它。所以君子用礼义来防备道德堕落，用刑罚来防备放荡淫邪，用法令来防备贪欲无厌。"

孔子说："小人贫困的时候窘迫，富贵的时候就骄奢；窘迫就会偷盗，骄奢就会去作乱。礼是依照人情而制定的，用来节制人们的行为，可以作为民众的堤防。所以圣人用礼法节制富贵，使民众富有但不能够骄奢，贫困但不至于窘迫，尊贵但不会怨恨君上，犯上作乱的事也就会更加减少。"

孔子说："贫穷却能爱好乐，富贵却能爱好礼，家族人虽多却能安宁度日的，天下大约不会有很多这样的人吧。《诗·大雅·桑柔》说：'人们会因贪欲而作乱，安然地去干荼毒生民的事。'所以要节制诸侯国，使其兵车不能超过千辆，国都的城墙不能超过百雉，大夫之家的兵车不能超过百辆。用这些来防备民众，诸侯中还是有反叛的人。"

注释　1辟：通"譬"。比方，比喻。　2坊：同"防"。防止、防范。　3约：紧缩，节俭。引申为贫困。 4 慊(qiàn):怨恨,不满。 5 雉(zhì):古代计算城墙面积的单位,高以一丈为一雉,长以三丈为一雉。 6 畔:通“叛”。反叛。

原文

30.3 子云:“夫礼者,所以章[1]疑别微,以为民坊者也。故贵贱有等,衣服有别,朝廷有位,则民有所让。”

子云:“天无二日,土无二王,家无二主,尊无二上,示民有君臣之别也。《春秋》不称楚越之王丧。礼:君不称天,大夫不称君,恐民之惑也。《诗》云[2]:‘相[3]彼盍旦[4],尚犹患之。’”

子云:“君不与同姓同车,与异姓同车不同服,示民不嫌也。以此坊民,民犹得同姓以弑其君。”

30.4 子云:“君子辞贵不辞贱,辞富不辞贫,则乱益亡[5]。故君子与其使

译文

孔子说:“礼是用来明析嫌疑、辨别隐微的,可以作为民众的堤防。所以贵贱有等级,衣服有差别,朝廷上有位次,那么民众就会有所谦让。”

孔子说:“天上没有两个太阳,地上没有两个君王,家中没有两个主人,尊长没有两个相并列的,这是向民众表明有君臣的分别。《春秋》不记载楚王、越王的丧葬(,因为认为他们是僭号称王)。礼法:称呼诸侯不能称为天,大夫不能称为君,(因为要与天子、诸侯国君相区别,)恐怕民众会迷惑。《诗》说:‘看那盍旦鸟,夜鸣求旦,人们还很厌恶它。’(更何况臣下僭越,想反臣为君呢?)”

孔子说:“国君不和同姓的人同乘一辆车,如果和异姓的人同乘一辆车,也要穿不同的服装,向人们表示不要疑惑而误认。用这样的方法来防备民众,但民众中还有同姓杀国君的。”

孔子说:“君子推辞显贵但不推辞卑贱,推辞富有但不推辞贫穷,那么犯上

食[6]浮于人也，宁使人浮于食。”

子云：“觞酒豆肉，让而受恶，民犹犯齿。衽[7]席之上，让而坐下，民犹犯贵。朝廷之位，让而就贱，民犹犯君。《诗》云：‘民之无良，相怨一方；受爵不让，至于已斯亡。’”

子云：“君子贵人而贱己，先人而后己，则民作让。故称人之君曰君，自称其君曰寡君[8]。”

作乱的事就会减少。所以君子与其使俸禄超过人的才能，倒不如宁愿让才能超过所得的俸禄。”

孔子说：“一杯酒一豆肉，尚且要推让一番，然后再接受较差的那份，尽管如此，还有民众侵犯长者。坐席上，推让后才坐到下位去，尽管如此，还有民众侵犯尊贵者。朝廷的位次，推让后再排立在卑贱的位子上，尽管如此，还有民众侵犯国君。《诗·小雅·角弓》说：‘民众少善良，背后相埋怨；受爵不谦让，终至国家亡。’”

孔子说：“君子看重别人而轻贱自己，让别人居先而自己居后，那么民众之间会兴起谦让的风气。所以称他人的君主，就称为‘君’；称自己的君主，就要称为‘寡君’。”

注释 1 章：彰明，表彰。 2 此为逸《诗》。 3 相：看。 4 盍(hé)旦：一种夜鸣求旦的鸟，人们讨厌它想反夜而为昼。 5 亡(wú)：通“无”。没有。 6 食：俸禄。 7 衽(rèn)：床席。 8 寡君：寡德之君。古代臣民对他国谦称自己的国君为“寡君”。

原文

30.5 子云：“利禄先死者而后生者，则民不偝；先亡者[1]而后存者[2]，则民可以

译文

孔子说：“利禄先给死去的人，然后再给活着的人，那么民众就不会背弃死者；先给出国在外的人，然后再给国内的人，这样人们才会有所寄托。《诗·邶风·燕燕》说：‘时常思

托。《诗》云:'先君之思,以畜[3]寡人。'以此坊民,民犹偝死而号无告。"

念死去的君王,从而勉励自己。'但就是用这种方法来防备民众,还有民众背弃死者,使死者家里的老弱呼号而无投诉的地方。"

30.6 子云:"有国家者,贵人而贱禄,则民兴让;尚技而贱车,则民兴艺。故君子约[4]言,小人先言。"

孔子说:"掌握国家的人,能看重人才而轻视爵禄,那么民众之间就会兴起谦让的风气;崇尚技艺而轻视车服,那么民众就会振兴技艺。所以君子说话少(却做事多);小人(未做事,)总爱先讲大话。"

30.7 子云:"上酌[5]民言,则下天上施。上不酌民言,则犯也。下不天上施,则乱也。故君子信让以莅百姓,则民之报礼重。《诗》云:'先民有言,询于刍荛[6]。'"

孔子说:"上面的人能参酌民众的意见,那么民众好比得到上天的恩惠。上面的人不能参酌民众的意见,那么上下就会相互冲突。下面的人不能感戴上天的恩惠,那么祸乱就会发生。所以君子用诚信谦让的态度来对待百姓,那么民众对他的报礼也会隆重。《诗·大雅·板》说:'古代的民众有这样说的,(君王将有政教法令,)还要询问割草打柴的人的意见。'"

注释 1 亡者:谓在国外者。 2 存者:谓在国者。 3 畜:《诗》作"勖",勉励。 4 约:简要,省约。 5 酌:取。 6 刍荛(chú ráo):割草打柴的人。刍,草;荛,柴。

原文

30.8 子云:"善则称人,过则称己,则民不争;善则称人,过则称

译文

孔子说:"有好的地方就称是他人干的,有过失就说是自己干的,那么民众就不争执;有好的地方就称是他人干的,有

己，则怨益亡。《诗》云：‘尔卜尔筮，履[1]无咎言。’”

过失就说是自己干的，那么怨恨就会减少。《诗·卫风·氓》说：‘你用龟卜又用蓍筮，卦兆体上没有凶咎的话。’”

子云：“善则称人，过则称己，则民让善。《诗》云：‘考卜惟王，度是镐京。惟龟正之，武王成之。’”

孔子说：“有好的地方就称是他人干的，有过失就说是自己干的，那么民众就会相互推许那好的地方。《诗·大雅·文王有声》说：‘武王用龟甲占卜，谋划定都镐京之事。龟甲显示的正是吉兆，武王就在镐京建成了都城。’”

子云：“善则称君，过则称己，则民作忠。《君陈》曰：‘尔有嘉谋嘉猷[2]，入告尔君于内。女[3]乃顺之于外，曰：“此谋此猷，惟我君之德。”於乎！是惟良显哉！’”

孔子说：“有好的地方就称是国君干的，有过失就说是自己干的，那么民众之间就会兴起忠诚的风气。《尚书·君陈》说：‘你有好谋善道，就进到里边去告诉你的国君。但你在外面推行时，要说：“此谋此道，是我们有德的国君想出来的。”啊！这是使国君的良善德行得以显明！’”

子云：“善则称亲，过则称己，则民作孝。《大誓》曰：‘予克纣，非予武，惟朕文考无罪。纣克予，非朕文考有罪，惟予小子无良。’”

孔子说：“有好的地方就称是父母干的，有过失就说是自己干的，那么民众之间就会兴起孝顺的风气。《尚书·大誓》说：‘我战胜商纣，不是靠我的武力，而是因为我的父亲本来无罪。如果商纣战胜我，那就不是我父亲的罪，而是我的不肖。’”

注释　1 履：《诗》作“体”，兆卦的体。　2 猷(yóu)：计划，谋划。　3 女(rǔ)：通“汝”。

原文

30.9 子云："君子弛[1]其亲之过，而敬其美。"《论语》曰："三年无改于父之道，可谓孝矣。"高宗云："三年其惟不言[2]，言乃欢。"

子云："从命不(忿)〔怠〕[3]，微谏不倦，劳而不怨，可谓孝矣。《诗》云：'孝子不匮。'"

子云："睦于父母之党，可谓孝矣，故君子因睦以合族。《诗》云：'此令[4]兄弟，绰绰有裕。不令兄弟，交相为瘉[5]。'"

子云："于父之执[6]，可以乘其车，不可以衣其衣。君子以广孝也。"

子云："小人皆能养其亲，君子不敬，何以辨？"

子云："父子不同位，以厚敬也。《书》云：'厥

译文

孔子说："君子应该忘掉父母的过失，而敬重他们的优点。"《论语》说："父亲已死了三年，儿子依然不改变父亲的主张，可以称为孝子了。"殷高宗说："三年居丧不发布政令，三年服丧后再发布政令，使天下皆欢乐。"

孔子说："顺从父母的命令，不可以懈怠；柔声低语地劝谏父母，不可以倦怠；辛劳地侍奉父母，不可有怨言，这就可以称为孝了。《诗·大雅·既醉》说：'孝子行孝道是永远不会缺少的。'"

孔子说："和父母的亲族相亲睦，可以称为孝了，所以君子因亲睦而能会聚宗族行宴飨之礼。《诗·小雅·角弓》说：'有德的人善良地对待兄弟们，便会相互宽容。无德的人不能很好地对待兄弟们，便会互相伤害。'"

孔子说："对于父亲的志同道合的朋友，能乘坐他的车，但是不能穿他的衣。君子以此扩大了孝心(孝敬父亲的朋友，如同孝敬父亲一样)。"

孔子说："小人都能赡养自己的父母，君子如果也只赡养父母而不孝敬，凭什么来分辨他们呢？"

辟[7]不辟,忝[8]厥祖。'"

子云:"父母在,不称老,言孝不言慈。闺门之内,戏而不叹。君子以此坊民,民犹薄于孝而厚于慈。"

子云:"长民者,朝廷敬老则民作孝。"

子云:"祭祀之有尸也,宗庙之有主也,示民有事也。修宗庙,敬祀事,教民追孝也。以此坊民,民犹忘其亲。"

孔子说:"父子不处在同等地位,用以表示对父亲极为敬重。《尚书·太甲》说:'身为君主却不自尊自重,(而与臣下相亵,)就会辱没自己的先祖。'"

孔子说:"父母还在世,儿子不敢称老,只谈自己当如何孝敬,不谈父母当如何慈爱。在内室可以游戏放松,但不能忧叹。君子用这种方法来防备民众,但民众中还是孝敬父母的少而企求父母慈爱的多。"

孔子说:"统治民众的人,在朝廷上要敬老,那么民众之间就会兴起孝敬的风气。"

孔子说:"祭祀时有尸,因为宗庙要有主人,这是向民众表示应有敬事的对象。修缮宗庙,恭敬地举行祭祀,这是教导民众要追行孝道。用这种方法来防备民众,民众还有忘记自己父母的。"

注释 1弛:郑玄说,弛,犹弃忘也。 2言:说。此指发布政令。 3王念孙说,"忿"当作"怠",此说为是。 4令:善。 5瘉(yù):病。 6父之执:即父执,指与父亲志同道合的朋友。 7辟(bì):国君。 8忝(tiǎn):辱,有愧于。

原文

30.10 子云:"敬则用祭器。故君子不以菲[1]废礼,不以美没[2]

译文

孔子说:"敬侍宾客享食,就用笾豆簠铏等祭器。君子不因为待客物品微薄而废弃礼仪,也不因为待客物品丰美而超过礼礼。故食礼,主人亲馈则客祭,主人不亲馈则客不祭。故君子苟无礼,虽美不食焉。《易》曰[3]:'东邻杀牛,不如西邻之禴祭,实受其福。'[4]《诗》云:'既醉以酒,既饱以德。'以此示民,民犹争利而忘义。"

仪。所以食礼规定,主人亲自馈送的,客人要祭;主人不亲自馈送的,客人就不祭。因此君子如果受到无礼的接待,即使食物丰美也不吃。《易》说:'商纣国中杀牛祭祀,还不及文王国中杀猪祭祀,(虽然祭俭,但恭敬,)又切实地受到福佑。'《诗·大雅·既醉》说:'既已请我醉饮美酒,又已请我饱食受恩德。'虽然用这种方法来启示民众,但民众中还是有争利而忘义的。"

30.11 子云:"七日戒[5],三日齐,承[6]一人焉以为尸,过之者趋走,以教敬也。醴酒在室,醍酒在堂,澄酒在下,示不淫也。尸饮三,众宾饮一,示民有上下也。因其酒肉,聚其宗族,以教民睦也。故堂上观乎室,堂下观乎上。《诗》云:'礼仪卒[7]度,笑语卒获。'"

孔子说:"行七天的散斋、三天的致斋,侍奉一人,并尊重他为神像尸,大夫、士见了尸还要下车快步回避,这是用来教导民众要恭敬。醴酒摆在室中,醍酒摆在堂上,清酒摆在堂下,(酒味薄的反居于上,酒味厚的反居于下,)这是指示民众不要沉湎于酒。尸饮酒三次,众宾客只能饮一次,这是向民众表示应有尊卑上下的分别。凭借祭祀的酒肉,会聚宗族的人在宗庙宴饮,用来教导民众亲睦。所以堂上的人观看室内的人行礼,堂下的人又观看堂上的人行礼。《诗·小雅·楚茨》说:'礼仪尽合法度,谈笑恰到好处。'"

注释 1 菲(fěi):菲薄,微薄。 2 没:孔疏说,过也。 3 见《易》既济九五爻辞。 4 东邻、西邻:郑玄说,东邻谓纣国中也,西邻谓文王国中也。

禴(yuè)祭：商朝春祭名。 5 戒：斋戒。此指散斋，即不近妃妾，不举乐，不吊丧的斋戒。 6 承：侍奉。 7 卒：尽，全部。

原文

30.12 子云："宾礼每进以让，丧礼每加以远。浴于中霤，饭于牖下，小敛于户内，大敛于阼[1]，殡于客位，祖[2]于庭，葬于墓，所以示远也。殷人吊于圹，周人吊于家，示民不偝也。"

子云："死，民之卒事也，吾从周。以此坊民，诸侯犹有薨而不葬者。"

子云："升自客阶，受吊于宾位，教民追孝也。未没[3]丧，不称君，示民不争也。故鲁《春秋》记晋丧曰：'杀其君之子奚齐，及其君卓[4]。'以此坊民。子犹有弑其父者。"

译文

孔子说："行宾礼时，每次前进都要推让；行丧礼时，每次进到下一个阶段都会离家渐远。例如浴尸体是在中霤，饭含是在窗下，小殓是在户内，大殓是在堂上，停柩是在殡宫，祖奠是在庙庭，最后埋葬到墓地，这就是表示越来越远。殷人在墓地吊问死者的家属，周人到家中吊问死者的家属，是向民众表示不背弃死者。"

孔子说："死，是人生的最后一件事，我赞同周人的做法(，到死者家里去吊问生者)。但是用这种方法来防备民众，诸侯中还是有死了而不能安葬的。"

孔子说："(葬后返回，儿子不忍心即父位，因此不从主阶登堂，)从西边的客阶登堂，(还不敢居主位，)仅在宾位上接受吊问，这是教导民众追行孝道。三年的丧事未结束，诸侯不能称为君，是向人民表示不急于取得君位。所以鲁国的《春秋》记载晋国的丧事说：'里克杀了自己国君佹诸的儿子奚齐，后来里克又杀了自己的国君卓子。'虽然用这种方法来防备民众，但还有儿子杀自己的父亲。"

注释 1郑玄说，“阼”或为堂。 2祖：祖奠。即丧家在出殡前一天所设的祭奠。 3没：竟，终。 4参见《春秋》僖公九年、十年所载。

原文

30.13 子云：“孝以事君，弟[1]以事长，示民不贰也。故君子[2]有君不谋仕，唯卜之日称二[3]君。丧父三年，丧君三年，示民不疑也。父母在，不敢有其身，不敢私其财，示民有上下也。故天子四海之内无客礼，莫敢为主焉。故君适其臣，升自阼阶，即位于堂，示民不敢有其室也。父母在，馈献不及车马，示民不敢专也。以此坊民，民犹忘其亲而贰其君。”

子云：“礼之先币帛也，欲民之先事而后禄也。先财而后礼，则民利。无辞[4]而行

译文

孔子说：“用孝道来侍奉国君，用悌道来侍奉长上，向民众表示没有异心。所以国君的儿子，有父亲还在世，就不谋取官位，只是在代父亲卜筮的日子里才可称国君的副贰。父亲死了要守丧三年，国君死了也得守丧三年，向民众表示尊重国君是不庸置疑的。父母还在，儿子不敢把身体当作是属于自己的，不敢把财物看作是自己私有的，（而应该让身体、财物都由父母来统管，）这是向民众表示有上下的分别。所以天子在四海之内是没有做客之礼的，没有谁敢做天子的主人。所以国君到自己的臣子那里去，是从主人的阼阶登堂，并在堂上就位，这是向民众表示臣子不敢把房室看作是自己私有的（，而应由国君统管）。父母还在，馈赠或进献的礼物，不能用家中的车马等贵重的物品，向民众表示不敢把财产看作是自己私有的。虽然用这种方法来防备民众，但还是有民众忘掉自己的父母，还是有民众想和国君分庭抗礼。”

孔子说：“先行相见礼，再用币帛表达

情,则民争。故君子于有馈者,弗能见,则不视其馈。《易》曰[5]:'不耕获,不菑畬[6],凶。'以此坊民,民犹贵禄而贱行。"

情意,这是要教导民众先做事而后得利禄。如果先馈赠财物,然后行礼,就会使民众贪图财利。没有先致相互交接的辞令,而径直送礼表达情意,(这是崇尚财物,)民众就会争夺财利。所以君子对于馈送自己礼物的人,若不能见到他,就不看那礼物。《易》说:'不耕种而能收获,不经过菑田而能得畬田,是不吉利的。'但是用这种方法来防备民众,还是有民众看重利禄而轻视品行。"

子云:"君子不尽利以遗民。《诗》云:'彼有遗秉[7],此有不敛穧[8],伊[9]寡妇之利。'故君子仕则不稼,田则不渔,食时不力珍,大夫不坐羊[10],士不坐犬。《诗》云:'采葑采菲[11],无以下体。德音[12]莫违,及尔同死。'以此坊民,民犹忘义而争利以亡其身。"

孔子说:"君子不取尽利益,从而留下一些给予民众。《诗·小雅·大田》说:'那儿有遗留的禾把,这儿有未收的禾穗,这都是剩给寡妇的利益。'所以君子做官就不种田,种田就不捕鱼,饮食时不力求珍异,大夫不无故杀羊,士不无故杀狗。《诗·邶风·谷风》说:'采葑菜采菲菜,不要连它们的根一齐拔下。美好的话语不要违背,我们要生死与共永不分。'用这种方法来防备民众,民众还有忘义争利而丧身的。"

注释　1弟(tì):同"悌"。　2君子:国君的儿子。　3二:贰,副贰。　4辞:孙希旦说,宾主相接之辞。　5见《易》无妄六二爻辞。原文为:"不耕获,不菑畬,则利有攸往。"无"凶"字。　6《尔雅》:"田,一岁曰菑,二岁曰新田,三岁曰畬。"菑(zī),指初耕一年的土地。畬(yú),指开垦了三年的熟田。7秉:一把禾(庄稼)。　8穧(jì):禾之铺而未束者。指已割而未收的农作物。　9伊:这,此。　10郑玄说,古者杀牲食肉坐皮,不坐犬羊,是不无故杀之。 11 葑(fēng)、菲:郑玄说,葑,蔓菁也;菲,蒠类也。12 德音:美好的话语。

原文

30.14 子云:"夫礼,坊民所淫,章民之别,使民无嫌,以为民纪者也。故男女无媒不交,无币不相见,恐男女之无别也。以此坊民,民犹有自献其身。《诗》云:'伐柯[1]如之何?匪斧不克。取妻如之何?匪媒不得。''蓺[2]麻如之何?横从[3]其亩。取妻如之何?必告父母。'"

子云:"取妻不取同姓,以厚别也。故买妾不知其姓,则卜之。以此坊民,鲁《春秋》犹去夫人之姓曰吴,其死曰'孟子卒'。"

子云:"礼,非祭,男女不交爵[4],以此坊

译文

孔子说:"礼,防备民众贪色好淫,彰明男女的区别,使人们不至于发生暧昧嫌疑,并用来作为民众的纲纪。所以男女之间,没有媒人的介绍就不能互通名姓,没有纳征的币就不能成婚相见,这是怕男女没有区别。用这种方法来防备民众,民众还有自献己身而私奔的。《诗·齐风·南山》说:'要砍树做斧柄怎么办?不用斧头不能成。要娶个妻子怎么办?不请媒人不能成。''要想种麻怎么办?纵横耕治那田亩。要想娶妻怎么办?必定禀告父母亲。'"

孔子说:"娶妻不娶同姓的女子,用以加强宗族的区别。所以买妾而不知道她的姓,就要占卜吉凶。用这种方法来防备民众,可还是有如鲁国《春秋》记载的,鲁昭公所娶的夫人被删去了姓,只说来自吴国,(鲁昭公实际上是忌讳她与鲁国同姓姬,)一直到她死了还只说'孟子死了'(仅载她的名字,不称她姓姬)。"

孔子说:"礼法规定,不是祭祀,主人主妇不必轮换敬酒。用这种方法来防备

民，阳侯犹杀缪[5]侯而窃其夫人。故大飨废夫人之礼。”

子云：“寡妇之子，不有见[6]焉，则弗友也，君子以辟远也。故朋友之交，主人不在，不有大故，则不入其门。以此坊民，民犹以色厚于德。”

子云：“好德如好色。诸侯不下渔色[7]。故君子远色以为民纪。故男女授受不亲。御妇人则进左手。姑、姊、妹、女子子已嫁而反，男子不与同席而坐。寡妇不夜哭。妇人疾，问之，不问其疾。以此坊民，民犹淫泆而乱于族[8]。”

子云：“昏礼，婿亲迎，见于舅姑，舅姑承子以授婿，恐事之违也。以此坊民，妇犹有

民众，（但还有阳侯在缪侯夫人参与敬酒时喜欢上了她，）阳侯就灭了缪国而占有了缪侯夫人。所以诸侯大飨礼就废除了夫人参与敬酒的礼节。”

孔子说：“寡妇的儿子，不是看到他有才艺，就不要与他交朋友，君子是要避免嫌疑，远离是非。所以朋友间的交往，主人不在，又没有重大的事情，就不要进入人家的门内。用这种方法来防备民众，还有民众把色看得比德更要紧。”

孔子说：“爱好德行应该像爱好美色一样。所以国君不娶国内的女子为妻。因此君子用远离美色作为民众的纲纪。男女之间不亲手传递物件。为妇女驾车，男子应是左手在前，微微背着女子。姑、姊、妹等已嫁女性亲属回娘家，男子就不可以和她们同席而坐。寡妇不在夜里哭泣。妇女有病，应当问候她，但不应当问她得了什么病。用这种方法来防备民众，还有民众放纵好淫而在宗族中乱了伦常。”

孔子说：“婚礼时，新郎亲自去迎接新娘，见到女方的父母后，女方的父母就把女儿亲手交给女婿，（并都要对女儿告诫一番，）恐怕她到夫家有违失。用这种方法来防备民众，还有女人不能做到亲爱丈夫

不至者。” ‖ 并敬侍公婆。”

注释 1柯:斧柄。 2蓺(yì):种植。 3从(zòng,旧读 zōng):同“纵”,南北为从。 4交爵:主人主妇更迭献酢敬酒。 5阳、缪:两个古国名。6有见:郑玄说,谓睹其才艺。 7诸侯不下渔色:诸侯国国君不娶国内女子为妻。渔色,贪逐美色,猎取美女,有如以网捕鱼。 8乱于族:郑玄说,犯非妃匹也。

中庸第三十一

导读

《中庸》是孔子之孙子思所作，以昭明其圣祖孔子的德行。中庸，即是用中，无偏无颇。或以为不偏称为中，不变称为庸，儒家以中庸为最高的道德标准。自宋代朱熹将其从《礼记》中抽出，选作“四书”之一后，它便成为科举应试的基本课目，也成为青年学子需要熟读背诵的必读书。

《中庸》蕴藏的哲学理论，被视为圣学的宝藏。这里有存心养性之理、穷理知化之方、聪明睿智之法、天人合一之机、治乱存亡之候。它教诲人们要择善固执，抵达成功之域。人要“博学之，审问之，慎思之，明辨之，笃行之”；若能做到人一已百，人十己千，必定能“虽愚必明，虽柔必强”。因此，宋儒对《大学》《中庸》拳拳服膺，滔滔阐扬，一代新儒学终至勃然兴起。明代传承并延续了此种“理学”，或称之为“道学”，这便是“宋明理学”。

《中庸》是中国式智慧的集中体现，它是一种至高的道德标准，又是一种卓越的思考，一种具有可操作性的方式方法。真正的中庸绝不是迂腐、圆滑、可厌的代名词。《中庸》让你具有崇高的精神境界，使你成为一个做事、处世非常睿智的人。文中不仅谈义理、哲学，还给予人们修身、管理、学业、家庭以及日常生活的诸多智慧。《中庸》揭示了中庸的至道，其道精微玄妙；展示了中庸的德行，其德行深广厚重；阐述了中庸的智慧，其智明睿周到；宣扬了中庸的教化，其教卓越高尚。（参见姚淦铭《中庸智慧》）

许多中外学者认为《中庸》是儒家经典中哲理性最强的作品。但其表达方式却运用了意味隽永的警句格言，如执两用中、鸢飞戾天、鱼跃于渊、道不远人、不预则废、行远自迩、知风之自、淡而不厌、内省不疚等等，简直就似一本格言集锦。

原文

31.1 天命[1]之谓性，率[2]性之谓道，修道之谓教。道也者，不可须臾离也，可离非道也。是故君子戒慎乎其所不睹，恐惧乎其所不闻。莫见乎隐，莫显乎微，故君子慎其独也。喜怒哀乐之未发，谓之中；发而皆中节[3]，谓之和。中也者，天下之大本也；和也者，天下之达道也。致中和，天地位焉，万物育焉。

译文

上天所赋予人的叫作性，遵循本性而行叫作道，把道加以修明并推广到众人叫作教。道，是人不可以片刻离开的，若是可以离开，那就不是道了。所以，君子就是在别人眼睛看不到的地方也要谨慎小心，在别人耳朵听不到的地方也要警惕注意。隐秘的事情没有不被人发现的，细微的事情没有不显露出来的，所以，君子在独处的时候也要谨慎警惕。喜、怒、哀、乐等感情没有表露的时候，叫作中；表露出来合于法度的，叫作和。中是天下最重大的根本，和是天下普遍的原则。达到了中和，天地之间的一切就可各得其位，万物就可发育生长。

注释　1 天命：天赋，指上天所赋予人的。　2 率：遵循。　3 节：法度，节度。

原文

31.2 仲尼曰："君子中庸[1]，小人反中庸。君子之中庸也，君子而时中；小人之中庸也，小人而无忌惮也。"

子曰："中庸其至矣

译文

仲尼说："君子的言行是合于中庸之道的，小人的言行是违反中庸之道的。君子的言行之所以能合于中庸之道，是因为君子的言行处处适中合宜；小人的言行之所以违反中庸之道，是因为小人无所顾忌和畏惧啊。"

孔子说："中庸是人的行为的最高标

乎！民鲜[2]能久矣！”

子曰：“道之不行也，我知之矣：知者过之，愚者不及也。道之不明也，我知之矣：贤者过之，不肖者不及也。人莫不饮食也，鲜能知味也。”

子曰：“道其不行矣夫！”

子曰：“舜其大知[3]也与！舜好问而好察迩言[4]，隐恶而扬善，执其两端，用其中于民。其斯以为舜乎！”

子曰：“人皆曰‘予知’，驱而纳诸罟[5]擭[6]陷阱之中，而莫之知辟也。人皆曰‘予知’，择乎中庸，而不能期月守也。”

准！一般人很少能够长久地践行它！”

孔子说：“中庸之道不能实行，我知道其中的原因：聪明的人做过了头，而愚笨的人却做不到。中庸之道不能被民众所明晓，我也知道其中的原因：贤德的人过高地要求它（因而把它神秘化了），不贤德的人过低地要求它（因而把它庸俗化了）。这就像人人都要吃喝，但很少有人真能懂饮食的滋味。”

孔子说：“中庸之道恐怕是不能实行了吧！”

孔子说：“舜可以算是一个非常明智的人啊！舜喜欢向人请教而又喜欢审察身边之人的言语，能为别人遮掩缺点而宣扬优点。对‘过’和‘不及’两个极端能把握调控，而采用中庸之道去治理人民。这就是舜之所以为舜的缘故吧！”

孔子说：“人人都说‘我是聪明的’，但是在利欲的驱使下，他们都像禽兽那样被赶到罗网陷阱中去，却不知道躲避。人人都说‘我是聪明的’，但选择了中庸的道路后，连一个月也不能坚持下去。”

注释 1 中庸：不偏称为中，不易称为庸。 2 鲜(xiǎn)：少。 3 知(zhì)：同“智”。 4 迩言：浅近的或身边亲近者的话。迩，近。 5 罟：网。《易·系辞下》：“作结绳而为罔罟。” 6 擭(huò)：装有机关的捕兽木笼。

原文

子曰："回之为人也，择乎中庸。得一善，则拳拳[1]服膺[2]而弗失之矣。"

子曰："天下、国、家可均也，爵禄可辞也，白刃可蹈也，中庸不可能也。"

子路问强。子曰："南方之强与？北方之强与？抑而[3]强与？宽柔以教，不报无道，南方之强也，君子居之。衽金革，死而不厌，北方之强也，而强者居之。故君子和而不流，强哉矫[4]！中立而不倚，强哉矫！国有道，不变塞焉，强哉矫！国无道，至死不变，强哉矫！"

子曰："素[5]隐行怪，后世有述焉，吾弗为之矣。君子遵道而

译文

孔子说："颜回做人，选择了中庸的道路。他得到了这一好道理，就牢牢地记在心中，时刻不忘掉。"

孔子说："天下、国、家是可以治理平定的，爵位、俸禄是可以推辞掉的，锋利的刀刃也是可以踩上去的，但是中庸之道却不一定能做到。"

子路问要怎样才算刚强。孔子回答说："你问的是南方人的刚强呢，是北方人的刚强呢，还是像你这样的刚强呢？用宽恕柔和的态度教导人，对于别人的横暴无理，也不加以报复，这是南方人的刚强，君子就具有这种刚强。连睡觉都枕着刀枪、穿着盔甲，在战场上拼命也不后悔，这是北方人的刚强，强悍的人就具有这种刚强。所以君子待人很和顺，却不无原则地迁就别人，那才是真正的刚强！他们中正独立，不偏不倚，那才是真正的刚强！国家太平的时候，他们也不改变困穷时的操守，那才是真正的刚强啊！国家混乱的时候，他们也保持正直，到死也不改变，那才是真正的刚强啊！"

孔子说："（世上有些人）避世隐居，行为怪异，虽然后代有人称述他们，但是我不愿去做这样的事。有些君子遵循中庸之道

行,半途而废,吾弗能已矣。君子依乎中庸,遁世不见知而不悔,唯圣者能之。”君子之道,费[6]而隐。夫妇之愚,可以与知焉,及其至也,虽圣人亦有所不知焉。夫妇之不肖,可以能行焉;及其至也,虽圣人亦有所不能焉。天地之大也,人犹有所憾。故君子语大,天下莫能载焉;语小,天下莫能破焉。《诗》云[7]:“鸢[8]飞戾[9]天,鱼跃于渊。”言其上下察也。君子之道,造端[10]乎夫妇,及其至也,察乎天地。

行事,但往往半途而废,我是不会中途停止的。有些君子依循着中庸之道行事,即使隐居而不被人们所了解,也决不悔恨,这只有圣人才能做到。”君子之道,作用非常广博,而内含十分精微。匹夫匹妇虽然愚蠢,但是也可以知道一般的道理,至于其中深微至极之处,即使是圣人也有不能懂得的地方。匹夫匹妇虽然不贤能,但是也可以实行一般的道理,至于其中深微至极之处,即使是圣人也有不能做到的地方。天地那样辽阔广大,人们尚且还对它有怨恨。君子之道,就其大处来讲,天下没有什么能承载得了;就其小处来讲,天下没有什么能把它分裂开来。《诗》说:“鹰高飞直上青天,鱼在深渊游动跳跃。”这就是说,君子的道和鹰飞鱼跃一样,由上到下都能进行详细审察。君子之道,始于匹夫匹妇之间,至于其中深微至极之处,则可见于天地之间。

注释 1拳拳:牢握不舍之意。 2服膺:牢记在心里。 3而:尔,汝。4矫:强貌。 5素:郑玄注,素读为傃,犹乡也。乡,通“向”。朱熹据《汉书》作“索”。索,即寻求之意。此从郑玄说。 6费:朱熹《四书集注》说,费,用之广也。 7见《诗·大雅·旱麓》。 8鸢:老鹰。 9戾:至,到。10造端:开始。

原文

31.3 子曰："道不远人，人之为道而远人，不可以为道。《诗》云[1]：'伐柯伐柯，其则不远。'执柯以伐柯，睨而视之，犹以为远。故君子以人治人，改而止。忠恕[2]违道不远，施诸己而不愿，亦勿施于人。君子之道四[3]，丘未能一焉：所求乎子，以事父，未能也；所求乎臣，以事君，未能也；所求乎弟，以事兄，未能也；所求乎朋友，先施之，未能也。庸德之行，庸言之谨，有所不足，不敢不勉，有余不敢尽；言顾行，行顾言，君子胡不慥慥尔[4]！"

君子素[5]其位而行，不愿乎其外。素富贵，行乎富贵；素贫贱，行乎贫贱；素夷狄，行乎夷狄；素患难，行乎患难；

译文

孔子说："道是不能远离人的，假若离开了人而来行道，道就推行不了了。《诗》上说：'砍树来做斧头柄，斧柄的样式离得不远。'拿着斧柄来砍制斧柄，斜着眼睛一瞧就看得见斧柄的样式，但(对砍制斧柄的人来说)还觉得离得远。所以君子按照做人的道理来治理人，有过错的人肯改就得了。能够做到忠和恕，那就离道也不远了。别人施加给自己却又不愿意接受的，也不要去施加给别人。君子的道有四种，我孔丘一样也没能做到：拿我所要求于儿子的，去服侍父亲，没有能做到；拿我所要求于臣子的，去服事君主，没有能做到；拿我所要求于弟弟的，去服事兄长，也没有能做到；拿我所要求于朋友的，先去要求自己，也没有能做到。实践平常的道理，谨慎平常的言语，我还有做得不够的地方，不敢不努力，所说的还没有全部实行，就不敢把话都说尽；言语要照顾到行动，行动也要照顾到言语，那么君子怎么不会敦厚笃实呢！"

君子在自己所处的地位上去行事，不存心去做本分以外的事情。处于富贵，就按富贵者行事；处于贫贱，就按贫贱者君子无入而不自得焉。在上位,不陵[6]下;在下位,不援上。正己而不求于人,则无怨。上不怨天,下不尤人。故君子居易以俟命,小人行险以徼幸。

行事;身在夷狄,就做夷狄之人应做的事;身处患难,就做患难中应做的事。君子不论处在何种境地,都能自得其宜。处在高位的,不欺压低位的人;处在低位的,不高攀上面的人。端正自己,不去苛求别人,那就没有怨恨。对上不怨恨天命,对下不归咎别人。所以君子居处平易以等待天命的到来,而小人则采取冒险的举动以求侥幸成功。

注释 1见《诗·豳风·伐柯》。 2忠恕:尽己之心为忠,推己及人为恕。 3君子之道四:指孝、悌、忠、信。 4慥慥(zào zào)尔:敦厚笃实的样子。 5素:处在。下同。 6陵:欺侮,欺凌。

原文

子曰:"射有似乎君子,失诸正鹄[1],反求诸其身。"君子之道,辟[2]如行远必自迩,辟如登高必自卑。《诗》曰[3]:"妻子好合,如鼓瑟琴。兄弟既翕[4],和乐且耽[5]。宜尔室家,乐尔妻帑[6]。"子曰:"父母其顺矣乎!"

子曰:"鬼神之为德,其盛矣乎!视之而

译文

孔子说:"射箭之道和君子之道相似,如果没有射中靶子,就应该回过来从自己身上去找原因。"君子之道,就如行远路必定要从近处开始,就如登高山必定从低处开始。《诗》上说:"与妻子相好,情投意合,好比弹琴鼓瑟。兄弟相爱,和睦融洽。这样你的家室就相安了,你的妻子儿女就都快乐了。"孔子说:"如此,父母就可以称心如意了!"

孔子说:"鬼神所表现的功德,真是隆盛啊!看它看不见,听它听不到,但鬼神之道生养万物周遍而没有遗漏。鬼神可以使弗见，听之而弗闻，体物而不可遗。使天下之人齐明[7]盛服，以承祭祀。洋洋乎如在其上，如在其左右。《诗》曰[8]：'神之格[9]思[10]，不可度思！矧[11]可射[12]思！'夫微之显，诚之不可掩如此夫！"

普天之下的人都斋戒洁净，穿戴着庄严整齐的衣冠，而敬奉祭祀它们。这时鬼神就仿佛舒缓地飘浮在人们的上空，又仿佛就在人们的左右。《诗》上说：'鬼神来临，是想象不到的，怎么可以厌倦呢？'鬼神本来就是隐微虚无的，但又是那样明显地体现出来，真诚信实而不可掩蔽，事实就是这样啊！"

子曰："舜其大孝也与！德为圣人，尊为天子，富有四海之内。宗庙飨之，子孙保之。故大德必得其位，必得其禄，必得其名，必得其寿。故天之生物，必因其材而笃焉。故栽者培之，倾者覆之。《诗》曰[13]：'嘉乐君子，宪宪[14]令[15]德。宜民宜人，受禄于天。保佑命之，自天申之。'故大德者必受命。"

孔子说："舜可以算是大孝了啊！他有圣人的德行，被尊为天子，富有四海。（他死后，）宗庙奉祀他，子子孙孙永远祭祀他。所以有伟大德行的人必定会获得他应有的地位，必定会得到他应有的福禄，必定会得到他应有的名声，必定会得到他应有的年寿。所以，天生万物，一定是按照它们本身的资质给予厚施（让它们各自得以充分长成）。因此能够栽培的就一定去栽培，而要倾覆的也就只能让其倾覆。《诗》上说：'和善而安乐的君子，有彰明显著的美德。能使平民和贵人都相安适宜，就能从上天得到福禄。上天保佑他，命他为天子，使他能长享福禄。'所以，有伟大德行的人必定会禀受天命（，成为天下的君主）。"

注释　1 正鹄（gǔ）：箭靶的中心。郑玄说，画布曰正，栖皮曰鹄。　2 辟

(pì):通“譬”。 3 见《诗·小雅·常棣》。 4 翕(xī):和睦。 5 耽:应作“湛”,安乐。 6 帑(nú):通“孥”。妻子儿女。亦指儿女。 7 齐(zhāi)明:在祭祀前斋戒沐浴,以示虔敬。齐,通“斋”。明,洁净。 8 见《诗·大雅·抑》。 9 格:来,至。 10 思:语助词,无义。 11 矧(shěn):况且。 12 射(yì):厌倦。 13 见《诗·大雅·假乐》。 14 宪宪:原诗作“显显”。光明的样子。 15 令:善,美。

原文

子曰:“无忧者,其唯文王乎!以王季为父,以武王为子,父作之,子述之。武王缵[1]大王、王季、文王之绪[2],壹[3]戎[4]衣[5]而有天下。身不失天下之显名,尊为天子,富有四海之内。宗庙飨之,子孙保之。武王末受命,周公成文、武之德,追王大王、王季,上祀先公以天子之礼。斯礼也,达乎诸侯、大夫,及士、庶人。父为大夫,子为士,葬以大夫,祭以士。父为士,子为大夫,葬以士,祭以大夫。期之丧,达乎大夫。三年之丧,达乎天子。父

译文

孔子说:“没有忧虑的人,大概只有文王吧!王季是他的父亲,武王是他的儿子。父亲开创基业在前,儿子又继承了他的事业。武王继承了太王、王季和文王的事业,一战而灭掉了殷商,取得了天下。武王(这种以下伐上的行为,)不仅没有使他自身失掉显赫的名声,反而被尊为天子,富有四海。(他死后,)宗庙奉祀他,子子孙孙永远祭祀他。武王在晚年才受天命为天子,周公成就了文王、武王的德业,把太王和王季都追尊为王,用天子的礼仪去祭祀太王以上的祖先。这种礼仪一直贯彻到诸侯、大夫以至于士和庶人。假如父亲是大夫,儿子是士,父亲去世后就用大夫的礼节安葬,而祭祀父亲时就得用士的礼节。假如父亲是士,儿子是大夫,父亲去世后就用士的礼节安葬,而祭祀父亲时就

母之丧,无贵贱,一也。”

子曰:“武王、周公,其达孝矣乎!夫孝者,善继人之志,善述人之事者也。春秋修其祖庙,陈其宗器,设其裳衣[6],荐其时食。宗庙之礼,所以序昭穆也。序爵,所以辨贵贱也。序事,所以辨贤也。旅酬[7]下为上,所以逮贱也。燕毛,所以序齿也。践其位,行其礼,奏其乐,敬其所尊,爱其所亲,事死如事生,事亡如事存。孝之至也。郊社之礼,所以事上帝也。宗庙之礼,所以祀乎其先也。明乎郊社之礼、尝之义,治国其如示[8]诸掌乎!”

用大夫的礼节。(为旁系亲属)服丧一年,只适用于庶人至大夫。为父母服丧三年,适用于庶人至天子。父母的丧礼,没有贵贱的分别,丧期都是一样的。”

孔子说:“武王、周公,他们可以算达到了孝的最高标准了吧!所谓孝,就是善于继承先人的意志,和善于完成先人的事业。在四季祭祀时期,要整修祖庙,陈列祭器,摆设祖先遗留下来的衣裳,进献时鲜食品。宗庙的礼仪,是用来排列昭穆次序的。排列爵位次序,是用来分辨贵贱的。排列祭祀时各种执事的次序,是用来分辨能力高低的。当众人相互敬酒的时候,让位卑年幼的向尊长敬酒,就是使礼仪贯彻到地位低下的人。根据头发的黑白颜色决定宴席的座次,是用来区分长幼的。各人站在排定的位置上,行使祭祀的礼节,奏起祭祀的音乐,对于所应尊敬的祖先加以尊敬,对于所应亲爱的祖先加以亲爱,侍奉死者就像其生时一样,侍奉亡者就像其还在一样。这就是孝的最高标准。郊、社的祭礼,是用来侍奉上帝的。宗庙的祭礼,是用来祭祀祖先的。明白了郊、社的祭礼和禘、尝的意义,治理国家就像把自己手掌上的东西给人看那样简单容易了!”

注释 1缵:继承。 2绪:前人未竟的功业。 3壹:《尚书》作“殪”。歼灭。 4戎:大。 5衣:通“殷”,殷商。齐人言殷,声如衣。《尚书·康诰》有“殪戎殷”。 6裳衣:衣裳。此指先祖遗留下的衣服。 7旅酬:古代祭礼毕,便宴请众宾客,宾客们互相敬酒酬答。旅,众。酬,以酒相劝为酬。 8示:视。

原文

31.4 哀公问政。子曰:“文、武之政,布在方策[1]。其人存,则其政举;其人亡,则其政息。人道敏政,地道敏树。夫政也者,蒲卢[2]也。故为政在人,取人以身,修身以道,修道以仁。仁者人也,亲亲为大;义者宜也,尊贤为大。亲亲之杀,尊贤之等,礼所生也。在下位不获乎上,民不可得而治矣。故君子不可以不修身;思修身,不可以不事亲;思事亲,不可以不知

译文

鲁哀公向孔子问政事。孔子说:“周文王和周武王的政治都明白地记述在方版和竹简上。有贤能的人存在,那么好的政治就能实行起来;贤能的人不存在,那么好的政治就不能得到施行。用人施政的道理是使政治迅速昌明,用肥沃之地种树的道理是使树木迅速生长。政治就像蒲苇一样(发展成长是很快的)。所以,推行政治在于得到贤能的人,选拔贤能的人就靠国君自身(提高品德修养)。修治自身就要靠遵循道德,遵循道德就要靠仁。仁就是人与人之间相互亲爱,而以爱自己的亲人最为主要;义就是人与人之间相处得宜,而以尊敬贤能的人最为主要。亲爱自己的亲人,应有等级差别;尊重贤能的人,应有级别区分,这些都是从礼仪中产生出来的。处在下位的人不能获得上面的信任,那么民众就不可能被他管理好。所以,君子不可以不修治自身,要想修治自身,就不可以不服侍好自己的亲人;要想服侍好自己

人;思知人,不可以不知天。

“天下之达道五,所以行之者三。曰:君臣也,父子也,夫妇也,昆弟也,朋友之交也,五者天下之达道也。知、仁、勇,三者天下之达德也,所以行之者一也。或生而知之,或学而知之,或困而知之,及其知之,一也。或安而行之,或利而行之,或勉强而行之,及其成功,一也。”

的亲人,就不可以不知人;要想知人,就不可以不知道天理。

“天下通行的大道有五种,用来实行这些大道的德行有三种。就是说:君臣、父子、夫妇、兄弟、朋友间的相处之理,这五种是天下通行的大道。知、仁、勇,这三种是天下通行的德行,而用来实行它们的方法都是一样的。有的人天生就能知道,有的人需要学习才能知道,有的人需要经历困难才能知道,等到他们都知道了以后就都是一样的了。有的人可以安然地去实行,有的人为追求利益而去实行,有的人需要极大的努力才能实行,等到他们都成功以后就都是一样的了。”

注释 1方策:典籍。方,方版。策,同“册”,竹简。 2蒲卢:或说蒲苇,或说瓠瓜,或说土蜂。此依沈括说是蒲苇。

原文

子曰:“好学近乎知,力行近乎仁,知耻近乎勇。知斯三者,则知所以修身;知所以修身,则知所以治人;知所以治人,则知所以治天下国家矣。

译文

孔子说:“爱好学习就接近于智了,努力实行就接近于仁了,知道耻辱就接近于勇了。懂得这三点,那么就知道了用来修治自身的方法;知道了用来修治自身的方法,那么就知道了治理他人的方法;知道了治理他人的方法,那么就知道了治理天下国家的方法。

"凡为天下、国、家有九经,曰:修身也,尊贤也,亲亲也,敬大臣也,体群臣也,子庶民也,来百工也,柔[1]远人也,怀诸侯也。修身则道立,尊贤则不惑,亲亲则诸父昆弟不怨,敬大臣则不眩,体群臣则士之报礼重,子庶民则百姓劝,来百工则财用足,柔远人则四方归之,怀诸侯则天下畏之。

齐明盛服,非礼不动,所以修身也;去谗远色,贱货而贵德,所以劝贤也;尊其位,重其禄,同其好恶,所以劝亲亲也;官盛任使,所以劝大臣也;忠信重禄,所以劝士也;时使薄敛,所以劝百姓也;日省月试,既廪[2]称事,所以劝百工也;送

"凡是治理天下、国、家有九项原则,就是:修治自身、尊重贤人、亲爱亲人、敬重大臣、体恤群臣、爱民如子、招徕各种工匠、优待远来的宾客、安抚各国的诸侯。修治自身,就能树立道德典范;尊重贤人,就能不致疑惑不明;亲爱亲人,就能使伯叔兄弟不会有怨恨;敬重大臣,就会遇事不致迷误;体恤群臣,就会受到士人加倍的感恩戴德;爱民如子,就会使百姓更加勤奋努力;招徕各种工匠,就会使国家财产物用富足;优待远来的宾客,就会使四方的人都来归顺;安抚各国的诸侯,就会使天下的人都会敬畏服从。

斋戒沐浴洁净身心,穿上庄严的盛装,不合礼节的事不做,是用来修治自身的方法;摒弃谗佞小人的坏话,远离美色,轻视钱财货物,重视道德品质,是用来勉励贤人的方法;使亲人的爵位尊贵,使亲人的俸禄优厚,与亲人的好恶相同,是用来勉励亲人的方法;官位众多,属员充足,是用来勉励大臣的方法;待人忠信,俸禄优厚,是用来勉励士人的方法;适时役使,减轻赋税,是用来勉励老百姓的方法;每天有视察,每月有考试,发给他们的粮米薪资要与他们的劳绩相称,是用来勉励各种工匠的方法;送客迎宾,赞美善良,同情弱者,是用来怀

往迎来，嘉善而矜[3]不能，所以柔远人也；继绝世[4]，举废国，治乱持危，朝聘以时，厚往而薄来，所以怀诸侯也。凡为天下国家有九经，所以行之者一也。”

柔远方来客的方法；延续灭绝的世家，复兴废毁的国家，平定乱事，扶持危亡，按时朝见聘问，送给别国的礼品要丰厚，接受别国的礼品要微薄，是用来安抚诸侯的方法。大凡治理天下国家有九项原则，但是用来实行这些原则的方法却只有一种(即诚实专一)。

注释 1柔：怀柔，笼络。 2既(xì)廪：古指薪资。既，通“饩”。指赠送食物。廪，粮仓，这里指粮食。 3矜：怜悯，同情。 4绝世：绝禄的世家，指卿大夫子孙中已失去世禄者。

原文

“凡事豫则立，不豫则废。言前定则不跲[1]，事前定则不困，行前定则不疚，道前定则不穷。

“在下位不获乎上，民不可得而治矣。获乎上有道：不信乎朋友，不获乎上矣；信乎朋友有道：不顺乎亲，不信乎朋友矣；顺乎亲有道：反诸身不诚，不顺乎亲矣；诚身

译文

“凡事有准备就能成功，没有准备就不能成功。说话之前先想妥，就不会失言；做事之前先想妥，就不会困窘；行动之前先想妥，就不会后悔；推行道之前先想妥，就不会行不通。

“臣处在下位而不能获得信任，就不能得民心并治理好他们。要获得君上的信任，是要有一定的原则的：如果不被朋友信任，也就不会获得君上的信任；要获得朋友的信任，也是要有一定的原则的：如果不能孝顺父母，也就不会被朋友信任；要孝顺父母，也是有一定的原则的：如果不能使自己内心诚实，就不能孝顺父母；要使自己内心诚实，也

有道：不明乎善，不诚乎身矣。诚者，天之道也；诚之者，人之道也。诚者不勉而中，不思而得，从容[2]中道，圣人也。诚之者，择善而固执之者也。

是有一定的原则的：如果不能显示出自己善的本性来，就不能使自己内心诚实。诚实，是上天赋予的德行；做到诚实，是做人的德行。诚实的人不必勉强，为人处世就会适中；不必多思，言行就会得当；举止行动不偏不倚而符合中庸之道，这就是圣人。要实现诚实，就必须选择至善之道，并且坚持不懈地去实行。

“博学之，审问之，慎思之，明辨之，笃行之。有弗学，学之弗能，弗措也；有弗问，问之弗知，弗措也；有弗思，思之弗得，弗措也；有弗辨，辨之弗明，弗措也；有弗行，行之弗笃，弗措也。人一能之己百之，人十能之己千之。果能此道矣，虽愚必明，虽柔必强[3]。”

“广博地学习，详密地问询，谨慎地思考，明晰地辨析，切实地执行。有不曾学过的，如果学习了还不能掌握，那就不要停止学习；有不曾问过的，如果问了还不能明白，那就不要停止追问；有不曾思考过的，如果思考了还不能有所得，那就不要停止思考；有不曾辨析过的，如果辨析了还不能明晰，那就不要停止辨析；有不曾实行的，如果实行了还不能贯彻到底，那就不要停止实行。别人一次能做到的，我做上百次也一定能做到；别人十次能做到的，我做上千次也一定能做到。果真能够按照这样的道理去做，即使是愚笨的人也必定会变得聪明，即使是柔弱的人也必定会变得刚强。”

注释 1 跲(jiá)：窒碍。 2 从容：举止行动。 3 朱熹将“哀公问政”至此立为一章，并认为下面是“子思之言”，反复阐述。

原文

31.5 自诚明，谓之性。自明诚，谓之教。诚则明矣，明则诚矣。唯天下至诚，为能尽其性；能尽其性，则能尽人之性；能尽人之性，则能尽物之性；能尽物之性，则可以赞天地之化育；可以赞天地之化育，则可以与天地参[1]矣。

其次致曲[2]，曲能有诚，诚则形，形则著，著则明，明则动，动则变，变则化。唯天下至诚为能化。

至诚之道，可以前知。国家将兴，必有祯祥。国家将亡，必有妖孽。见乎蓍龟，动乎四体。祸福将至：善，必先知之；不善，必先知之。故至诚如神。

译文

由内心诚实而达到明察事理，这叫作天赋的本性。由明察事理而达到内心诚实，这叫作后天的教化。内心诚实就能明察事理，而明察事理也能做到内心诚实。只有天下至诚的圣人，才能充分发挥自己天赋的本性；能充分发挥自己天赋的本性，就能充分发挥天下人的本性；能充分发挥天下人的本性，就能充分发挥万物的本性；能充分发挥万物的本性，就可以佐助天地促成万物的生长化育；能佐助天地促成万物的生长化育，就可以和天、地并立而为三了。

那些次于圣人的贤人，能够推究细小事物的道理，由此也能达到内心诚实；内心诚实就会表现出来，表现出来就会日益显著；日益显著就会更加光明磊落，光明磊落就会使别人感动；使别人感动，就会使人发生转变；使人发生转变，就会使社会产生好的教化。只有天下至诚的人，才能做到化育万物。

掌握了至诚之道，就可以预先知道未来的事情。国家将要兴盛，必定会出现吉祥的预兆。国家即将灭亡，必定会有妖孽出来作怪。这些可以在蓍草、龟甲的占卜中体现，或是从人们的举止仪容中察觉。祸福将要来临：好事，必定能预先知道；坏事，也必定

诚者，自成也；而道，自道也。诚者物之终始，不诚无物。是故君子诚之为贵。诚者非自成己而已也，所以成物也。成己，仁也；成物，知也。性之德也，合外内之道也，故时措之宜也。

能预先知道。所以掌握了至诚之道就像神灵一样。

诚，是完成自身品德修养的要素；道，是指导自己完成修养的道理。诚是贯穿在万物的始终，没有诚就会万物不生、万事不成。因此君子以诚为贵。诚不仅是完成自身的品德修养而已，还要用来成就万物（使之完善）。完成自身的品德修养，这是仁；使万物都能完善，这是智。仁和智是人们天性中的美德，符合成己、成物的内外规律，所以得时而用之，没有不适宜的地方了。

注释 1参(sān)：同"叁(三)"。 2曲：郑玄说，犹小小之事也。

原文

故至诚无息。不息则久，久则征[1]，征则悠远，悠远则博厚，博厚则高明。博厚，所以载物也；高明，所以覆物也；悠久，所以成物也。博厚配地，高明配天，悠久无疆。如此者，不见而章，不动而变，无为而成。天地之道，可壹言而尽也：其为物不贰，则其生物不测。天地之道博也，

译文

因此，至诚的道理不会止息。不止息，就能长久流传；长久流传，就可以得到验证；得到验证，就悠远无穷；悠远无穷，就能广博深厚；广博深厚，就能变得崇高明睿。广博深厚，可以承载万物；崇高明睿，可以覆盖万物；悠远无穷，可以化成万物。广博深厚与地相配，崇高明睿与天相配，悠远无穷则像天地无边无际。像这样，虽然没有表现，却自然彰明；虽然没有行动，却可以感人化物；虽然无所作为，却能够获得成功。天地

厚也，高也，明也，悠也，久也。

今夫天，斯昭昭[2]之多，及其无穷也，日月星辰系焉，万物覆焉。今夫地，一撮土之多，及其广大，载华岳而不重，振[3]河海而不泄，万物载焉。今夫山，一卷[4]石之多，及其广大，草木生之，禽兽居之，宝藏兴焉。今夫水，一勺之多，及其不测，鼋、鼍[5]、蛟、龙、鱼、鳖生焉，货财殖焉。《诗》曰[6]："惟天之命，於穆不已！"盖曰天之所以为天也。"於乎[7]不显[8]，文王之德之纯！"盖曰文王之所以为文也，纯亦不已。

的道理可以用一句话加以概括：它诚一不贰，生成万物，神妙莫测。天地之道真是广博、深厚、崇高、明睿、悠远、长久啊。

现在先说说天吧，它是由一点点光明积聚成的，却无穷无尽，日月星辰悬系于上面，万物也都被覆盖于下面。现在再说地吧，它是由一撮撮泥土积聚成的，却广大无边，承载华山而不觉得沉重，容纳河海而不会泄漏，万物都可以被大地承载。现在再说山吧，这是由一堆堆小石积聚成的，却广大无边，草木在上面生长，禽兽在里面栖居，宝藏也从山里挖出来。现在再说水吧，它是由一勺勺水积聚成的，却深不可测，鼋、鼍、蛟、龙、鱼、鳖生长在水里，货财也从水里产生出来。《诗》上说："只有天命，庄严肃穆，运行不息！"大约是说天之所以成为天的道理吧。"啊，太英明了，文王的德教永不止息！"大约是说文王之所以尊谥为文，是因为他的德教永不止息。

注释　1 征：验证。　2 昭昭：小小的光明。　3 振：郑玄说，振犹收也。4 卷：郑玄说，卷犹区也。一卷石，即指区区小石。　5 鼍(tuó)：扬子鳄，又名猪婆龙。　6 见《诗·周颂·维天之命》。　7 於(wū)乎：呜呼。8 不(pī)显：英明。不，通"丕"。

原文

大哉,圣人之道!洋洋乎,发育万物,峻极于天。优优大哉!礼仪三百,威仪三千,待其人然后行。故曰:"苟不至德,至道不凝焉。"故君子尊德性而道问学,致广大而尽精微,极高明而道中庸。温故而知新,敦厚以崇礼。是故居上不骄,为下不倍[1];国有道,其言足以兴;国无道,其默足以容。《诗》曰[2]:"既明且哲,以保其身。"其此之谓与!

子曰:"愚而好自用,贱而好自专;生乎今之世,反古之道。如此者,灾及其身者也。"非天子,不议礼,不制度,不考文。今天下车同轨[3],书同

译文

伟大啊,圣人的道德!它充塞在天地间,使万物生长发育,高达上天(无所不包)。真是充裕而又伟大啊!礼的大纲有三百条,礼的细节有三千条,要等待圣人出来才能够施行。所以说:"假如不是具有最高德性的人,至善之道也不会被施行。"因此君子尊崇德性,又学习探究,使学问和德性日益广大,又深入到精微处,达到高明的境界,遵循中庸之道。在学习上温故而知新,在品德修养上要敦厚而崇尚礼仪。因此,君子身居高位而不骄傲,身处下位而不犯上;国家政治清明,他的言论足以振兴国家;国家政治不清明,他沉默不语也足以在乱世中容身。《诗》上说:"既明达又睿智,可以保全自己。"大概说的就是这个意思吧!

孔子说:"愚笨却好刚愎自用,卑贱却好独断专行;生活在当今的时代,却要恢复古代的一套道理。这样的人,灾难就会降及自身。"不是天子,不议论礼制,不制定法度,不考订书籍文章的名称文字。如今天下车辙间的距离相同,书写的文字相同,行为所遵循的伦理道德相同。虽然有天子之位,但如果没有圣人的德行,就不敢去制作礼

文,行同伦。虽有其位,苟无其德,不敢作礼乐焉;虽有其德,苟无其位,亦不敢作礼乐焉。

子曰:"吾说夏礼,杞不足征也。吾学殷礼,有宋存焉。吾学周礼,今用之,吾从周。"

乐;虽然有圣人的德行,但如果没有天子之位,也不敢去制礼作乐。

孔子说:"我解说夏代的礼法,作为夏后裔的杞国是不足为据的。我学习殷代的礼法,作为殷代的后裔宋国还存在。我学习周代的礼法,现在各国诸侯还在运用,我遵从周代的礼法。"

注释 1倍:通"背"。违背。2见《诗·大雅·烝民》。3轨:车子两轮间的距离。

原文

王天下有三重焉,其寡过矣乎!上焉者[1]虽善,无征;无征,不信;不信,民弗从。下焉者[2]虽善,不尊;不尊,不信;不信,民弗从。故君子之道,本诸身,征诸庶民,考诸三王而不缪[3],建诸天地而不悖,质诸鬼神而无疑,百世以俟圣人而不惑。质诸鬼神而无疑,知天也;百世以俟圣人而不惑,知人也。是故君子动

译文

君王统治天下有三件重要的大事,(这就是仪礼、制度、考文;)如果能做好这些事,他的过失就少了!上古时的礼仪制度虽然好,但得不到验证;得不到验证,民众就不相信;民众不相信,就不会遵从。处在下位的圣人虽然对于礼仪制度有好的主意,但地位不尊贵;地位不尊贵,民众也不相信;民众不相信,也就不会遵从。所以君子治理天下之道,要从自身出发,然后在民众中得到验证,用夏商周三代的礼仪制度来考察而没有谬误,立于天地之间而没有违背,从鬼神那儿得到证实而没有疑虑,这样就是等

而世为天下道，行而世为天下法，言而世为天下则。远之则有望，近之则不厌。《诗》曰[4]："在彼无恶，在此无射。庶几夙夜，以永终誉！"君子未有不如此而蚤[5]有誉于天下者也。

仲尼祖述[6]尧、舜，宪章[7]文、武；上律天时，下袭水土。辟如天地之无不持载，无不覆帱[8]；辟如四时之错行，如日月之代[9]明。万物并育而不相害，道并行而不相悖。小德川流，大德敦化，此天地之所以为大也。

到百世以后的圣人来施行也不会有疑惑了。从鬼神那儿得到证实而没有疑虑，这就是懂得了天理；等到百世以后的圣人来施行也不会有疑惑，这就是懂得了人情。因此君子的举动被世世代代当作天下的常理，君子的行为被世世代代当作天下的法度，君子的言语被世世代代当作天下的准则。远离他，则会有仰慕之心；接近他，则没有厌倦之意。《诗》上说："诸侯在国无人恨，在朝也是无人厌。日夜操劳政事，永远受到众人的称赞！"没有哪个君子可以不这样做却能早早名传天下的。

仲尼传述尧、舜之道，效法文王、武王之政；上要依据天时变化的规律，下要符合水土地理的情况。如天地没有什么不能承载，没有什么不能覆盖；如四季更迭运行，日月轮流照耀。万物共同生长却不互相妨害，天地之道互相并行却不相违背。小德如江河水流不止不息，大德敦厚而化育万物无穷无尽。这就是天地之所以伟大的原因。

注释　1 上焉者：指周代以前的礼仪制度。　2 下焉者：虽为圣人，但地位在下的人。　3 缪(miù)：通"谬"。错误。　4 见《诗·周颂·振鹭》。　5 蚤：通"早"。　6 祖述：宗奉，传述。　7 宪章：效法。　8 帱(dào)：覆盖。　9 代：交替。

原文

唯天下至圣为能聪明睿知，足以有临也；宽裕温柔，足以有容也；发强刚毅，足以有执也；齐庄中正，足以有敬也；文理密察，足以有别也。溥博渊泉，而时出之；溥博如天，渊泉如渊。见而民莫不敬，言而民莫不信，行而民莫不说[1]。是以声名洋溢乎中国，施及蛮貊[2]。舟车所至，人力所通，天之所覆，地之所载，日月所照，霜露所队[3]。凡有血气者，莫不尊亲，故曰配天。

唯天下至诚，为能经纶[4]天下之大经，立天下之大本，知天地之化育。夫焉有所倚？肫肫[5]其仁！渊渊其渊！浩浩其天！苟不固聪明圣知达天德者，其孰能知之？

译文

只有天下最为圣明的人，才能聪明富有智慧，足以统治民众；宽裕温柔，足以容纳天下的人和事；雄强刚毅，足以执掌天下大事；庄重中正，足以得到民众的敬重；条理缜密明晰，足以分辨是非。他们的美德既广博又深远，而且随时会表现出来；其广博就像天一样，而其深远又如渊一般。美德表现在仪容上，那么民众没有不敬重的；美德表现在言语中，那么民众没有不信从的；美德表现在行动上，那么民众没有不喜欢的。因此他们的声名充满整个国家，甚至传播到少数民族地区。凡是船只车辆所能到达的地方，人们所能通行的地方，上天所覆盖的地方，大地所承载的地方，日月所照耀的地方，霜露所降落的地方。凡是有血气的人，没有不尊重、亲近圣人的，所以说圣人的美德可以和天相配。

只有天下至诚的人，才能制定天下的法规，树立天下的根本，懂得天地化育万物的道理。这怎么会有偏倚呢？他的仁心那么诚挚！他的思虑像潭水那么深邃！他的德行像上天那么浩大！如果不是本来就聪明圣哲而又拥有上天所赋予的美德的人，谁又能了解这些呢？

注释 1说：通“悦”。喜悦。 2蛮貊：南蛮北狄等边远的少数民族。貊，指东北部的一个民族。 3队(zhuì)：“坠”的古字。坠落，降落。 4经纶：整理蚕丝。引申为规划、制订。 5肫(zhūn)肫：诚恳的样子。

原文

《诗》曰：“衣锦尚絅。”[1]恶其文之著也。故君子之道，暗然而日章[2]；小人之道，的然[3]而日亡。君子之道，淡而不厌，简而文，温而理，知远之近，知风[4]之自，知微之显，可与入德矣。《诗》云[5]：“潜虽伏矣，亦孔[6]之昭！”故君子内省不疚，无恶于志。君子所不可及者，其唯人之所不见乎！《诗》云[7]：“相在尔室，尚不愧于屋漏[8]。”故君子不动而敬，不言而信。《诗》曰[9]：“奏假[10]无言，时靡有争。”是故君子不赏而民劝，不怒而民威于鈇[11]钺[12]。《诗》曰[13]：

译文

《诗》上说：“穿上华美的锦服，再要加上麻纱制的罩衣。”这是因为讨厌锦服的花纹太艳丽了。所以君子的为人之道，外表暗淡，美德却日渐彰明；小人的为人之道，外表耀眼，却会日渐消亡。君子的为人之道是：素淡却不使人讨厌，简朴却有文采，温和而有条理，知道远是从近开始，知道教化别人必从自己做起，知道隐微的必会逐渐显现，这样就可以进入圣德的境界。《诗》上说：“虽然鱼潜伏水底，但仍然看得很清楚。”所以君子经常在内心省察，就不会内疚，不会损伤志向。君子不会被别人赶上，大概是因为君子能在他人看不见的地方也严格要求自己！《诗》上说：“看你独自一人在室内，不在暗中干坏事。”所以君子没什么举动也能使人尊敬，没说什么话也能使人信服。《诗》上说：“默默无声地祷告，现在不再有争夺。”因此君子不必行赏，而民众也会受到勉励；不必发怒，而民众也会对斧钺感到害怕。《诗》上说：“德行最为显赫，诸

"不显惟德，百辟[14]其刑[15]之。"是故君子笃恭而天下平。《诗》曰[16]："予怀明德，不大声以色。"子曰："声色之于以化民，末也。"《诗》曰[17]："德輶[18]如毛。"毛犹有伦。"上天之载，无声无臭[19]"，至矣！

侯依循为法则。"因此君子诚笃恭敬，天下就能太平。《诗》上说："我怀念文王光明的德行，从来不声色俱厉。"孔子说："厉声厉色地去教化民众，这是下下策。"《诗》上说："德轻如毛。"羽毛虽微细，但还有可以类比的东西。"上天化育万物，没有声音，也没有气味"，这就是最高的境界！

注释 1见《诗·卫风·硕人》。尚：加上。 2章：彰明。 3的然：明显的样子。 4风：教化。 5见《诗·小雅·正月》。6孔：很。 7见《诗·大雅·抑》。 8尚：当。屋漏：屋之西北角阴暗处。 9见《诗·商颂·烈祖》。10奏假(jiǎ)：祷告。 11鈇：铡刀，用来腰斩的刑具。 12钺：大斧。13见《诗·周颂·烈文》。 14百辟：各国诸侯。 15刑：通"型"。法式，法度。 16见《诗·大雅·皇矣》。 17见《诗·大雅·烝民》。 18輶(yóu)：古代一种轻便车，引申为轻。 19见《诗·大雅·文王》。臭(xiù)：气味。

表记第三十二

导读

此篇记君子的德行以及君子在言谈举止等方面的表现。全篇采用节选式的孔子语录的形式进行记述,多引用《诗》《易》《书》内容来阐述观点,其中以引用《诗》为最多。全文突出谈论仁政、仁道和仁爱之心,赞美舜、虞、文王、周公以“仁政”治天下。

孔子对“行仁而难以成功由来已久”的问题做了分析评论。他认为,君子所谓的义,就是不论是尊贵或是卑贱的人,在世间都有要恭敬地去施行的事。诸侯要勤勉地辅助侍奉天子。君子要恭敬节俭地做仁德的事,诚实谦让地做符合礼义的事,不要求居于尊贵的地位,能恬淡寡欲。谦让贤人,小心谨慎而敬服道义。君主要用仁政教育感化百姓,提出的命令要顺应天道人情。君主不善良,民众就会遭受苦难。孔子又说:“虞夏的政治比较宽松,所以民众的怨恨很少;殷周的政治繁杂苛细,所以民众不堪忍受这种弊端。”要使人民快乐而自强不息,不荒废事业,使人民尊敬自己像尊敬父亲一样,亲近自己像亲近母亲一样,这样才可以做人民的父母。如果政教衰败,人民就会变得放荡而不守本分,只求贪利取巧,文过饰非,互相伤害、蒙骗而不知羞耻。《表记》还多处讲述了君子德行在言谈举止中的表现,在仪容、仪表和待人接物、修身养性方面都有细致而深刻的点醒。

本篇体现了孔子一贯的“仁政爱人”“贤人治国”的政治理想,希望通过礼乐来恢复周代社会制度。“依于仁”“约于礼”,孔子认为要建立安宁平和的社会秩序,必须使个人的修身达到完善,克服粗鲁怠慢等行为举止。忠臣与顺民,都是符合封建道德的理想人格。同时,文中所主张的“尊君卑臣”的观念和“上下尊卑”的等级秩序,都是为维护封建统治阶级的利益服务的。文中引《易经》“不事王侯,高尚其事”,认为服事国君不是伺候王公诸侯,而是尊重事业,这一理念值得深思。

原文

32.1 子言之[1]："归乎！君子隐而显，不矜而庄[2]，不厉而威，不言而信。"

子曰："君子不失足于人，不失色于人，不失口于人。是故君子貌足畏也，色足惮也，言足信也。《甫刑》曰：'敬忌而罔有择言在躬。'"

子曰："裼、袭之不相因也，欲民之毋相渎也。"

子曰："祭极[3]敬，不继之以乐；朝极辨[4]，不继之以倦。"

子曰："君子慎以辟祸，笃以不掩，恭以远耻。"

子曰："君子庄敬日强，安肆日偷。君子不以一日使其躬儳焉[5]，如不终日。"

译文

孔子说："回去吧！君子虽身处幽隐而声名显著，不必矜持而人们会尊敬他，不必严厉而人们会威服于他，不必说话而人们会相信他。"

孔子说："君子在他人面前不失自己仪容举止的庄严，神色不失端庄，说话不失慎重。因此君子的容貌足以使人敬畏，神色足以使人戒惧，说话足以使人信服。《尚书·甫刑》说：'外表恭敬，内心戒忌，使自己没有让人挑剔的言语。'"

孔子说："行礼时穿的衣服，有以露出裼衣为敬的，有以衣上加衣为敬的，两者不相因袭，那是为了使民众不要互相亵渎。"

孔子说："祭祀要竭尽恭敬，不可以因饮酒作乐而不敬；朝政大事要尽心治理，不可以因疲倦而草草了事。"

孔子说："君子慎重而避开祸患，笃厚而不被困迫，恭敬而远离耻辱。"

孔子说："君子庄重恭敬，则德行日益增强；安乐放肆，则德行日益浅薄。君子不会使自身像小人那样有一日的轻贱。惶惶不可终日。"

孔子说："斋戒以后再侍奉鬼神，选好日子以后再朝见国君，这是担心民众不恭

子曰："齐戒以事鬼神，择日月以见君，恐民之不敬也。"

子曰："狎侮，死焉，而不畏也。"

子曰："无辞不相接也，无礼不相见也，欲民之毋相亵也。《易》曰：'初筮告，再三渎，渎则不告。[6]'"

敬从事。"

孔子说："小人们轻狎侮慢，即使死到临头也不知畏惧。"

孔子说："（朝聘会聚的时候，必有言辞、贽币来表达和沟通情意，）如果无言辞就不相交接，无见面礼物就不相见，这是要让民众不要彼此亵渎。《易》说：'第一次占筮是要告诉问卜人的，但如果接二连三地问就是亵渎不敬了，既已亵渎不敬就不再告诉问卜人了。'"

注释　1 郑玄说，此孔子行应聘，诸侯莫能用己，心厌倦之辞也。　2 庄：孔疏说，庄，敬也。　3 极：达到最大限度，极尽。　4 辨：治理。　5 儳(chàn)焉：郑玄说，可轻贱之貌也。儳，苟且，不严肃。　6 见《易》蒙卦辞。

原文

32.2 子言之："仁者天下之表也，义者天下之制也，报[1]者天下之利也。"

子曰："以德报德，则民有所劝；以怨报怨，则民有所惩。《诗》曰：'无言不雠[2]，无德不报。'《大甲》曰：'民非后，无能胥以宁。后非

译文

孔子说："仁是天下人的行为仪范，义是裁断天下事物的正理，礼尚往来是天下人的利益所在。"

孔子说："以德报德，那么民众就有所勉励；以怨报怨，那么民众就会有所警戒。《诗·大雅·抑》说：'与我说话，无话不回答；施我恩德，无德不回报。'《尚书·大甲》说：'民众如果没有君王，不能得到安宁。君王如果没有民众，也不能统领四方。'"孔子说："以德报怨的，那就是宽爱自己且想苟

民，无以辟[3]四方。'"子曰："以德报怨，则宽身之仁[4]也；以怨报德，则刑戮之民也。"

子曰："无欲而好仁者，无畏而恶不仁者，天下一人而已[5]矣。是故君子议道自己，而置法以民。"

子曰："仁有三，与仁同功而异情。与仁同功，其仁未可知也；与仁同过[6]，然后其仁可知也。仁者安仁，知者利仁，畏罪者强仁。仁者右也，道者左也。仁者人也，道者义也。厚于仁者薄于义，亲而不尊；厚于义者薄于仁，尊而不亲。道有至〔有〕义有考。[7]至道以王，义道以霸，考道以为无失。"

息祸患的人；以怨报德的，那就是应该处罚或处死的人。"

孔子说："没有私欲而爱好仁道的人，无所畏惧而厌恶不行仁道的人，这在天下仅是极少数的人而已。因此君子议论道理时先从自己开始，（自己能施行的再推及他人，）这才可以施行法度于民众。"

孔子说："行仁道有三种情况：（安仁、利仁、强仁；）利仁、强仁的功效虽然与安仁从根本上来说是相同的，但从情感上来说是不同的。（安仁是无所求而安于行仁，利仁是想求利而行仁，强仁是畏惧刑罚而行仁。）与安仁可以有相同的功效即泛施博爱，但从这方面着眼就不能辨知行仁的内情；如果与安仁遭受相同的利害关系，然后就可以辨知行仁的内情。仁德的人安于行仁，有智慧的人为利行仁，而畏惧受罪罚的人勉强行仁。仁就像人的右手，道就像人的左手。仁是爱人，道是德义。太看重仁的人轻视义，所以对人亲爱而缺少尊敬；太看重义的人轻视仁，所以对人尊敬而缺少亲爱。道有兼具仁义的道，有仅取义而无仁的道，有或取仁或取义去勉力作成的道。施行仁义兼具的道，可以称王于天下；施行只取义的道，可以称霸于诸侯；施行取其一事而勉力作成的道，就可以没有过失。"

注释 1报:郑玄说,“报”谓礼也,礼尚往来。 2雠(chóu):应答。 3辟:国君。 4仁:郑玄说,“仁”亦当言民,声之误也。 5一人而已:比喻人数少。 6过:孔疏说,“过”谓利之与害。 7郑玄认为,此句应为“道有至、有义、有考”,脱一“有”耳。考,成。

原文

32.3 子言之:“仁有数,义有长短小大。中心憯怛,爱人之仁也。率[1]法而强之,资仁者也。《诗》云:‘丰有水芑[2],武王岂不仕[3]?诒厥孙谋,以燕[4]翼[5]子。武王烝[6]哉!’数世之(人)〔仁〕[7]也。《国风》曰:‘我今不阅[8],皇[9]恤[10]我后。’终身之仁也。”

译文

孔子说:“仁的程度有数量的分别,义的程度也有长短大小的不同。遇到事情,心中感到悲凄伤心,这是怜爱人的仁人。依循法律,而勉强行仁,就是借用行仁来达到自己的目的。《诗·大雅·文王有声》说:‘丰水河旁有白苗的粱,武王难道不把功业当大事?武王传下好计谋留给子孙,帮助他们得到安乐。武王真是个伟大的君王啊!’这就是武王行了仁道,又留传到了子孙数世的仁道。《诗·邶风·谷风》说:‘我如今自身尚难容,哪有空暇顾及后代。’这是随着自己死亡就结束的仁道。”

注释 1率:遵循,依循。 2芑(qǐ):白苗的粱。或说嘉禾、枸杞等。3仕:通“事”。 4燕:通“宴”。安闲,安乐。 5翼:辅助。 6烝(zhēng):国君。 7孔疏说,“人”作“仁”。仁,仁道。 8阅:容纳,容受。 9皇:通“遑”。闲暇,空暇。 10恤:忧虑。

原文

子曰:“仁之为器重,

译文

孔子说:“仁就像一件非常重的器

其为道远，举者莫能胜也，行者莫能致也。取数多者，仁也。夫勉于仁者，不亦难乎？是故君子以义度人，则难为人；以人望[1]人，则贤者可知已矣。”

子曰：“中心安仁者，天下一人而已矣。《大雅》曰：‘德輶[2]如毛，民鲜[3]克[4]举之。我仪[5]图之，惟仲山甫举之，爱莫助之。’《小雅》曰：‘高山仰止，景行[6]行止。’”子曰：“《诗》之好仁如此。乡道而行，中道而废[7]，忘身之老也，不知年数之不足；俛焉[8]日有孳孳，毙而后已。”

具，一条非常遥远的道路，没有人举得起这一重器，没有人走得完这条道路。如果谁能举得更高一点，走得更远一点，就是仁了。像这样勉力去行仁道，应该不是很困难吧？因此君子如果用义的标准来衡量一个人，那就很难选到达标的人；如果人和人相比较，用一般标准来衡量，那就可以知道谁是贤德的人了。”

孔子说：“心中能够安于行仁的人，在天下是极少数的。《诗·大雅·烝民》说：‘德行虽轻如羽毛，但很少有人能举起它。我仔细考虑揣度，只有仲山甫能举得起，可惜人们不能帮助他。’《诗·小雅·车舝》说：‘高山是大家所仰望的，大道是众人所共行的。’”孔子说：“《诗》爱好仁道到这种程度。向着大道前进，到了中途因力尽倦极才停止，忘记了自身的衰老，也不计较自己能活着的时间已不充盈；仍旧在勉力地每天向前行进，直到死去后才肯罢休。”

注释 1望：通“方”。比。 2輶：轻。 3鲜：少。 4克：能够。 5仪：想象，考虑。 6景行(háng)：大道。景，高，大。行，路。 7废：停止，停下。郑玄说，喻力极罢(pí，疲劳)顿，不能复行则止也。 8俛(miǎn)焉：勤劳的样子。俛，通“勉”。

原文

子曰："仁之难成久矣。人人失其所好，故仁者之过易辞也。"子曰："恭近礼，俭近仁，信近情。敬让以行，此虽有过，其不甚矣。夫恭寡过，情可信，俭易容也，以此失之者，不亦鲜乎？《诗》(曰)〔云〕[1]：'温温[2]恭人，惟德之基。'"

子曰："仁之难成久矣，唯君子能之。是故君子不以其所能者病人，不以人之所不能者愧人。是故圣人之制行也，不制以己，使民有所劝勉愧耻，以行其言。礼以节之，信以结之，容貌以文之，衣服以移之，朋友以极之，欲民之有壹也。《小雅》曰：'不愧于人，不畏于天。'是故君子服其服，则文以君子之容；有其容，则文以君子之辞；遂

译文

孔子说："行仁道而难成功，由来已久了！人人都失去了这份爱仁的天性，所以行仁的人有过错也就容易解释了。"孔子说："恭敬接近礼，省俭接近仁，诚信接近人情。恭敬谦让地去做事，即使有过错，那也不会很严重。能够恭敬就会少犯过错，能有人情就可以使人信赖，能够省俭就容易被人容纳，像这样去做的话，过失不就会很少了吗？《诗·大雅·抑》说：'态度温顺和柔，举止恭恭敬敬，才是道德的基础。'"

孔子说："行仁道而难成功，由来已久了，只有君子能够成功。因此君子不因为自己能成功而责备他人，不因为他人不能成功而羞辱他人。因此圣人规范他人的行为，不是以自己的行为为标准，只是使人们互相规劝勉励，知耻辱懂羞愧，从而施行圣人的教诲。用礼仪来节制他们，用诚信来团结他们，用温和的容貌来润饰心志，用衣裳服饰来改变气质，用朋友间的勉励来穷尽于道，这都是希望民众专心一意向善。《诗·小雅·何人斯》说：'没有愧对于人的地方，也就不会畏惧上天。'因此君子穿上自己的衣服，就要

其辞,则实以君子之德。是故君子耻服其服而无其容,耻有其容而无其辞,耻有其辞而无其德,耻有其德而无其行。是故君子衰绖则有哀色,端冕则有敬色,甲胄则有不可辱之色。《诗》云:'惟鹈在梁[3],不濡其翼。彼记[4]之子,不称其服。'"

用君子的仪容来修饰;有了君子的仪容,就要用君子的谈吐来修饰;有了君子的谈吐,就要用君子的德性来充实。因此,君子为虽穿上君子的服饰却无君子仪容而感到羞耻,为虽有君子仪容却无君子谈吐而感到羞耻,为虽有君子谈吐却没有君子德性而感到羞愧,为虽有君子德性却没有君子行动而感到羞愧。所以君子穿上丧服就有悲哀的神色,穿上朝服就有敬重的神色,穿上盔甲就有不可侵犯的神色。《诗·曹风·候人》说:'鹈鹕鸟停在鱼梁上,还不会沾湿翅膀;那些无德行的贵族,不配穿一身好衣裳。'"

注释 1孔疏说,"曰"作"云"。 2温温:温顺和柔的样子。 3梁:指鱼梁,用竹石在河中围成的捕鱼设施。 4记:《诗经》原作"其"。

原文

32.4 子言之:"君子之所谓义者,贵贱皆有事于天下。天子亲耕,粢盛[1]秬鬯[2],以事上帝,故诸侯勤以辅事于天子。"子曰:"下之事上也,虽有庇民之大德,不敢有君民之心,仁之厚也。是故君子恭俭

译文

孔子说:"君子所说的义,就是不论是尊贵的或是卑贱的人,在世间都有要恭敬地去施行的事。天子有亲自耕种的仪式,要用黍稷香酒来敬事上帝,所以诸侯也勤勉地辅佐敬事天子。"孔子说:"下面的人要侍奉上面的人,而上面的人即使有庇护民众的重大恩德,也不敢有统治民众的心思,这就是仁爱深厚。因此君子恭敬省俭而希求施行仁道,诚信谦让而希求施

以求役仁，信让以求役礼，不自尚其事，不自尊其身，俭于位而寡于欲，让于贤，卑己而尊人，小心而畏义，求以事君，得之自是，不得自是，以听天命。《诗》云：'莫莫[3]葛藟，施于条枚。凯弟[4]君子，求福不回。'其舜、禹、文王、周公之谓与！有君民之大德，有事君之小心。《诗》云：'惟此文王，小心翼翼。昭事上帝，聿[5]怀多福。厥德不回[6]，以受方国。'"

子曰："先王谥以尊名，节以壹惠，耻名之浮于行也。是故君子不自大其事，不自尚其功，以求处情；过行弗率，以求处厚；彰人之善而美人之功，以求下贤。是故君子虽自卑而民敬尊之。"子曰：

行礼仪，不推崇自己所做的事，不自己看重自身，不要求居于尊贵的地位而能恬淡寡欲，对于贤德之人能谦让，贬抑自己而尊重他人，小心谨慎而敬畏道义，希望用这种态度来侍奉国君，得到利禄是这样去做，得不到利禄也是这样去做，一切听天由命。《诗·大雅·旱麓》说：'茂盛繁密的葛藟藤，攀缘树干向上长。快乐平易的君子，不违祖德求福享。'这就是说的舜、禹、文王、周公吧！既有统治民众的重大恩德，又有侍奉君上的小心谨慎。《诗·大雅·大明》说：'这位周文王，小心翼翼。心迹昭著，敬侍上帝，获得了很多福祉。他的德行没有一点不正，受有四方众国归附而为天子。'"

孔子说："先王给死去的人加谥号，用来尊重他生前的声名，但只节取他众多善行中的一件来定谥号，为了不使名声超过他的行为。因此君子不自我夸大所做的事情，也不自我推崇所得的功绩，而只求实情从不虚饰；有过失的行为，就不再依循去重犯，而必改正求敦厚；彰明他人的善行，赞美他人的功绩，而要求对贤良的人表示敬重。因此君子虽然自己贬抑自己，但受民众尊敬。"孔子说："后稷是为天

“后稷,天下之为烈[7]也,岂一手一足哉?唯欲行之浮于名也,故自谓便人[8]。”

下人立下功业的人,(他教人耕种,)其恩惠难道只施与一两个人吗?为了使实际行为超过名声,后稷自称是个熟悉种庄稼的人(从不说自己仁圣)。”

注释 1 粢盛(zī chéng):古代的一种祭祀仪式。祭祀时将黍稷放在祭器里。黍稷等谷物叫作粢,放在器皿中称为盛。 2 秬鬯(jù chàng):用黑麦造的香酒。 3 莫莫:茂盛繁密的样子。 4 凯弟(tì):和乐貌。郑玄说,凯,乐也;弟,易也。 5 聿:语助词。 6 回:回邪,邪僻。 7 烈:功业。 8 便人:熟悉某事的人。郑玄说,是“便习于此事之人”。

原文

32.5 子言之:“君子之所谓仁者,其难乎!《诗》云:‘凯弟君子,民之父母。’凯以强教之,弟以说[1]安之。乐而毋荒,有礼而亲,威庄而安,孝慈而敬。使民有父之尊,有母之亲。如此而后可以为民父母矣,非至德其孰能如此乎?今父之亲子也,亲贤而下无能;母之亲子也,贤则亲之,无能则怜之。母亲而不尊,父尊而不亲。

译文

孔子说:“君子所说的仁,的确是很难做到的!《诗·大雅·泂酌》说:‘快乐和易的君子,是民众的父母。’君子应当用仁政教化天下,使民众乐意又敬仰,并且能自强不息;用和乐平易感化民众,使他们喜悦且康安。民众欢乐而不荒废事业,有礼仪而相互亲近,威严庄重而能安宁,孝顺慈爱而能恭敬。使民众对待自己有如对父亲那样敬重,有如对母亲那样亲近,如此就可以去做民众的父母了。但是,不是德行达到极致的人,又有谁能做到这样呢?如今父亲亲爱子女,是亲近贤能的子女,而轻视无能的子女;母亲亲爱子女,对于贤能的

水之于民也，亲而不尊；火尊而不亲。土之于民也，亲而不尊；天尊而不亲。命[2]之于民也，亲而不尊；鬼尊而不亲。”

子曰：“夏道尊命[3]，事鬼敬神而远之，近人而忠焉，先禄而后威，先赏而后罚，亲而不尊。其民之敝[4]，蠢而愚，乔[5]而野，朴而不文。殷人尊神，率民以事神，先鬼而后礼，先罚而后赏，尊而不亲。其民之敝，荡而不静，胜而无耻。周人尊礼尚施，事鬼敬神而远之，近人而忠焉，其赏罚用爵列，亲而不尊。其民之敝，利而巧，文而不惭，贼而蔽。”

子曰：“夏道未渎

子女就亲近他们，对于无能的子女就怜爱他们。母亲虽容易亲近，但是缺少尊严；父亲虽有尊严，但是又难以亲近。水对于人来说，就是可亲近而无尊严；火（对于人来说），就是有尊严而不可亲近。土地对于人来说，也是可亲近而无尊严；上天（对于人来说，）也是有尊严而不可亲近。政令对于人来说，是可亲近而无尊严；鬼神（对于人来说，）是有尊严而不可亲近。”

孔子说：“夏代的治国之道是勤于政教民事，敬奉鬼神而使它远离政教，通达人情而又竭尽爱心，以俸禄为主而以威怒为次，以赏赐为主而以刑罚为次，所以夏代的政教是可亲近而无尊严。到了政教衰败时，民众都蠢笨而愚昧，骄傲而放肆，粗鄙而无文采。殷人尊重鬼神，君王带领民众敬事鬼神，以鬼神为主而以礼教为次，以刑罚为主而以赏赐为次，所以殷代的政教是有尊严而不可亲近。到了政教衰败时，民众都放荡而不安宁，讲求争胜而不知羞耻。周人尊重礼教，崇尚施与，敬事鬼神而又使它远离政教，通达人情而又竭尽爱心，奖赏或刑罚用爵位的卑尊高低作等差，所以周代的政教是可以亲近而无尊严。到了政教衰败时，民众都贪利而取巧，文过饰非而不知羞耻，互相侵害而欺骗辞，不求备，不大望于民，民未厌其亲。殷人未渎礼，而求备于民。周人强民，未渎神，而赏爵刑罚穷矣。”

隐瞒。”

孔子说：“夏代的政令言辞不烦琐，对民众不求全责备，赋税较轻简，民众没有厌弃上下相亲之心。殷代的礼法不烦琐，但对民众求全责备。周代强行劝勉民众奉行政教，虽未烦渎鬼神，但赏爵禄、施刑罚的事已极其繁多。”

注释 1 说：通“悦”。喜悦。 2 命：政令。 3 尊命：勤于政教民事。 4 敝：坏。郑玄说，谓政教衰失之时也。 5 乔(jiāo)：通“骄”。骄傲。

原文

子曰：“虞夏之道，寡怨于民。殷周之道，不胜其敝。”

子曰：“虞夏之质，殷周之文，至矣！虞夏之文，不胜其质；殷周之质，不胜其文。”

子言之曰：“后世虽有作者，虞帝弗可及也已矣。君天下，生无私，死不厚其子；子民如父母，有憯怛之爱，有忠利之教。亲而尊，安而敬，威而爱，富而有礼，惠而能散。其

译文

孔子说：“虞、夏的政治（比较宽松），所以民众的怨恨很少。殷、周的政治（繁杂苛细），所以民众不堪忍受这种弊病。”

孔子说：“虞、夏的政教质朴，殷、周的政教文采都达到了极致！虞、夏虽也有文采，但文少而质多；殷、周虽也有其质朴之处，但质少而文多。”

孔子说：“后世虽有英明的君王出现，但远远不及虞舜那样的帝王。舜统治天下，生前没有私心，死后也不厚待自己的儿子；对待民众就像父母对待子女一样，有一种同忧患共苦难的爱心，为民众确实留下有益的教育。他治理天下，可亲近而又有尊严，身心安定而能恭敬，有威仪而又有爱心，民众富足而不失礼节，能施惠于民众而

君子尊仁畏义，耻费轻实，忠而不犯，义而顺，文而静，宽而有辨。《甫刑》曰：‘德威惟威，德明惟明。’非虞帝，其孰能如此乎？”

没有偏心。他的臣下尊重仁道，敬畏义理，以浪费为羞耻，又看轻利禄财货，竭尽忠心而不冒犯君上，遵循义理而顺从听话，文雅而稳重，宽容而有分寸。《尚书·甫刑》说：‘道德威严使人敬畏，道德的光明使人清明。’除了虞舜，又有谁能做到这些呢？”

子言之：“事君先资其言，拜自献其身，以成其信。是故君有责于其臣，臣有死于其言。故其受禄不诬，其受罪益寡。”

孔子说：“侍奉国君，先要考虑好自己该说的政治主张，然后再拜受君命，贡献出自身的一切，以实现先前自己讲过的话。因此国君可以责成他的臣下，臣下也会为实现自己的诺言虽死不辞。所以他们接受的爵禄必与功劳相称，做事必与诺言相符合，受的罪也就很少。”

子曰：“事君，大言入则望大利，小言入则望小利[1]。故君子不以小言受大禄，不以大言受小禄。《易》曰：‘不家食。吉。’[2]”

孔子说：“侍奉国君，有成大事的谋略进献给国君，就盼望能得大利禄；有成小事的谋划进献给国君，就盼望能得到小利禄。因此君子不因为进献成小事的谋划而盼望得到大利禄，也不会因为进献成大事的谋略而盼望得到小利禄。《易》说：‘君王家中有大积蓄，不是只与家人享用，而应当与贤人共同分享，这样才吉利。’”

子曰：“事君不下达[3]，不尚辞，非其人弗自。《小雅》曰：‘靖共尔位[4]，正直是与。神之听之，式[5]穀[6]以女[7]。’”

孔子说：“侍奉国君，不把自己的私事通报给国君，不多说浮夸的话，不是贤德的人自己就不和他亲近。《诗·小雅·小明》说：‘安心地谨守你的职位，与正直的人交友。神明会听闻到这一切，赐给你俸禄和爵位。’”

注释 1郑玄说，"大言"，可以立大事也；"小言"，可以立小事也；"入"，为君受之。 2见《易》大畜彖辞。 3下达：以私事陈达于君。即向君主陈述私事。 4靖：安定，安心。 共：通"恭"。恭敬。 5式：通"试"。用。 6榖(gǔ)：俸禄。 7女：通"汝"。你。

原文

子曰："事君远而谏，则谄也；近而不谏，则尸利也。"

子曰："迩臣守和，宰正百官，大臣虑四方。"

子曰："事君欲谏不欲陈。《诗》云：'心乎爱矣，瑕不[1]谓矣？中心藏之，何日忘之！'"

子曰："事君，难进而易退，则位有序；易进而难退，则乱也。故君子三揖而进，一辞而退，以远乱也。"

子曰："事君三违而不出竟，则利禄也。人虽曰不要，吾弗信也。"

译文

孔子说："侍奉国君，如果是与国君疏远的人，越级强行谏诤，那么就近于谄媚；如果就在国君身边的人，不行谏诤，那么就像祭祀时的尸一样了，只享用而不做事。"

孔子说："侍御仆从等近臣应该谨守调和国君事情的职责，冢宰主治百官，其余大臣谋虑四方的大事。"

孔子说："侍奉国君，如果国君有过失就应该劝谏，不应该宣扬他的过失。《诗·小雅·隰桑》说：'内心很爱护他，为什么不劝告他？心里藏着规劝的话，什么时候都难忘掉！'"

孔子说："侍奉国君，难于升官而易于辞退，那么官位就有秩序了；如果易于升官而难于辞退，那么就会混乱。因此君子去做客，三次作揖然后入门，告辞一次就要离去，就是用难进易退来免于混乱。"

孔子说："侍奉国君，多次与国君政见违逆，还舍不得离国而去，这就是贪图利禄。即使人家说他不企求利禄，我是不会相信的。"

孔子说："侍奉国君，一开始就要谨慎，

子曰："事君慎始而敬终。"

子曰："事君可贵可贱，可富可贫，可生可杀，而不可使为乱。"

子曰："事君，军旅不辟[2]难，朝廷不辞贱。处其位而不履其事，则乱也。故君使其臣，得志则慎虑而从之，否则孰[3]虑而从之，终事而退。臣之厚也。《易》曰：'不事王侯，高尚其事。'[4]"

子曰："唯天子受命于天，士受命于君。故君命顺，则臣有顺命；君命逆，则臣有逆命。《诗》曰：'鹊之姜姜，鹑之贲贲。[5]人之无良，我以为君。'"

而且要恭恭敬敬到最终。"

孔子说："侍奉国君，国君可以使他显贵或卑贱，可以使他富有或贫困，可以使他生存或死亡，但是不可以使他违背义理。"

孔子说："侍奉国君，在军队中就不能避开险难的任务，在朝廷上就不该推辞卑贱的官位。身处那个职位而不履行自己的职事，就会混乱。所以国君任用自己，如果职务符合自己的才能，还是应该谨慎思虑，听从国君的命令去努力获得成功；如果职务不符合自己的才能，也得深思熟虑，听从国君的命令去做完，在事情做完后就引退。（不管怎样，臣子都不违逆国君的命令，而努力去完成，）这才是臣子德行的笃厚。《易》说：'不是侍候王公诸侯，而是尊重事业。'"

孔子说："只有天子是由上天任命的，而官吏是由天子任命的。所以，君主的命令如果是顺应天道人情的，那么臣子也就会顺从；如果是违背天道人情的，那么臣子也就会违背命令。《诗·鄘风·鹑之奔奔》说：'大的鹊鸟在上面凶狠争斗，小鹌鹑也在下面争斗凶狠。那个人实在不善良，我们把他当国君。'"

注释　1 瑕不：胡不，为什么不。　2 辟：通"避"。避开。　3 孰："熟"的古字。　4 见《易》蛊卦上九爻辞。　5 姜姜，贲(bēn)贲：争斗剧烈貌。

原文

32.6 子曰："君子不以辞尽人，故天下有道，则行有枝叶；天下无道，则辞有枝叶。是故君子于有丧者之侧，不能赙[1]焉，则不问其所费；于有病者之侧，不能馈焉，则不问其所欲；有客不能馆，则不问其所舍。故君子之接如水，小人之接如醴。君子淡以成，小人甘以坏。《小雅》曰：'盗言孔[2]甘，乱是用餤[3]。'"

子曰："君子不以口誉人，则民作忠。故君子问人之寒则衣之，问人之饥则食之，称人之美则爵之。《国风》曰：'心之忧矣，于我归说[4]。'"

子曰："口惠而实不至，怨菑及其身。是

译文

孔子说："君子不因为一个人的言辞而判断他的全部德行。所以天下崇尚道德时，民众依礼行事，这种美好表露在外面就像树干之外更有枝枝叶叶；天下不崇尚道德时，民众不依礼行事，只是言辞虚美，这也像树干之外更有枝枝叶叶。（因此不能从言辞表面，而应从实际情况去考察一个人是否贤良。）所以君子在有丧事的人旁边，如果不能馈赠钱财，就不要询问丧葬的花费；在有病的人旁边，如果不能馈赠钱财，就不要询问他需要什么；有客人到来，如果不能招待他住下，就不要询问他住在什么馆舍。因此君子的交往淡如水，小人的交往浓如酒。君子虽交往淡薄，但能相互成就；小人虽交往浓甜，但只能相互坏事。《诗·小雅·巧言》说：'谗佞的话很甘甜，但祸乱也因此增多。'"

孔子说："君子不用空话讨人好感，那么民众就会兴起忠实的风气。所以君子询问人家是否寒冷，就要拿衣服给人家穿；询问人家是否饥饿，就要拿东西给人家吃；称赞人家德行美好，就要给人家爵禄。《诗·曹风·蜉蝣》说：'你这种情形使人心里忧虑，还是跟我回去休息吧。'"

孔子说："口头上给人家好处而实际不

故君子与其有诺责也，宁有已[5]怨。《国风》曰：'言笑晏晏，信誓旦旦，不思其反，反是不思，亦已焉哉！'"

能兑现，他人的怨恨必定会招引到自己身上。因此君子与其先许诺他人的请求，倒不如宁可拒绝许诺他人而受埋怨。《诗·卫风·氓》说：'先前有说有笑，和颜悦色，发誓赌咒，恳切真诚，不曾想他会变心。如今他变心，正是当初考虑不周的后果，现在已是无可奈何了！'"

子曰："君子不以色亲人。情疏而貌亲，在小人则穿窬[6]之盗也与？"

孔子说："君子不用虚伪的善良样子讨人喜欢。感情上是疏远的，但外表上却要装出亲密的样子，这种小人不就像那种外貌装得善良而内心却奸诈的穿壁越墙行窃的小偷吗？"

子曰："情欲信，辞欲巧。"

孔子说："情理要信实，言辞要和顺而有技巧。"

注释 1 赙(fù)：送财物助人。 2 孔：很，甚。 3 餤(tán)：进食。引申为增多或加甚。 4 说(shuì)：休息。 5 已：拒绝。 6 穿窬(yú)：穿壁逾墙，指盗窃的行为。窬，通"逾"。翻越。

原文

32.7 子言之："昔三代明王，皆事天地之神明，无非卜筮之用，不敢以其私亵事上帝。是故不犯日月，不违卜筮。卜、筮不相袭也。大事有时日；小事无时日，有筮。外事用刚日[1]，内事

译文

孔子说："从前夏商周三代圣明的君王，都敬事天地间的神灵，没有不用占卜来决定做事的，不敢用自己的私意来亵渎上天。因此不冲犯不吉利的日子，不违背卜筮的决定。用卜、用筮必定不重复。有事于大神，比如郊禘祭祀等，就有规定的日子占卜；有事于小神，比如一般的祭祀等，就没有规定的时间，而且只能用筮。

用柔日[2]。不违龟筮。”

子曰：“牲牷[3]、礼乐、齐[4]盛，是以无害乎鬼神，无怨乎百姓。”

子曰：“后稷之祀易富[5]也，其辞恭，其欲俭，其禄及子孙。《诗》曰：‘后稷兆[6]祀，庶无罪悔，以迄于今。’”

子曰：“大人之器威敬。天子无筮。诸侯有守筮[7]。天子道以筮。诸侯非其国，不以筮。卜宅寝室。天子不卜处大庙。”

子曰：“君子敬则用祭器。是以不废日月，不违龟筮，以敬事其君长。是以上不渎于民，下不亵于上。”

祭祀天地神祇用刚日，宗庙的祭祀就用柔日。不敢违背龟筮的旨意。”

孔子说：“毛色纯一的祭牲、礼乐、粢盛等，用这些来祭祀是不会伤害鬼神的，（神灵也会降福，）而民众也就不会有怨恨。”

孔子说：“后稷的祭祀很容易备办，因为他的言辞恭敬，他的欲望简单，而且他的福禄都已施及子孙了。《诗·大雅·生民》说：‘后稷在四郊祭祀上天，（事事合于礼，）几乎没有罪过悔恨，所以至文王武王，终于称王天下。’”

孔子说：“居高位的人所用的器具，都很威严受人尊重。天子不用筮。诸侯有守国的筮。天子出行在道路上就用筮。诸侯不在自己的国内就不用筮。搬家或迁移寝宫要用卜。天子到诸侯国去，一定居住在太庙，不须再占卜。”

孔子说：“君子敬重他人，那就得用祭器来款待。因此民众都不废弃按规定用卜筮来决定进见君长的日子，不违背龟筮的旨意，而恭敬地侍奉自己的君长。所以在上位的人不亵渎民众，在下位的人也不轻慢在上位的人。”

注释　1 刚日：甲丙戊庚壬。　2 柔日：乙丁己辛癸。　3 牷（quán）：指用作祭品的纯色之牲。　4 齐（zī）：通“粢”。用于祭祀的谷物。　5 富：备也。备办，准备。　6 兆：郑玄说，四郊之祭处也。　7 守筮：诸侯国所用的卜筮。

缁衣第三十三

导读

此篇记国君教化民众，臣子事君为政，以及立身修己之道，阐明上行下效与为政之“正”的道理。有学者认为本篇是《表记》的下篇，内容与之相关联。篇名取自本篇第二节“好贤如《缁衣》”。相关出土资料显示此篇无第一节文字，因而仍是以篇首文字作为篇名。缁衣，本指朝服。《诗·郑风·缁衣》的内容是郑人制新缁衣授予贤者，寓意是贤人任官职。

文中引孔子的话说：要用道德来教育民众，要用礼义来约束民众，那么他们就有向善的意愿。又指出：执掌国家的人要彰明善良而痛恨罪恶，并强调君主要表明行仁的志向，尊崇仁道，民众才能尽心竭力地去行仁道。如果君主好恶不明，百姓就要迷惑。政令不能施行，教化没有成功，就是因为爵位俸禄不能勉励人，刑法处理又不能使人感到羞耻。所以国君不可以滥施刑罚，随便封爵于人，赏罚要分明。《诗》上说：国君反复无常，臣民都会憎恶。孔子说：“如果能够像《缁衣》所讲的那样喜爱贤德的人，像《巷伯》诗所讲的那样厌恶坏人，那么爵位就不会滥赏。而民众诚实谨慎，刑罚不必使用而民众都能够服从。”又引《诗·大雅·文王》进一步说，如果能够效法周文王，天下每个国家就会兴起诚信之风。文中除了论及化民之道外，还兼及君子交友之道与个人言行准则等诸多方面。

君王为政的“正”与“不正”，将直接影响民众的“善”与“不善”。孔子提出“德治”与“礼治”的为政方略，这样，礼成了人人需要遵守的习俗规范,并成为约束民众行为的道德准则和法律制度。“礼”之治,在于“诚”字,因此“礼治”应以诚敬和谐为本,在上位的君王循礼而行,在下位的民众处世行事皆得其“宜”,这样就能使礼崩乐坏的社会秩序得以恢复,国家从此安宁,人心都能向善,民众就能安居乐业。

原文

33.1 子言之曰："为上易事也，为下易知也。则刑不烦矣。"

子曰："好贤如《缁衣》[1]，恶恶如《巷伯》[2]，则爵不渎[3]而民作愿，刑不试而民咸服。《大雅》曰：'仪[4]刑[5]文王，万国作孚[6]。'"

子曰："夫民教之以德，齐之以礼，则民有格心[7]；教之以政，齐之以刑，则民有遁心。故君民者，子以爱之，则民亲之；信以结之，则民不倍[8]；恭以莅[9]之，则民有孙[10]心。《甫刑》曰：'苗民匪用命，制以刑。惟作五虐之刑曰法。'是以民有恶德，而遂绝其世也。"

译文

孔子说："在上位的国君不苛虐，那么臣下侍奉他就容易；在下位的臣子无奸诈，那么国君要了解情况也就容易了。这样，刑罚就可以减少了。"

孔子说："如果能够像《缁衣》诗所讲的那样喜爱贤德的人，像《巷伯》诗所讲的那样厌恶坏人，那么爵位就不会滥赏，而民众就会诚实谨慎，刑罚不必使用而民众都能服从。《诗·大雅·文王》中说：'效法周文王，天下各国就会兴起诚信的风气了。'"

孔子说："要用道德来教育民众，要用礼义来约束民众，那么他们就有向善的意愿；如果用政令来教育他们，用刑罚来约束他们，那么民众就有逃避的念头。所以统治人民的人，像对待子女那样去爱护民众，那么民众就会亲近他；能够用诚信来团结民众，那么民众就不会背叛他；能够恭敬地对待民众，那么民众就会有顺从之心。《尚书·甫刑》中说：'苗人不肯听从命令，要用刑罚制裁他们。制定了五种酷刑，称为法。'因此民众的品德恶劣，会断绝后嗣。"

注释 1《缁衣》:《诗经·郑风》篇名。"缁衣"本指朝服。此诗讲郑武公、桓公父子并为周司徒，善于供职，郑人拥戴，为他们做新缁衣。因此被称为“好贤”之诗。 2《巷伯》:《诗经·小雅》篇名。巷伯是阉人,为王后宫巷官之长。阉人因谗言受害,故痛恨那种坏人,要投给豺狼虎豹及诸方恶鬼吃掉。此诗被称为“恶恶”之诗。 3渎:滥。 4仪:准则。 5刑:通“型”。效法。 6孚:为人所信服。 7格心:向善的心。格,至。 8倍:通“背”。背叛。 9莅:治理,临视。 10孙:顺。

原文

33.2子曰:“下之事上也,不从其所令,从其所行。上好是物,下必有甚者矣。故上之所好恶,不可不慎也,是民之表也。”

子曰:“禹立三年,百姓以仁遂焉,岂必尽仁?《诗》云:‘赫赫师尹,民具尔瞻。’[1]《甫刑》云:‘一人有庆[2],兆民赖之。’《大雅》曰:‘成王之孚,下土之式。’”

子曰:“上好仁,则下之为仁争先人。故长民者章[3]志、贞[4]教、尊仁,以子爱百姓;民致行己,以说[5]其上矣。《诗》云:‘有梏[6]德行,

译文

孔子说:“在下位的人侍奉在上位的人,不是服从他的命令,而是跟从他的行动去做的。在上位的人爱好这样东西,在下位的人必定会有比他喜爱得更加厉害的。所以在上位的人的爱憎,不可以不慎重,因为他是民众的表率。”

孔子说:“禹治政三年,百姓都行仁道,通达于内外,难道他们本来都是仁人吗?《诗·小雅·节南山》说:‘声名显赫的尹太师,民众都在瞻仰着你。’《尚书·甫刑》说:‘天子一人有善行,千千万万的民众都赖以得到好处。’《诗·大雅·下武》说:‘周成王的诚信,是天下人的法式。’”

孔子说:“在上位的人爱好仁道,那么在下位的人就会抢在别人前面去行仁道。所以作为民众君长的人要表明行仁的志向,用正道教化,尊崇仁道,并像对待子女那样爱护百姓;民众就会尽心竭力地去行仁道,使君长获得愉悦。《诗·大雅·抑》说:

四国顺之。'" ‖ '有正直的德行,四方的民众都会归顺。'"

注释 1见《诗·小雅·节南山》。 2庆:善。 3章:彰明。 4贞:通"正"。 5说:通"悦"。欢愉。 6梏(jué):大,正直。

原文

33.3 子曰:"王言如丝,其出如纶。王言如纶,其出如綍[1]。故大人不倡游言[2]。可言也,不可行,君子弗言也;可行也,不可言,君子弗行也。则民言不危[3]行,而行不危言矣。《诗》云:'淑[4]慎尔止[5],不諐[6]于仪。'"

子曰:"君子道[7]人以言,而禁人以行。故言必虑其所终,而行必稽其所敝[8],则民谨于言而慎于行。《诗》云:'慎尔出话,敬尔威仪。'《大雅》曰:'穆穆[9]文王,於[10]缉熙[11]敬止[12]!'"

33.4 子曰:"长民者衣服不贰,从容有常[13],

译文

孔子说:"君王说的话像丝一样微细,但传到外面就会变得像绶带一样粗大,如果君王说的真有绶带那样粗大,那么传到外面就会变得像大绳索那样粗大了。所以执政的人不能倡导说虚浮不可用的话。可以说的,但不可以实行的,君子就不去说;可以实行的,但不可以说的,君子就不去实行。这样,民众说话就不敢高于行动(言顾及行),而行动也不会高于言论(行也顾及言)。《诗·大雅·抑》说:'你的行止要善良而且慎重,不要触犯礼仪造成过失。'"

孔子说:"君子用言语诱导人们去做善事,而用行动禁止人们去做恶事。所以说话必须考虑后果,而行动必须查考弊端,那么民众就会在言论上谨慎而在行动上慎重。《诗·大雅·抑》说:'小心你的言语,谨慎你的威仪。'《诗·大雅·文王》说:'文王容仪谨敬,行为光明磊落又恭敬!'"

孔子说:"身为民众君长的人,衣服有一定的式样,举止有常规,并用这些来

以齐其民，则民德壹。《诗》云：'彼都[14]人士，狐裘黄黄。其容不改，出言有章。行归于周[15]，万民所望。'"

约束他的民众，民众的德行就会齐一。《诗·小雅·都人士》说：'那西都的人士，狐裘皮衣黄灿灿。仪容动作有规矩，出言吐语有章法。行为举止合忠信，天下民众尽向往。'"

子曰："为上可望而知也，为下可述而志[16]也，则君不疑于其臣，而臣不惑于其君矣。《尹(吉)〔告〕[17]》曰：'惟尹躬及汤，咸有壹德。'《诗》云：'淑人君子，其仪不忒[18]。'"

孔子说："在上位的人不隐瞒自己的情感，望见他的神色就可以知道他的情感；在下位的人率诚奉上，言行值得称述记载，那么国君就不会对他的臣子猜疑，臣子也不会对国君不了解。《尚书·咸有壹德》说：'我伊尹和汤，都有纯一的德行。'《诗·曹风·鸤鸠》说：'那位君子心善良，言行端正无过错。'"

注释 1 綍(fú)：牵引棺柩入穴的大绳索。 2 游言：浮夸不实的言论。 3 危：郑玄说，危犹高也。 4 淑：善良。 5 止：容止。 6 愆(qiān)：郑玄说，过也。 7 道：通"导"。引导。 8 敝：败也。 9 穆穆：仪容、言语美好，行止端庄恭敬。 10 於(wū)：表示感叹、赞美的语气词。 11 缉熙：光明。 12 止：语助词。 13 从容有常：孔疏说，从容谓举动，有其常度。即举动有常规。 14 彼都：指周西都。 15 周：忠信。 16 志：记述、记载。 17 郑玄说，"吉"当为"告"；"尹告"伊尹之语也。这是伊尹告诫太甲的话。 18 忒：差错。

原文

33.5 子曰："有国者章善瘅[1]恶，以示民厚，

译文

孔子说："执掌国家的人要彰明善良而痛恨罪恶，从而向民众显示他意愿的深切，

则民情不贰。《诗》云：'靖[2]共尔位，好是正直。'"

那么民众的情志也就不会不一致。《诗·小雅·小明》说：'小心恭敬地奉行你的职责，爱好的只是求得正直。'"

子曰："上人疑则百姓惑，下难知则君长劳。故君民者，章好以示民俗，慎恶以御民之淫，则民不惑矣。臣仪[3]行，不重辞，不援其所不及，不烦其所不知，则君不劳矣。《诗》云：'上帝板板[4]，下民卒[5]瘅[6]。'《小雅》曰：'匪[7]其止共[8]，惟王之邛[9]。'"

孔子说："在上位的人多猜疑，那么百姓就要迷惑；在下位的人如心怀欺诈而难以知晓，那么在上位的人就会很劳苦。所以统治民众的人，彰明自己的爱好，而指示民众风俗的趋向，慎重地表明自己的憎恶，而防止民众的淫逸奢侈，那么民众就不会迷惑了。臣子效法国君的行为，不崇尚虚华言辞，不援引他力不能及的事，也不用他不知道的事情来絮烦，这样国君就不会很劳苦了。《诗·大雅·板》说：'国君邪辟，百姓都会困劳致病。'《诗·小雅·巧言》说：'小人行止不恭敬，只会给国君带来忧病。'"

33.6 子曰："政之不行也，教之不成也，爵禄不足劝也，刑罚不足耻也，故上不可以亵刑而轻爵。《康诰》曰：'敬明乃罚。'《甫刑》曰：'播刑之(不)[10]迪。'"

孔子说："政令之所以不能推行，教化之所以不能成功，是因为国君爵禄赏加给小人而不足以劝勉他人，刑罚加于无罪的人身上而干恶事就不足为耻，所以国君不可以亵渎刑罚，并且轻赐爵禄。《尚书·康诰》说：'慎重严明才可施行刑罚。'《尚书·甫刑》说：'施行刑罚一定要合道理。'"

注释　1 瘅(dàn 或 dǎn)：同"瘅"。憎恨。　2 靖：图谋。　3 仪：效法。

4 板板:邪辟,乖戾。 5 卒:尽。 6 瘽:同"瘅"。因劳致病。 7 匪:通"非"。表示否定。 8 共:通"恭"。恭敬。 9 邛:通"𢤱"。病,忧病。 10 郑玄说,"播"犹施也;"不"衍字耳;"迪",道也,言施刑之道。

原文

33.7 子曰:"大臣不亲,百姓不宁,则忠敬不足,而富贵已过也。大臣不治,而迩臣比矣。故大臣不可不敬也,是民之表也;迩臣不可不慎也,是民之道也。君毋以小谋大,毋以远言近,毋以内图外,则大臣不怨,迩臣不疾[1],而远臣不蔽矣。(叶)〔祭〕公[2]之顾命[3]曰:'毋以小谋败大作,毋以嬖御人疾庄后,毋以嬖御士疾庄士、大夫、卿士。'"

子曰:"大人不亲其所贤,而信其所贱,民是以亲失,而教是以烦。《诗》云:'彼求我则[4],如不我得。执[5]我仇仇[6],亦不我力。'《君陈》曰:

译文

孔子说:"大臣不亲近国君,百姓生活不安宁,(像这样的话,臣子不忠于君,国君不敬重臣子,)就是忠敬不足所导致的,又由于国君和臣子的富贵已超过了应有的标准。大臣不治理政事,而近臣就会朋比为奸。所以大臣不可以不敬重,他们是民众的表率;近臣不可以不慎择,他们是民众奔走的门路。国君不可跟小臣商议大臣的事,不可跟远臣谈论近臣的事,也不可同内臣议论外臣的事;这样大臣就不会怨恨,近臣就不会嫉恨,远臣就不会被障蔽了。祭公谋父临死的遗书上说:'不要用小臣的计谋而败坏大臣的作为,不要因宠幸的妃妾而厌弃庄重的皇后,不要因为宠近的臣子排斥庄重的忠臣和那些尊礼的大夫、卿士。'"

孔子说:"国君不亲近那些贤德的人,却信任那些卑贱的人,民众就会因此亲近失去德行的人,而教化也因此会混乱。《诗·小雅·正月》说:'当初有事来相求,唯恐得不到我。既已得到我却只是不放我

‘未见圣，若已弗克[7]见。既见圣，亦不克由[8]圣。’”

走，态度傲慢而不重用我。’《尚书·君陈》说：‘没有见到圣人时，就好像自己永远不能再见到了。既已见到了圣人，又不能用圣人。’”

注释 1 疾：通“嫉”。妒忌，嫉恨。 2 叶公：孙希旦说，“叶”字是“祭”字之误。祭公，即祭公谋父。 3 顾命：临死遗书。 4 则：语助词。 5 执：留。 6 仇仇：傲慢的样子。 7 克：能够。 8 由：用。

原文

33.8 子曰：“小人溺于水，君子溺于口，大人溺于民，皆在其所亵也。夫水近于人而溺人，德易狎而难亲也，易以溺人。口费[1]而烦，易出难悔，易以溺人。夫民闭于人而有鄙心，可敬不可慢，易以溺人。故君子不可以不慎也。《太甲》曰：‘毋越[2]厥命，以自覆也。若虞[3]机张，往省括[4]于厥度，则释。’《兑命》曰：‘惟口起羞，惟甲胄起兵，惟衣裳在笥，惟干戈

译文

孔子说：“小人喜欢水就可能被水覆没，君子若喜欢出口伤人就可能被招来的怨恨所覆没，国君凌虐民众就可能被民众所覆没，这些都是因亵慢而不能敬慎才导致的。水很容易接近于人，但不慎便会溺死人；有道德的人容易接近，但是很难与他亲密，因为他如果与人太亲密就容易玩狎而被陷溺。口中胡言乱语，虽然出口容易，但追悔却很难，就容易被招来的祸害陷溺。民众中有不通正道而有卑鄙之心的人，要对他们恭敬而不可怠慢，否则就容易被他们的怨恨、反叛而陷溺。因此君子不可以不慎重。《尚书·太甲》说：‘不可颠越他的命令，而自取覆没毁败。治政的道理就像田猎的人射兽，先要张开弩箭，还要看清箭括正好瞄准目标、合于射程，这才发射。’《尚书·兑命》说：‘口中出言不妥当，会招致羞辱；甲胄所用不妥当，会反被兵戎所害；朝

省厥躬。'《太甲》曰:'天作孽,可违[5]也;自作孽,不可以逭[6]。'《尹(吉)〔告〕[7]》曰:'惟尹躬(天)〔先〕[8]见于西邑夏,自周[9]有终,相[10]亦惟终。'"

33.9 子曰:"民以君为心,君以民为体。心庄[11]则体舒,心肃则容敬。心好之,身必安之。君好之,民必欲之。心以体全,亦以体伤;君以民存,亦以民亡。《诗》云[12]:'昔吾有先正[13],其言明且清。国家以宁,都邑以成,庶民以生。谁能秉国成?不自为正,卒劳百姓。'《君雅》曰:'夏日暑雨,小民惟曰怨。资冬祁寒[14],小民亦惟曰怨。'"

衣祭服在箱内,是用来穿上后行礼的,不可胡乱奖赏给别人;干戈兵器是用来讨伐有罪的人,也应当反省自我,不可妄加于别人。'《尚书·太甲》说:'天降灾,人还可以避开;自招灾,就逃避不了了。'《尹告》说:'伊尹的先祖曾亲眼见到夏代西邑的政治情况,君王自己始终能讲忠信,臣子辅助他也就能有始有终。'"

孔子说:"民众把国君当作人的心,国君把民众当作人的身体。心情通达就会身体舒适,内心严肃就会容止恭敬。心里爱好什么,身体必定能习惯它们。国君爱好的,民众必定也想得到它们。心固有身体而得以保全,亦会因身体有缺陷而受伤害;国君因有民众而得以存在,亦会因民众的背叛而被灭亡。《诗》上说:'从前我们有先贤,他说话通达而且公正。国家因此得以安宁,城邑因此被建成,民众因此能安居。现今谁能主持国家的政事呢?那些执政的人不自我修正,以致百姓受尽辛劳。'《尚书·君牙》说:'夏天炎热又潮湿,小民只知抱怨天热。到了冬天严寒,小民又只知埋怨天冷。'"

注释 1口费:口多无谓的空话。 2越:倾覆,颠倒。 3虞:虞人,掌管田猎的人。 4括：通“筈(kuò)”。箭的末端与弓弦交会之处。 5违：避去。 6逭(huàn)：逃避。 7郑玄说，“尹吉”当为“尹告”(“尹诰”)。 8郑玄说，“天”当为“先”字之误。 9周：忠信。 10相(xiàng)：辅助。 11庄：通达。 12所引诗，前五句为逸诗，后三句见《诗·小雅·节南山》。 13先正：前代的贤臣。泛指前代的贤人。 14资：郑玄说，释为“至”字。祁：大，盛。

原文

33.10子曰：“下之事上也，身不正，言不信，则义不壹，行无类[1]也。”

子曰：“言有物[2]而行有格[3]也，是以生则不可夺志，死则不可夺名。故君子多闻，质[4]而守之；多志，质而亲之；精知，略而行之。《君陈》曰：‘出入自尔师[5]虞[6]，庶言同。’《诗》云：‘淑人君子，其仪一也。’”

33.11子曰：“唯君子能好其正，小人毒其正。故君子之朋友有乡[7]，其恶有方[8]。是故

译文

孔子说：“在下位的人侍奉在上位的人，行为不端正，说话无信用，那就是道义不专一，品行不像在下位的人应有的了。”

孔子说：“说话要有征验，而行动要有法则，因此生存时不会被迫改变志向，死了也不至于被剥夺美名。所以君子所闻要广博，向别人质正以后就服膺不失；所见要多并且牢记，常向别人质询而学问不倦；又应当精思熟虑，求其要旨而且能运用。《尚书·君陈》说：‘政教出入，应当采纳众人的谋度，使众人看法相同再去施行。’《诗·曹风·鸤鸠》说：‘好人君子，他的行为道义是纯一的。’”

孔子说：“只有君子能爱好正直的品行，小人却厌恶正直的品行。所以君子的朋友都是同一类的，有相同的好恶。因此接近他们的人不会对他们产生疑惑，远离他们的人也不会对他们产生怀疑，(而远近

迩者不惑，而远者不疑也。《诗》云：'君子好仇[9]。'"

都能信任他们。）《诗·周南·关雎》说：'君子喜欢言行相配的朋友。'"

子曰："轻绝贫贱而重绝富贵，则好贤不坚而恶恶不著也。人虽曰不利，吾不信也。《诗》云：'朋友攸[10]摄[11]，摄以威仪。'"

孔子说："轻易地与贫贱的人断绝交往，但又郑重地和富贵的人绝交，那么就是好贤之心不够坚定（因为贫贱的朋友中也会有贤德的人），而嫉恶的行为不显明（因为富贵的朋友中未必没有恶人）。人们虽然会说这种人不为私利，但是我不会相信的。《诗·大雅·既醉》说：'朋友间相互辅助，就是凭的威仪礼义。'"

子曰："私惠不归德，君子不自留焉。《诗》云：'人之好我，示我周行[12]。'"

孔子说："私自施恩给他人，而又不归属于道德一类，君子就不收留。《诗·小雅·鹿鸣》说：'爱我的人，要指示我大道！'"

注释 1类：类推，类比。 2物：孔疏说，谓事之征验。征验，令人信服的证据。 3格：法则，法式。 4质：质正，质询。 5师：众人。 6虞：思虑，谋度。 7乡：同类。 8方：同样。 9仇(qiú)：相匹配的人，配偶。 10攸：所。或为语助词，无义。 11摄：辅助，佐理。 12周行(háng)：大道。亦指至美、至善之道。

原文

33.12 子曰："苟有车，必见其轼。苟有衣，必见其敝。人苟或言之，必闻其声；苟或行之，必见其成。《葛覃》曰：'服之无射[1]。'"

译文

孔子说："如果有了车，必定能看到车前的横木。如果有了衣服，必定会看到衣服穿破旧的情形。如果有人在说话，必定能听到声音；如果认真去做事，必定会见成效。《诗·周

子曰："言从而行之，则言不可饰也；行从而言之，则行不可饰也。故君子寡言而行，以成其信，则民不得大其美而小其恶。《诗》云：'白圭之玷[2]，尚可磨也。斯言之玷，不可为也。'《小雅》曰：'允也君子，展也大成。'《君奭》曰：'昔在上帝，(周田观)〔割申劝〕[3]文王之德，其集大命于厥躬。'"

子曰："南人有言曰：'人而无恒，不可以为卜筮。'古之遗言与？龟筮犹不能知也，而况于人乎？《诗》云：'我龟既厌，不我告犹[4]。'《兑命》曰：'爵无及恶德，民立而正。事纯[5]而祭祀，是为不敬。事烦则乱，事神则难。'《易》曰：'不恒其德，或

南·葛覃》说：'君子穿葛制的衣服也不厌倦。'"

孔子说："君子说了，必定又接着去实行，那么说出的话就不可掩饰；君子做事，必定又顺着这事去说话，那么做出的事就不能掩饰。所以君子不多说话，而是用行动来成就自己的诚信，那么民众就不能夸大他的优点而减小他的缺点。《诗·大雅·抑》说：'白圭上面有斑点，还可以将它磨去。言语上的过失，就无法可想了。'《诗·小雅·车攻》说：'信实的人才是君子，真诚的人才有大成就。'《尚书·君奭》说：'从前上天见文王有诚信之德，就将伟大的天命集中降在他身上(命他称王天下)。'"

孔子说："南方人有句话说：'人如果没有恒心，不可能用卜筮来定他的吉凶。'这大概是古代留下的谚语吧？连用灵龟卜筮尚且不能知道，凡人又怎么能知道呢？《诗·小雅·小旻》说：'(占卜太多，)连龟也厌倦了，再也不将吉凶的道理告诉我了。'《尚书·兑命》说：'爵禄不要赏赐给德性恶劣的人，而要赏赐给那些有恒心而行正道的人。如果每次都加爵给这种劣德的人并进行祭祀，这就是不敬重鬼神。由这种德性恶劣的人去主管祭祀事情，就会

承之羞。'‘恒其德,侦,妇人吉,夫子凶。[6]'”	事烦致乱,侍奉鬼神也难使鬼神得福。'《易》说:‘不使德行有恒,就会受到羞辱。'‘要使德行有恒,要问正于人,这在妇人是吉,但在男人则是凶。'”

注释 1 射(yì):厌也。厌倦,厌恶。 2 玷:玉上的斑点。亦比喻缺点、过失。 3 郑玄说,古文“周田观”为“割申劝”。割之言盖也。 4 犹:道理。 5 纯:皆,全。 6 见《易》中恒卦九三爻辞与六五爻辞。

奔丧第三十四

导读

此篇记述居外地闻丧而赶回家处理长辈亲属的丧事。奔,急迫赶路的样子。奔丧的词义竟然数千年依旧。虽然本文所述的“奔丧”之礼节今天已基本不复存在,但是奔丧之悲伤情感与星夜而急归的行动却古今相通,此为亲情使然。

本文从“始闻亲丧,以哭答使者,尽哀”记起,一直到奔丧到家后开始的礼仪过程。古代居丧祭奠的礼节十分繁复,古人把办理亲人特别是父母的丧事作为极其重要的大事,并形成非常严格的丧礼制度,亲疏等差,尊卑高下,体现在所有细节中。依据死者的地位以及与死者关系的亲疏,服丧者的饮食起居都会有所不同。如文中所说进门、出门,从左边还是右边都有规定;父丧与母丧的礼节又有区分。如何站立,站在何处,都要排定顺序位次。如何哭,何时哭,也要按规定来。丧服则有更多规矩,已成为专门学问,繁文缛节不可胜数。这些五花八门的礼节,都已成为文化遗存。

本文中“拜宾”“拜送”等词出现十余次,唯有“尚左手”,加注“吉礼”。古时丧礼中的“拜”礼节基本已不存。如今“拜”主要是对亡灵或陵墓的祭拜了。古代“拜”表示形式多样的恭敬礼节,据《周礼·春官·大祝》说“拜”有九种:“一曰稽首,二曰顿首,三曰空首,四曰振动,五曰吉拜,六曰凶拜,七曰奇拜,八曰褒拜,九曰肃拜。”现在的“拜”,就是我们所说的磕头,据说是由人类刚刚能直立行走时的姿势演化而来。最初是表示人们互相致意问候,后来变成了一种表示臣服或敬重的礼节。“拜,服也;稽首,服之甚也。”“稽首”是最隆重的跪拜礼,原属于“臣拜君之礼”;“顿首”是一种对地位相等或相近的人常用的跪拜形式;“吉拜”则属于“常祭之礼”;“再拜”则是指拜两拜,礼节也比较隆重。这些“拜”之礼,在《礼记》中经常出现,在此略说。

原文

34.1 奔丧[1]之礼：始闻亲丧，以哭答使者，尽哀；问故，又哭尽哀。

遂行，日行百里，不以夜行。唯父母之丧，见星而行，见星而舍。若未得行，则成服[2]而后行。过国至竟[3]哭，尽哀而止。哭辟[4]市朝。望其国竟哭。

至于家，入门左，升自西阶，殡东，西面坐，哭尽哀，括发袒。降堂东，即位，西乡[5]哭，成踊；袭绖于序东[6]，绞带。反[7]位，拜宾，成踊；送宾，反位。有宾后至者，则拜之成踊，送宾皆如初。众主人兄弟皆出门，出门哭止，阖门。相者告就

译文

刚听到父母去世的噩耗，只用哭声来应答使者，尽情地发泄内心的悲哀；然后再问明父母逝世的缘故，又痛哭，想要竭尽内心的全部悲哀。

于是就动身上路，每天白天行路一百里，但不在夜里赶路。只有为父母奔丧才不分昼夜地赶路，而齐衰以下的丧事，在早晨还能看见星光时就上路，到黄昏看见星星出现时才停下来在馆舍过夜。如果不能马上去奔丧，那就可以迟三天，在成服以后再赶路。通过别国国境时又感念亲人而痛哭，尽情发泄悲哀之情后才停止。哭时要避开市场和官府衙门。望见自己国家的国境时又开始痛哭。

回到家，要从门的左边进入，从西阶登堂，来到灵柩的东边，面向西对着灵柩坐下，尽情发泄悲哀之情，然后用麻束发，袒露臂膀。走下堂，来到东边就位，面向西痛哭，并踩脚；再到东墙下穿上丧服，加上首绖、腰带，绖带是用苴麻绞合成的。之后再返回到东边之位，向宾客拜谢，又边哭边踩脚；又送宾客到门口，再返回到东边之位。这时如果有后到的宾客，那就还得向他们下拜，又哭着踩脚，再送宾客到门口，和当初所做的一

次[8]。于又哭，括发袒成踊。于三哭，犹括发袒成踊。三日成服，拜宾、送宾皆如初。

奔丧者非主人，则主人为之拜宾、送宾。奔丧者自齐衰以下，入门左，中庭北面，哭尽哀；免麻于序东，即位袒，与主人哭成踊。于又哭、三哭，皆免袒。有宾，则主人拜宾、送宾。丈夫妇人之待之也，皆如朝夕哭，位无变也。

奔母之丧，西面哭，尽哀，括发袒。降堂东，即位，西乡哭，成踊；袭免绖于序东。拜宾、送宾皆如奔父之礼。于又哭不括发。

妇人奔丧，升自

样。送走所有宾客后，父亲的庶子和堂兄弟都走出殡宫门，出了门就可停止哭泣，关上殡宫门。这时相者就告诉主人该到倚庐去了。在第二天哭灵时，仍然要用麻束发，赤膊，哭着跺脚。在第三天哭灵时，依然要用麻束发，赤膊，哭着跺脚。三天以后才成服，但拜宾、送宾的礼节都和当初的一样。

奔丧的人如果不是主人，那就由主人为他拜宾、送宾。奔丧的人是服齐衰以下的亲属，就从左门进入，在庭中面向北方，尽情发泄悲哀之情，然后到东墙下在头上加“免”，在腰里系麻带，再就位，赤膊，跟随着主人边哭边跺脚。在第二天、第三天哭灵时，也都加“免”并赤膊。有宾客来到，那就由主人拜宾、送宾。主人、主妇对待奔丧的人，要像朝夕哭那样，主人站在阼阶下，妇人站在阼阶上，位置不必改变。

为母亲奔丧，要登堂面向西对着灵柩痛哭，尽情发泄悲哀之情，哭罢用麻束发，赤膊。然后走下堂，到东边就位，面向西痛哭，并跺脚；再到东墙下穿上丧服，加“免”，系上首绖和腰带。拜宾、送宾都和为父亲奔丧的礼节一样。在第二天哭灵时不束发而只用“免”。

姑、姊妹等妇人来奔丧，（自闱门进入，）从东阶登堂，到灵柩的东边，向西坐下，尽情东阶，殡东，西面坐，哭尽哀；东髽[9]，即位，与主人拾[10]踊。

发泄悲哀之情；然后又下堂到东墙下去掉包发的帛而束成丧髻，再到东阶就位，和主人交替着跺脚。

注释 1奔丧：郑玄说，以其居他国闻丧奔归之礼。孙希旦说，曰“奔”者，著其急也。 2成服：大殓后，死者亲戚按同死者关系的亲疏，穿着应持的丧服，叫作成服。 3竟：通“境”，边境，国境。 4辟：通“避”。 5乡：通“向”。 6袭：穿，系。 序：序墙。 7反：同“返”。 8次：指倚庐。 9髽(zhuā)：妇人的丧髻。 10拾(jié)：更递，轮流。

原文

34.2 奔丧者不及殡，先之墓，北面坐，哭尽哀。主人之待之也，即位于墓左；妇人墓右；成踊尽哀，括发，东即主人位，绖绞带，哭成踊，拜宾，反位成踊。相者告事毕。遂冠，归入门左，北面哭尽哀，括发袒，成踊，东即位，拜宾成踊。宾出，主人拜送。有宾后至者，则拜之成踊，送宾

译文

奔丧的人，如果赶不上停柩待葬这段时间，就该先到墓地，朝北坐下，尽情发泄悲哀之情。在家的儿子中代为主丧的人跟随他到墓地，并在墓的左边就位；妇人则在墓的右边就位；奔丧的人跺脚痛哭，尽情发泄悲哀之情，然后用麻束发，再到东面就主人位，戴上麻绖并系上麻带，又是痛哭跺脚，拜谢宾客，再返回原位痛哭跺脚。相者就告诉他哭墓的礼仪已经完毕。于是奔丧的人就戴上冠回家，回来时要从门的左边进入，来到庭中面朝北尽情发泄悲哀之情，用麻束发，赤膊，跺脚，再到东阶下就主人位，拜谢宾客，痛哭跺脚。宾客出门，主人拜送。如有后到的宾客，就拜谢，跺脚，然后送宾，礼节和当初一样。送走所有宾客后，父亲的庶子和堂兄弟都走出门去，等他们出了门就

如初。众主人兄弟皆出门，出门哭止；相者告就次。于又哭，括发成踊。于三哭，犹括发成踊。三日成服，于五哭[1]。相者告事毕。为母所以异于父者，壹括发[2]，其余免以终事，他如奔父之礼。齐衰以下，不及殡，先之墓，西面哭尽哀；免麻于东方，即位，与主人哭成踊，袭。有宾，则主人拜宾、送宾。宾有后至者，拜之如初。相者告事毕。遂冠，归入门左，北面哭尽哀，免袒成踊，东即位，拜宾成踊。宾出，主人拜送。于又哭，免袒成踊。于三哭，犹免袒成踊。三日成服，于五哭，相者告事毕。

可以停止哭泣；相者就告诉说可以去倚庐了。第二天哭灵，仍然用麻束发，痛哭踩脚。第三天哭灵，仍然用麻束发，痛哭踩脚。第三天正式穿上丧服，再过一天又应作第五次哭灵。然后相者告诉奔丧者礼仪已完毕。为母亲奔丧不同于为父亲奔丧的礼节是，刚进门时要用麻束发，其余就都用“免”，一直到奔丧礼毕，其他方面就都和为父奔丧的礼节相同。如果是为齐衰以下的亲属奔丧，赶不上停柩待葬这段时间的，也先到墓地，面向西尽情发泄悲哀之情；在墓的东边戴“免”，系麻带，然后就位，跟从主人一起痛哭踩脚，再穿好衣服。如果有宾客来吊丧，那就由主人拜宾、送宾。有后到的宾客，还得拜谢，像当初一样。相者告诉奔丧者礼仪已完毕。于是奔丧者戴上冠回去，回来要从门的左边进入，面向北痛哭尽哀，戴着“免”，赤膊，踩脚，到东阶下就位，拜谢宾客，踩脚。宾客出门，由主人拜送。第二天哭灵，仍然戴“免”，赤膊，踩脚。第三天哭灵，仍然戴“免”，赤膊，踩脚。第三天正式穿上丧服，再过一天又应作第五次哭灵，相者告诉奔丧者礼仪已完毕了。

注释 1 五哭：成服的那天早晨为四哭，成服第二天再哭为五哭。 2 壹括发：郑玄说，壹括发，谓归入门哭时也。

原文

34.3 闻丧不得奔丧，哭尽哀；问故，又哭尽哀。乃为位，括发袒，成踊，袭，绖绞带，即位，拜宾，反位成踊。宾出，主人拜送于门外，反位。若有宾后至者，拜之成踊，送宾如初。于又哭，括发袒，成踊。于三哭，犹括发袒，成踊。三日成服，于五哭，拜宾、送宾如初。

若除丧而后归，则之墓，哭成踊；东括发袒，绖；拜宾成踊，送宾；反位，又哭尽哀。遂除，于家不哭。主人之待之也，无变于服，与之哭，不踊。

自齐衰以下，所以异者，免，麻。

34.4 凡为位，非亲丧，齐衰以下皆即

译文

听到了父母去世的噩耗却又不能奔丧，先痛哭极尽哀情；再问明去世的缘故，又痛哭尽哀。于是就叙列亲疏哭踊的位置，而自己的位置是在阼阶下西面的地方，并用麻束发，赤膊，踩脚，然后再穿上衣服，戴麻绖，束麻带，就主人位，拜谢宾客，返回到原位，踩脚。宾客出门，主人拜送到门外，再返回原位。如果有后到的宾客，拜宾，踩脚，再送宾，礼仪都和当初的一样。第二天哭灵，还得用麻束发，赤膊，踩脚。第三天哭灵，依然用麻束发，赤膊，踩脚。第三天正式穿上丧服，再过一天应作第五次哭灵，就拜宾、送宾的礼仪都和当初一样。

如果在已除丧后才归来的，那就先到墓地，痛哭踩脚；在墓的东边用麻束发，赤膊，戴麻绖，系麻带；再拜谢宾客，踩脚，拜送宾客；返回原位，又痛哭尽哀。然后就除服，在家里就不再哭了。代主丧事的人对待奔丧的主人，不必改变他平时的服饰，只要陪他哭，也不必踩脚。

为齐衰以下的亲属奔丧，（如果也有这种在除丧后再归来的情况，）与上述情形不同的地方是奔丧者只用戴“免”，系麻绖，不必用麻束发。

位哭尽哀，而东免绖即位，袒成踊，袭，拜宾反位，哭成踊，送宾反位。相者告就次。三日五哭卒[1]，主人出送宾。众主人兄弟皆出门，哭止。相者告事毕。成服拜宾。若所为位家远，则成服而往。

凡是排列亲疏哭踊位置，如果不是父母的丧事，自齐衰以下亲属的丧事，都就位痛哭尽哀，又到东墙下戴“免”，系上麻绖，再就位，赤膊，跺脚，再穿好衣服，拜谢宾客，返回原位，痛哭跺脚，拜送宾客，返回原位。这时相者说该去倚庐了。三天五哭停止后，主人出门送宾客。送走所有宾客后，父亲的庶子和堂兄弟都走出门，就停止哭泣。这时相者告诉奔丧者礼已完毕。成服以后，主人照样要拜宾送宾。如果设立了哭踊位置的亲属离家很远，那也可以在成服以后再去奔丧。

注释 1卒：止。 三日五哭：郑玄说，始闻丧，讫夕为位，乃出就次，一哭也；与明日又明日之朝、夕而五哭。不同于三日成服后的五哭。

原文

34.5 齐衰，望乡而哭，大功，望门而哭，小功，至门而哭，缌麻，即位而哭。

哭父之党[1]于庙，母妻之党于寝，师于庙门外，朋友于寝门外，所识于野张帷。

凡为位不奠。

哭天子九，诸侯

译文

奔丧的时候，服齐衰丧的人望见家乡就开始哭泣，服大功丧的人望见家门时才开始哭泣，服小功丧的人要到门口才开始哭泣，而服缌麻丧的人要就哭位后才开始哭泣。

与父同族但无服的人死了，就到祖庙里去哭他；母亲或妻子的族人死了，就在寝室里哭他；老师死了，就在庙门外哭他；朋友死了，就在寝室门外哭他；所认识的人死了，就在野外搭了帷帐哭他。

凡是在别国设位而哭去世的亲人，就不

七，卿大夫五，士三。

必致奠。

为天子去世哭九次，为诸侯去世哭七次，为卿大夫去世哭五次，为士去世哭三次。

大夫哭诸侯，不敢拜宾。诸臣在他国，为位而哭，不敢拜宾。与诸侯为兄弟，亦为位而哭。

大夫在别国设位而哭去世的国君，不敢拜送宾客。臣子出使在别国，设位而哭去世的国君，也不敢拜送宾客。和诸侯是兄弟，闻知诸侯的死讯，也在别国设位而哭去世的诸侯。

凡为位者壹袒。

凡是在别国设位哭泣，只在听到丧事的那天赤膊。

34.6 所识者吊，先哭于家而后之墓，皆为之成踊，从主人北面而踊。

与死者相识的人赶来吊丧，如果死者已下葬，那就先到丧家哭泣，然后到墓地哭泣，都得为死者踩脚，都是跟着主人面向北而踩脚。

凡丧：父在，父为主；父没，兄弟同居，各主其丧。亲同，长者主之。不同，亲者主之。

凡是办丧事：父亲还在，儿子有妻、子的丧事，就由父亲主持丧事；父亲去世了，兄弟虽然住在一起，也各自主持各自妻、子的丧事。父母的丧事，由年长者主丧；同父母的兄弟死了，也推年长者主丧。从兄弟的丧事，那就由最亲近的人主丧。

闻远兄弟之丧，既除丧而后闻丧，免袒成踊。拜宾则尚左手。

听到远房兄弟的丧事，如果是在已经除丧后才听到的，就戴“免”，赤膊，踩脚。但是拜宾则要依吉拜的方式左手在上。

无服而为位者，唯嫂叔及妇人降而无服者[2]，麻。

相互不服丧而设位哭泣的，只有叔嫂之间，以及族中子侄和出嫁的族姑、姊妹之间，但必须将吊服上的葛绖改成麻绖。

凡奔丧，有大夫至，袒，拜之，成踊而

凡是回家奔丧，有大夫来吊丧，主人就要

后袭。于士，袭而后拜之。	赤膊，然后拜谢大夫，踩脚，再穿上衣服。士来吊丧，主人穿好衣服然后拜谢。

注释 1党：郑玄说，谓族类无服者也。 2妇人降而无服：郑玄说，族姑、姊妹嫁者也。

问丧第三十五

导读

此篇记奔丧归家后吊唁、吊问及刚去世、入殓、送葬等葬丧之礼。又设答问,说明免、杖等事宜。

文中开头记述了父母刚去世,孝子悲痛之状,“恻怛之心,痛疾之意,伤肾、干肝、焦肺,水浆不入口,三日不举火,故邻里为之糜粥以饮食之。夫悲哀在中,故形变于外也;痛疾在心,故口不甘味、身不安美也。”父母刚去世时,痛苦的心情会使肾损肝枯肺焦躁,滴水不进。三天不能生火做饭,需要靠邻里给他煮粥来喝。心中悲伤,形体容貌都发生了变化。悲伤在心,食不甘味,穿戴再好也不觉得舒适。《孝经》说:“辟踊哭泣,哀以送之,送形而往,迎精而反也。”是说送葬时捶胸顿足,痛哭流涕,送死者的形体而去,返回时又迎死者的灵魂而归。又写送葬完毕,进家门看不到父母,来到堂上也看不到,进入寝室还是看不到,再也看不到父母了。所以哭喊,捶胸,跺踊,竭尽悲哀之情才停下来。怅恨、凄惨、绝望和悲哀无尽,于是在宗庙里祭享祈祷,希望父母的魂魄能够回来。

“成圹而归,不敢入处室,居于倚庐,哀亲之在外也;寝苫枕块,哀亲之在土也。故哭泣无时,服勤三年,思慕之心,孝子之志也,人情之实也。”父母下葬后,孝子不愿住在寝室里,而住在用木架和茅草搭建的草房里,痛惜父母还在野外;睡在草垫上,枕着土块,痛惜父母躺在地下。因此孝子经常哭泣,忧劳伤心三年,这种孝子思念父母的心情,是其感情的真实流露。文末有问,为何“堂上不杖”“堂上不趋”?虽然孝子忧伤三年,已身病体弱,扶杖而能起,拄杖才能行。但父亲在,就不能在堂上拄着拐杖,也不能快步走,因为不敢在尊长面前表现出自己的衰弱和急促的样子。这是孝子深层的考虑,要让尊长平静安适地生活,不让他担忧。这是合乎礼仪的行为,也是符合天理人性的情感。

原文

35.1 亲始死，（鸡斯）〔笄纚〕徒跣[1]，扱[2]上衽，交手哭。恻怛[3]之心，痛疾之意，伤肾，干肝，焦肺，水浆不入口。三日不举火，故邻里为之糜粥以饮食之[4]。夫悲哀在中，故形变于外也；痛疾在心，故口不甘味、身不安美也。

三日而敛。在床曰尸，在棺曰柩。动尸举柩，哭踊无数。恻怛之心，痛疾之意，悲哀志懑气盛，故袒而踊之，所以动体安心下气也。妇人不宜袒，故发胸、击心、爵踊[5]，殷殷田田[6]，如坏墙然，悲哀痛疾之至也！故曰："辟踊哭泣[7]，哀以送之。送形而往，迎精而反也。"

其往送也，望望然[8]、汲汲然[9]，如有追而弗及也。其反哭也，皇皇然[10]，

译文

父母亲刚刚去世，孝子先去掉冠，只留下骨笄、包发的丝缯，光着脚，把深衣的下裳前襟插入腰带里(，哭踊的时候就不会有妨碍了)，然后双手交叉着捶胸痛哭。悲伤痛苦的心情会使肾脏损伤，使肝脏枯干，使肺脏燥焦，就会连一点儿汤水也喝不下。三天不生火做饭，所以要靠邻里为他煮些稀饭吃。悲哀深藏在胸中，外在形貌就会发生变化；痛苦在内心，口里吃什么也不甘甜，身上穿得再好也不安适。

士死三天后入殓。死人在床上叫尸，装在棺材里就叫柩。移动尸体和抬棺柩的时候，都要痛哭和跺脚(不必限于哭踊的常节)。悲伤的心情，痛苦的心境，致使悲哀的气血充塞全身，因而要赤膊并且跺脚，以此来活动肢体，安定情绪，发泄郁结之气。妇人不宜赤膊，因而就把胸前的衣襟敞开一点儿，捶击当心处，像雀鸟一般踊跳，那殷殷田田的捶击声，就像墙崩倒一样，悲哀痛苦已到了极点！所以《孝经》说："捶胸跺脚，痛哭流涕，悲哀地送走灵柩。葬时送死者的形体而去，返回哭泣时又迎他的灵魂而回。"

在去送葬的时候，那种瞻望的样

若有求而弗得也。故其往送也如慕，其反也如疑。求而无所得之也，入门而弗见也，上堂又弗见也，入室又弗见也。亡矣，丧矣，不可复见已矣！故哭泣辟踊，尽哀而止矣。心怅焉怆焉，惚焉忾焉[11]，心绝志悲而已矣！祭之宗庙，以鬼飨之，徼幸复反也。成圹而归，不敢入处室，居于倚庐，哀亲之在外也；寝苫枕块，哀亲之在土也。故哭泣无时，服勤[12]三年，思慕之心，孝子之志也，人情之实也。

子、心焦急促的样子，就好像在追赶什么而又不能赶上。在葬后返回来哭泣时，那种心神惶恐的样子，就好像有所请求而没有得到应允。所以在去送葬的时候，孝子就像孺子啼哭思念父母一样，在送葬后返回时，就像在疑虑神灵是否已随他回来。请求父母回家而没有得到应允，踏入家门没有看到父母，登上了堂也没有看到，进入寝室还是没有看到。失去了啊，去世了啊，再也不能见到了啊！所以痛哭，捶胸，跺脚，竭尽悲哀以后才停下来。内心怅恨凄怆，神情恍惚哀叹，心志绝望悲痛不已！在宗庙里祭祀亲人，将其当作鬼神幽灵来祭飨，是侥幸他的灵魂能再返回来。下葬后填平了墓圹回家，不忍心住进寝室，就居住在中门外墙边用茅草搭成的倚庐里，这是哀念父母远葬在野外的表现；睡在草垫子上，枕在土块上，这又是哀念父母正躺在土穴里的表现。所以时常哭泣，要忧伤劳心三年，这正是孝子思念父母的孝心，正是孝子的心愿，也正是人的情感的真实流露。

注释　1 鸡斯：郑玄说，当为“笄纚”，声之误也。笄纚，束发物。　2 扱(chā)：插。　3 恻怛(dá)：忧伤，哀伤。　4 邻里：五家为邻，五邻为里。　糜：粥。　5 爵踊：足不离地而跳，表示悲痛之极。孔疏说，爵踊，似爵（雀）之跳也，其足不离于地也。爵，通“雀”。　6 殷殷(yǐn yǐn)田田：象声词。

打击的声音。 7 辟踊：捶胸顿足，极言哀痛之状。辟，通“擗”。拊心。 8 望望然：瞻望的样子。 9 汲汲然：心情急切貌。孔疏说，促急之情。 10 皇皇然：惶恐貌，彷徨不安貌。孔疏说，意彷徨也。皇，通“惶”。 11 忾(xì)焉：叹息的样子。焉，词尾，犹“然”。 12 勤：郑玄说，谓忧劳。

原文

35.2 或问曰：“死三日而后敛者，何也？”曰：“孝子亲死，悲哀志懑，故匍匐而哭之，若将复生然，安可得夺而敛之也？故曰三日而后敛者，以俟其生也。三日而不生，亦不生矣，孝子之心亦益衰矣。家室之计，衣服之具，亦可以成矣，亲戚之远者亦可以至矣。是故圣人为之断决，以三日为之礼制也。”

或问曰：“冠者不肉袒，何也？”曰：“冠，至尊也，不居肉袒之体也，故为之免以代之也。然则秃者不‘免’，伛者不袒，跛者不踊；非不

译文

有人问：“死后三天才入殓，为什么呢？”回答说：“孝子死了父母，悲哀忧闷，所以匍匐在尸体上痛哭，好像父母将要复活似的，怎么可以剥夺孝子的悲哀之情而将其亲人入殓呢？因此说：三天以后才入殓，是等待死者能否再复活过来。过了三天而不能再复活，也就永远不会复活了，孝子的指望也就渐渐地减退了。再说过了三天，家里已做好办丧事的准备，丧葬所用已经衣服等器物也都做好了，远道的亲戚也已经来到了。因此圣人做出决断，以人死后三天入殓为丧礼之制。”

有人问：“戴着冠的人不能赤膊，是什么原因呢？”回答说：“冠是最尊贵的，不戴在赤膊的人头上，所以就为赤膊的人制作了‘免’来替代冠。然而头秃的人不用‘免’，驼背的人不用赤膊，跛脚的人不用踩脚，并不是他们不悲痛，而是因为他们身上有无法治愈的疾病，不能够使礼节周全罢了。所以说：丧礼仅以表达哀伤为主。

悲也，身有锢疾，不可以备礼也。故曰丧礼唯哀为主矣。女子哭泣悲哀，击胸伤心；男子哭泣悲哀，稽颡[1]触地无容：哀之至也。”

或问曰：“‘免’者以何为也？”曰：“不冠[2]者之所服也。”《礼》曰：“童子不缌，唯当室[3]缌。”缌者其“免”也，当室则“免”而杖矣。

或问曰：“杖者何也？”曰：“竹、桐，一也。故为父苴杖，苴杖，竹也；为母削杖，削杖，桐也。”

或问曰：“杖者以何为也？”曰：“孝子丧亲，哭泣无数，服勤三年，身病体羸，以杖扶病也。则父在不敢杖矣，尊者在故也，堂上不杖，辟[4]尊者之处也；堂上不趋，示不遽也。此孝子之志也，人情之实也，礼义之经

女子哭泣，悲伤哀痛，要捶击心胸；男子哭泣，悲伤哀痛，要额头触地不见面容：这都是哀伤到了极点的表现。”

有人问：“在什么情况下（不是成人又没赤膊的人）也得用‘免’？”回答说：“‘免’是未成年童子的服饰（因为还未加冠，所以就用布来束发）。”《礼》说：“童子不为疏远的亲戚服缌麻丧，只有童子在没有父兄而自己主持家事的时候才须为远亲服缌麻丧。”服缌麻丧的人要用“免”，因此主持家事的未成年的童子也应当用“免”，并且拄着丧杖以主持丧事。

有人问：“丧杖又是怎么一回事呢？”回答说：“丧杖，一种是竹杖，一种是桐木杖，但二者的意义是一致的。为父服丧用苴杖，这种表面焦黑色的苴杖是用天然的竹子做的；为母服丧用削杖，这种去皮加工过的削杖是用桐木做的。”

有人问：“居丧为什么要用丧杖呢？”回答说：“孝子死了父母，不停地痛哭，忧劳了三年，致使身体病弱，所以用杖来支撑病体。但是父亲在就不敢拄杖，因为有尊长在的缘故；在堂上不能拄杖，因为要避开尊长所在的地方；在堂上也不能快走，以向父亲显示不匆促的样子。这

也。非从天降也，非从地出也，人情而已矣！”	些是孝子的心愿，是人的情感的真实流露，是合乎礼义规范的行为。这些不是从天上掉下来的，也不是从地上生出来的，只是人之常情罢了。”

注释 1 稽颡：以额触地，表示极度悲痛。 2 不冠：郑玄说，犹未冠也。 3 当室：无父兄而主家的人。 4 辟：通“避”。

服问第三十六

导读

此篇主要记服丧期间，丧事情况有变化，如何依据亲疏轻重而改换丧服之礼。这些礼仪礼节在现实生活中基本已消失，或许在偏远的农村仍留有一些痕迹。那些礼节背后的义理内涵还是有思考与研究的价值，我们从了解历史文化的视角，对丧服相关知识略作梳理介绍。本书中有关丧服的几篇文章，我们会结合文本主题，使其导读各有侧重，希望读者能互鉴互补，对丧服文化有多维度的了解。

《仪礼·丧服》所规定的丧服，是"天子以下，死而相丧，衣服、年月、亲疏、隆杀之礼"，不仅指居丧者的服饰，还包括居丧的时间和居丧期间生活起居的特殊规范。这些都因居丧者与死者关系的亲疏而有或重或轻、或长或短、或繁或简的区别。唐代孔颖达认为："黄帝之时，朴略尚质，行心丧之礼，终身不变"，到了"唐虞之日，淳朴渐亏，虽行心丧，更以三年为限"，再到了"三王以降，浇伪渐起，故制丧服，以表哀情"。"丧服"一词最早见于《尚书·康王之诰》。有记载表明，丧服制度可能是继承殷人的某些遗规而有所发展，特别是在别亲疏、分嫡庶，强调等级层次方面做了较大的变革，使之与当时的宗法制度相配合。因此春秋时期的文献中对丧服制度有很多记载。(参见阴法鲁等主编《中国古代文化史》，北京大学出版社，2008 年)

本文篇幅不长，主要阐述服丧期间如何改换丧服，其中有很多的仪文细则。文末对其基本原则进行了归纳总结：其一，君子不去剥夺别人守丧的孝心,也不可能去剥夺别人守丧的孝心。其二,丧服很多,但大体也可以分为五等。重的可以向上附于重服,轻的可以向下附于轻服,这是度量轻重而使得各从其等列。

原文

36.1《传》曰："有从轻而重，公子之妻为其皇姑[1]。有从重而轻，为妻之父母。有从无服而有服，公子之妻为公子之外兄弟[2]。有从有服而无服，公子为其妻之父母。"《传》曰："母出，则为继母之党服。母死，则为其母之党服。为其母之党服，则不为继母之党服。"

译文

《大传》说："服丧有本应是轻服的而变重服的，如国君庶子的妻子为公子的母亲要服齐衰（而公子为他母亲只是戴练冠、穿麻衣，且下葬了就除去）。有本应重服而变作轻服的，如妻子为父母服齐衰，丈夫却只服缌麻丧。有本是无服而变作有服的，如国君庶子的妻子为公子的表兄弟服丧，是跟从公子才去服丧的。有本是有服而变作无服的，如公子应为妻子的父母服丧，但因公子是国君的庶子，不能和嫡子一样，便从有服降为无服了。"《大传》说："生母被父亲逐出，那就为继母的娘家亲戚服丧。如果继母死了，那就得为生母的娘家亲戚服丧。如果为生母的娘家亲戚服丧，那就不能再为继母的娘家亲戚服丧。"

注释　1 公子：诸侯的庶子。　皇姑：公子之母。皇，君。　2 外兄弟：表兄弟，同宗直称兄弟，外族则称外兄弟。

原文

36.2 三年之丧即练矣，有期之丧既葬矣，则带其故葛带[1]，绖期之绖，服其功衰[2]。有大功之丧，亦如之。

译文

服三年的丧，如果已经过了练祭，又遇上了期年之丧并且死者已下葬，这时就系原来三年丧的葛带（因为期年之丧在下葬后也用葛带，且前后所用葛带粗细相同，但应以三年丧的葛带为重），戴期年丧的首绖，穿大功的丧服。如果服三年丧已经过了练祭遇上大功丧并且小功，无变也。

麻之有本[3]者，变三年之葛[4]。既练，遇麻断本者，于免绖之。既免，去绖。每可以绖必绖，既绖则去之。小功不易丧之练冠，如免，则绖其缌、小功之绖，因其初葛带。缌之麻，不变小功之葛；小功之麻，不变大功之葛，以有本为税[5]。

殇：长、中[6]，变三年之葛，终殇之月算[7]，而反三年之葛。是非重麻，为其无卒哭之税。下殇[8]则否。

死者已下葬，那也是如此。如果先有大功以上丧服，再遭遇小功之丧，那丧服就不应改变。

用麻连根织成的大功以上的丧服，如果要改变它就用小功的首绖。已过了练祭，又遇上用去根并漂白过的麻为丧服的小功之丧，在束发时要用小功的首绖。而小功之丧殓殡以后，已不再束发，就除去小功的首绖。每次到该用绖时必加上绖，到不需用时就除去。小功以下的丧事不改换练祭之后的练冠，如遇上缌麻、小功该束发的，那就用缌麻、小功的首绖，而腰中仍束初丧练祭时的葛带。缌麻初丧虽系麻带，但不改变小功之丧用的葛带；小功用的麻带，也不改变大功之丧用的葛带，只有大功以上之丧才能使之前的重丧在改服葛绖后又改服麻绖。

三年丧期中，如果遇上长殇、中殇，（本该为他们服大功的，现在降服小功、缌麻，）就改换三年丧的葛绖，再改穿麻绖，但是到殇服的月数满了后要再改系原来的葛绖。这不是因为看重麻绖，而是殇服简略，没有卒哭之后变麻绖为葛绖的礼节。下殇而死的，服三年丧者就不必为他改系葛绖了。

注释　1故葛带：指三年丧之练葛带。　2功衰：指父丧练后之衰，升数（布八十缕为升）与大功同。　3麻之有本：指大功以上所用之带，保留麻的根，将麻及其根合纠成带。　4三年之葛：小功的首绖。　5税(tuì)：变易，改变。 6 长:长殇,十六岁至十九岁而死的人。 中:中殇,十二岁至十五岁而死的人。 7 月算:月数。 8 下殇:八岁至十一岁而死的人。

原文

36.3 君为天子三年,夫人如外宗[1]之为君也。世子不为天子服。

君所主,夫人妻、大子、適妇。大夫之適子为君、夫人、大子,如士服。君之母非夫人,则群臣无服;唯近臣及仆、骖乘从服,唯君所服服也。

公为卿、大夫锡衰[2]以居,出亦如之,当事则弁绖。大夫相为亦然。为其妻,往则服之,出则否。

凡见人,无免绖;虽朝于君,无免绖。唯公门有税

译文

国君要为天子服丧三年,国君的夫人为天子服丧期年,如同国君的外宗妇人为国君服丧期年那样。国君的嫡长子不为天子服丧。

国君所主持的丧事,只是限于自己的正妻、嫡子、嫡子的正妻。大夫的嫡子为国君、国君的夫人、国君的嫡子服丧,如同士人为这些人服丧一样。国君的母亲不是嫡夫人,那群臣就不为她服丧;只是阍寺之类的近臣以及驾车的、车上的侍卫等,依从国君服丧的情况而服丧。

国君为卿、大夫们服丧,就穿细麻制成的丧服,居住在宫内或外出都这样;如果遇上大殓和殡,以及将葬启殡等事,那就再在冠上加绖。大夫间相互服丧也像这样。如大夫为另一大夫的妻子服丧,去吊丧时穿细麻衣,再在冠上加绖,出来时就可以去掉。

服三年丧者,有事求见人时不可以除掉首绖,即使朝见国君也不除掉首绖。只有服齐衰丧的人到了国君门前要解下首绖。《大传》说:"君子不去剥夺别人守丧的哀情,也不可被人剥夺守丧的哀情。"《大传》又说:"犯罪很多,

齐衰[3]。《传》曰:"君子不夺人之丧,亦不可夺丧也。"《传》曰:"罪多而刑五,丧多而服五。上附下附,列[4]也。"	但刑罚大体可分为五等;丧服很多,但大体也可分为五等。重的可以向上附到重刑或重服中去,轻的可以向下附到轻刑或轻服中去(比如罪重的就附于上刑,罪轻的就附于下刑,丧服大功以上的就附于亲,小功以下的就附于疏),这是度量轻重而使各从各的等列。"

注释 1外宗:宗妇,指诸侯的外亲之妇,如诸姑及姊妹之女。 2锡衰:细麻布制成的丧服。 3公门:国君之外门。 税:通"脱",脱下,解下。 4列:等。

间传第三十七

导读

此篇主要记述了五服之间不同等级的居丧表现,分别从容貌体态、哭声、言语、饮食、居住,以及丧服麻布的粗细等方面做了分别比较,以配合不同等级的悲痛程度。刘向《别录》之分类中,将《曾子问》《丧服小记》《杂记》《丧大记》《奔丧》《问丧》《服问》《间传》《三年问》《丧服四制》归为丧服一类,这些篇目的内容有交错,但也可互补互证。

所谓"五服",是《仪礼》中所规定的丧服制度,指斩衰、齐衰、大功、小功和缌麻五个等级,由重到轻,分别适用于与死者亲疏远近不等的各种亲属。每一种服制都有特定的居丧服饰、居丧时间和行为限制。其主旨是父系、母系有别,亲疏有别,男女有别,嫡子庶子有别。这体现了宗法制度的基本原则,等级分明,不能任意更改。这套丧制在封建社会得到了普遍推广,被历代王朝列入法典。作为传统伦理的重要表现形式,其社会影响也极为深广。

五服的服丧时限,按与死者的亲疏关系而划定,分别为三年、一年、九月、五月、三月这五等。其中斩衰是最重的,在三年丧期中,对居丧者的饮食起居和日常行为有非常苛刻的规范和要求。本篇从很多方面做了描述和比较,这里仅举一例。如篇首即提问,斩衰丧服为什么要用苴麻做绖呢?因为结了子的苴麻颜色苍黑,粗糙难看,很像遭遇大忧之人的外貌,面容憔悴,像苴那样苍黑。而服齐衰者的面容浅黑,服大功者的表情麻木,服小功和服缌麻者保持平常的表情就可以了。这是从容貌、表情的角度,将五服之间不同的哀痛程度形象地体现了出来。

原文

37.1 斩衰何以服苴[1]？苴，恶貌也，所以首[2]其内而见诸外也。斩衰貌若苴，齐衰貌若枲[3]，大功貌若止[4]，小功、缌麻容貌可也。此哀之发于容体者也。

斩衰之哭，若往而不反。齐衰之哭，若往而反。大功之哭，三曲而偯[5]。小功、缌麻，哀容可也。此哀之发于声音者也。

斩衰"唯"而不对。齐衰对而不言。大功言而不议。小功、缌麻，议而不及乐。此哀之发于言语者也。

斩衰三日不食，齐衰二日不食。大功三不食，小功、缌

译文

斩衰为什么要用苴麻做绖呢？因为苴麻是苍黑色的，且粗糙难看，很像遭遇大忧之人的面貌，所以就用苴麻这样的颜色作为内心的哀痛显现到外面的标志。服斩衰丧服的人，面貌就像苍黑的苴麻；服齐衰的人，面貌就像浅黑的枲麻；服大功的人，面貌麻木而毫无表情；服小功、缌麻的人，面貌就可以和平常一样。这是哀痛之情显现在容貌方面的情况。

服斩衰的人哭起来，哭声要断而不连续。服齐衰的人哭起来，哭声要似断而仍微微连续。服大功的人哭起来，哭声要有曲折变化而且又有余音。服小功、缌麻的人哭起来，只要有哀痛的表情就可以了。这是哀痛之情显现在啼哭的声音方面的情况。

服斩衰的人只是"唯唯"应答而不回答别人的问话。服齐衰的人虽可以回答，但不主动与人说话。服大功的人虽可以主动与别人说话，但不说与丧事无关的话。服小功、缌麻的人可以说与丧事无关的话，但不谈及欣赏音乐的事。这是哀痛之情显现在言语方面的情况。

服斩衰的人，三天不吃饭；服齐衰的人，两天不吃饭。服大功的人，三顿不吃饭；服小功、缌麻的人，两顿不吃饭。士人参与小殓之事的，

麻再不食。士与敛焉，则壹不食。故父母之丧，既殡食粥，朝一溢[6]米，莫[7]一溢米；齐衰之丧，疏食水饮，不食菜果；大功之丧，不食醯酱；小功、缌麻，不饮醴酒。此哀之发于饮食者也。

父母之丧，既虞、卒哭，疏食水饮，不食菜果；期而小祥，食菜果；又期而大祥，有醯酱；中月而禫，禫而饮醴酒。始饮酒者，先饮醴酒，始食肉食，先食干肉。

父母之丧，居倚庐，寝苫枕块，不说[8]绖带；齐衰之丧，居垩室[9]，芐翦不纳[10]；大功之丧，寝有席；小功、缌麻，床可也。此哀之发于居处者也。

父母之丧，既虞、

就一顿不吃饭。所以父母的丧事，在已经殡后才开始喝粥，早上只煮一溢米，晚上也只煮一溢米；服齐衰丧的，在殡后就吃粗粮，饮水，不吃蔬菜和瓜果；服大功丧的，不食用醋、酱这些调料；服小功、缌麻丧的，不饮甜酒。这是哀痛之情显现在饮食方面的情况。

父母的丧事，在已经举行过安神祭和卒哭祭以后，就可以吃粗粮，饮水，但还不能吃蔬菜和瓜果；满一周年而举行过小祥祭以后，就可以吃蔬菜和瓜果了；又满一周年而举行过大祥祭以后，就可以用醋、酱一类的调料了；大祥祭以后间隔一个月举行禫祭，禫祭以后就可以饮甜酒了，(孝子不忍心在开戒时尝食醇厚的滋味，)因此开始饮酒就先饮甜酒，开始吃肉就先吃干肉。

为父母守丧，要住在中门外用茅草盖成的倚庐里，睡在草垫上，枕在土块上，不能脱去麻绖麻带；服齐衰丧的，住在用土坯垒起的垩室里，睡在虽已剪齐但不编纳边缘的蒲席上；服大功丧的，可以睡平时的席子；服小功、缌麻丧的，可以睡平时的床。这是哀痛之情显现在居住方面的情况。

父母的丧事，在已经虞祭、卒哭祭以后，就可以支撑起草屋的门楣，(使室内稍稍宽敞明亮些，)又剪齐作为屏障的茅草，卒哭,柱楣翦屏,苄翦不纳;期而小祥,居垩室,寝有席;又期而大祥,居复寝;中月而禫,禫而床。

并可以睡在虽已剪齐但不编纳边缘的蒲席上了;满一周年而举行过小祥祭以后,就可以居住在用土坯垒起的屋子里,睡在平时的席子上了;又满一周年而举行过大祥祭,就可以回到原先的寝室居住了;大祥祭后再间隔一个月就举行禫祭,禫祭以后就可以睡平时的床了。

注释 1 苴(jū):结子的麻,颜色苍黑,样子粗糙难看。 2 首:陈澔说,标表之义,盖显示其内心之哀痛于外也。 3 枲(xǐ):无子的麻,也是苍黑色,但比苴淡一些。 4 止:郑玄说,谓不动于喜乐之事。 5 偯(yǐ):拖长哭的余声,亦指哀伤。 6 溢:古代容量单位。一又二十四分之一升为一溢。约今100克。 7 莫:同“暮”。 8 说:通“脱”。 9 垩室:古时居丧者居住的屋子,四壁用白泥粉刷。 10 苄(xià):蒲萍,可制席。 翦:剪断。

原文

37.2 斩衰三升[1],齐衰四升、五升、六升,大功七升、八升、九升,小功十升、十一升、十二升。缌麻十五升去其半[2],有事[3]其缕,无事其布。曰缌。此哀之发于衣服者也。

斩衰三升,既虞、卒哭,受以成布六升[4],冠七升。为母疏衰四

译文

斩衰的丧服用三升布做成,齐衰的丧服是用四升、五升或六升的布做成,大功的丧服用七升、八升或九升布做成,小功的丧服用十升、十一升或十二升布做成。缌麻的丧服用十五升而抽去一半的纱缕做成,纱缕经过煮,织成布后就不再捶洗。这种布就叫缌。这是哀痛之情在衣服上的表现。

斩衰的丧服用三升布做成,在虞祭、卒哭祭以后,就穿用六升以上的成布做成的丧服,衰冠用七升的布。为母亲服的疏衰

升，受以成布七升，冠八升。去麻服葛，葛带三重[5]。期而小祥，练冠縓缘[6]，要绖不除。男子除乎首，妇人除乎带。男子何为除乎首也？妇人何为除乎带也？男子重首，妇人重带，除服者先重者，易服者易轻者。又期而大祥，素缟麻衣。中月而禫，禫而纤[7]，无所不佩。

易服者何为易轻者也？斩衰之丧，既虞、卒哭，遭齐衰之丧，轻者包[8]。重者特。既练，遭大功之丧，麻葛重。齐衰之丧，既虞、卒哭，遭大功之丧，麻葛兼服之。斩衰之葛，与齐衰之麻同。齐衰之葛，与大功之麻同。大功之葛，与小功之麻同。小

是四升的布制成的，在虞祭、卒哭祭以后，也渐减粗疏而丧服就用七升的成布，冠用八升的布。在虞祭、卒哭祭后，男子要去掉腰里的麻绖而系葛绖，妇人去掉头上的麻绖而系葛绖，葛绖是由四股纠合为三重。满一周年而举行小祥祭后，可以用素练做冠，练衣也可以用浅红色的滚边，但男子腰里的葛带还不能除掉。（小祥祭后，）男子除去头上的首绖，妇人除去腰带。男子为何先要除去首绖？妇人为何先要除去腰带呢？因为男子以头为重，妇人以腰为重，除服的人先除重服，而改变丧服则先改变轻服。又满一周年而举行大祥祭后，就可以戴白冠，穿上深衣。再隔一个月而举行禫祭，之后就可戴纤冠，各种饰物都可佩带了。

改换丧服为何要改变轻服呢？斩衰之丧，在虞祭、卒哭祭后，又遭齐衰之丧，因轻服可以被包括在新丧的重服中，而重服则特加保留。练祭后，又遭大功之丧，先服重麻，后又改服重葛。服齐衰之丧，在虞祭、卒哭祭后，又遭大功丧事，那就兼系麻绖和葛绖。斩衰的葛绖葛带，其粗细正和齐衰的麻绖麻带相同。齐衰的葛绖葛带，其粗细又和大功的麻绖麻带相同。大功的葛绖葛带，其粗细又和小功的麻绖麻带相同。小功的葛绖葛

功之葛,与缌之麻同。麻同则兼服之。兼服之服重者,则易轻者也。	带,其粗细又和缌麻的麻绖麻带相同。如果前丧已葬后所服的葛绖葛带和后丧初死时所服的麻绖麻带粗细相同,那就兼服。但在兼服时,重要的地方仍服葛,次要的地方就可以换成麻。

注释 1升:古代布八十缕为一升。 2按:陈澔说,盖十五升者,朝服之布,其幅之经一千二百缕也,今缌布用其半,六百缕为经,是去其半也。 3事:指煮纱缕后再编织。 4受:渐减而承受。五服中只有斩衰、齐衰、大功有"受"。 成布:三升、四升、五升织的"布",因缕粗疏,还不成其为布;六升以上,其缕渐细,才能织成布的样子。 5三重:单根纠合为一重,两股合为一绳为二重,二绳又纠合为一绳为三重。 6縓缘(quàn yuàn):浅红色的边。 7纤(xiān):郑玄说,黑经白纬曰纤。 8包:孙希旦说,以新包旧也。

三年问第三十八

导读

此篇记问三年丧服之由来。开篇即提出:“三年之丧,何也?”回答说:这是依据人情的轻重而订立的礼法,借此来表明不同的亲属关系,区别亲疏贵贱的界限,因而是不可以妄自增减的,是不能改变的原则。并且指出服丧三年是为丧失亲人而哀痛至极的人订立的礼法。“斩衰苴杖,居倚庐,食粥,寝苫枕块”,这些都用来表明哀痛至深的心情。

本篇指出,凡是生存在天地之间的有血气的一类生物必定会有知觉,知道爱它们的同类。当它们丧失了自己的同伴,过了一段时间还会返回来,在先前的巢穴盘旋,啼鸣号叫,来回徘徊,然后才飞走。何况是有灵气的人?人对自己父母的感情是终生不会穷尽的。先王经过斟酌,制定了礼文仪节,到时候就可以除丧了。最亲的亲人以周年为截止时间,这是以四季已经循环了一次、草木也都更生了为依据。为了使丧期更加隆重一些,就延长了一倍时间。满了两年以后,要第三年才除服。这就是说,三年的丧期,实际上只服二十五个月就结束了。有的亲属不是至亲,丧期就不到一周年。三年之丧是最隆重的,这是历代圣王从古到今都共同遵守的。

孔子认为,孩子三岁以后才离开父母的怀抱,孩子为父母服丧三年是天下通行的丧礼。胡适以为,三年的丧期是儒家所创立,不是古礼古制,理由有三:其一,《墨子·非儒》中有“儒者曰:亲亲有术,尊贤有等……丧父母三年。”墨子点明此为儒家的主张。其二,《论语·阳货》记载宰我向孔子提出“三年之丧,期已久矣”,说明孔门弟子当中还有人不认可此丧制。其三,《孟子·滕文公》记载孟子劝滕国世子行三年之丧,滕国的父兄百官都不乐意,说:“吾宗国鲁先君莫之行,吾先君亦莫之行也。”(参见《胡适选集》,吉林人民出版社,2006年)以上三证可说明三年之丧是儒家所创制的。

原文

38.1 三年之丧，何也？曰："称[1]情而立文，因以饰群[2]，别亲疏贵贱之节，而弗可损益也。"故曰："无易之道也。"创巨者其日久，痛甚者其愈迟。三年者，称情而立文，所以为至痛极也。斩衰苴杖，居倚庐，食粥，寝苫枕块，所以为至痛饰也。

三年之丧，二十五月而毕[3]，哀痛未尽，思慕未忘。然而服以是断之者，岂不送死有已、复生有节也哉？

凡生天地之间者，有血气之属，必有知。有知之属，莫不知爱其类。今是大鸟兽，则失丧其群匹，越月逾时焉，则必反巡；过其故乡，翔回焉，鸣号焉，蹢躅[4]焉，踟蹰[5]焉，然后乃能去

译文

服三年之丧是为什么呢？回答说："这是依据人情的轻重而订立的礼法，借此来表明不同的亲戚关系，区别亲疏贵贱的界限，而不可以妄加增减的。"所以说："这是不能改变的原则。"创伤很大的，恢复的日子也就长；伤痛很深的，愈合的时间也就迟。服丧三年，是依据人情的轻重而制定的礼法，是为丧亲而哀痛至极的人制定的礼法。穿斩衰丧服，拄黑色竹杖，居住在临时搭在东墙边的草屋里，喝稀粥，睡在草垫上，枕在土块上，这些都用来表现哀痛至极的心情。

三年的丧期，二十五个月就结束了，但是孝子的哀痛还未尽，对亲人的思慕还未忘。然而丧期在此结束，难道不正是表示为死去的亲人居丧也该有终止的时候，恢复生者的正常生活的时间应有节限吗？

凡是生存在天地之间的有血气的一类生物必定会有知觉。而有知觉的一类生物，没有不知道爱它们的同类的。假如现在是大鸟兽，丧失了自己的同伴，过了些时月，必定会返回来巡视，经过先前的巢穴，就会飞翔盘旋，啼鸣号叫，来回徘徊，往返犹豫，然后才渐渐离去。而即使

之。小者至于燕雀，犹有啁噍[6]之顷焉，然后乃能去之。故有血气之属者，莫知于人，故人于其亲也，至死不穷。将由夫患邪淫之人与？则彼朝死而夕忘之。然而从之，则是曾鸟兽之不若也，夫焉能相与群居而不乱乎？将由夫修饰之君子与？则三年之丧，二十五月而毕，若驷之过隙。然而遂之，则是无穷也。故先王焉为之立中制节[7]，壹使足以成文理[8]，则释之矣。

是小小的燕雀，也还会对死去的同伴悲鸣一阵，然后才飞走。然而有血气的这类生物，没有一种是比人更有知觉的，因此人对自己父母的思念之情是终生不会穷尽的。如果是那些恶劣的、淫邪的人，他们会怎么对待父母之死呢？他们早晨死了父母，到晚上就忘了。依据这样的人去制定礼法，那是连鸟兽也不如了，又怎么能相互住在一起而不发生混乱呢？如果是那些修养身心的君子，他们又会怎么对待父母之死呢？他们觉得三年的丧期，二十五个月就结束了，就像驷马疾驰过狭小的空隙那么急速。然而由着他们的心情，那丧期就没有穷尽了。所以先王对此是斟酌于两者之间而取其中间来制定丧服年月节限，（不分君子和小人）一旦能足够符合礼文仪节，就可以除去丧服了。

注释 1 称(chèn)：适合，符合。 2 饰：表现，表明，显示。孔疏说，章表也。群：指五服之亲。 3 吴澄说，大祥后所服，非丧之正服也。丧之正服，止于二十五月。 4 蹢躅(zhí zhú)：同“踯躅”。徘徊不前的样子。5 踟蹰(zhí zhú)：犹豫，徘徊不进的样子。 6 啁噍(zhōu jiāo)：象声词。鸟鸣声。此指鸟悲鸣声。 7 立中制节：郑玄说，谓服之年月也。8 文理：礼仪。

原文

38.2 然则何以至期也？曰："至亲以期断。"是何也？曰："天地则已易矣，四时则已变矣，其在天地之中者莫不更始焉，以是象之也。"

然则何以三年也？曰："加隆焉尔也，焉使倍之，故再期也。"

由九月以下，何也？曰："焉使弗及也。"

故三年以为隆，缌、小功以为杀[1]，期、九月以为间。上取象于天，下取法于地，中取则于人，人之所以群居和壹之理尽矣。

38.3 故三年之丧，道之至文者也，

译文

既然如此，那又依据什么而服一周年的丧呢？回答说："最亲的亲人按照一周年为限期。"而这是什么原因呢？回答说："经过一周年，天地的运动已循环变化了一次，四时的更替也已循环变换了一次，那些处于天地间的万物无不重新开始，因此用丧期一周年来象征自然的这种变化。"

既然如此，那又为什么有的丧要服三年呢？回答说："这是为使丧事更加隆重，于是就使丧期延长一倍，所以要满两周年(到第三年)才除服。"

有只服九月以下的丧(如九月、五月、三月等丧服)，又是什么原因呢？回答说："这是由于这些亲戚的恩情比不上父母，于是丧期也就不必满周年了。"

所以斩衰三年是最隆重的，三个月的缌麻和五个月的小功是表示恩情的减轻，而齐衰一年和大功九个月则是介于两者中间。五服丧服的规定上效法天的运动，下效法地的变化，中间则依据人的情理，人之所以能够住在一起生活而和睦一致的道理尽在其中了。

所以三年的丧期，是人伦道德中的最完善的礼仪，也称它是最为隆重的礼仪。这是历代圣王所共同遵循的，也是古往今来一致的。

夫是之谓至隆。是百王之所同，古今之所壹也。未有知其所由来者也。

孔子曰："子生三年，然后免于父母之怀。"[2] 夫三年之丧，天下之达丧也。

但是，人们还不知道这种丧期的由来。

孔子说："孩子生下来三年，然后才能离开父母的怀抱。"因此，为父母服丧三年，是天下通行的丧制。

注释　1 杀(shài)：削减，衰退。2 此句又见《论语·阳货》篇。

深衣第三十九

导读

深衣，是上衣、下裳连缀起来的一种服装，它是古代诸侯、大夫、士家居时常穿的衣服，也是庶人的常礼服。《玉藻》有说："朝玄端，夕深衣。"孔颖达说："深衣衣，裳相连，被体深邃，故谓之深衣。"其实，深衣就是长衣。有学者认为："深衣，记由里而外，由外而内，衣服之层次厚深则礼义之深浅可表。"（林觥顺《礼记我读·序》，九州出版社，2006年）有些具体解说，古人都有含混处，我们阅读原文，对深衣义理之深邃也可略见一斑。

本篇篇首即指出："古者深衣，盖有制度，以应规、矩、绳、权、衡。"古时设计制作深衣有一定的法度，要合规、矩、绳、权、衡。深衣的长短有规格，不能短到露出踝骨，也不能长得拖在地上。它的制作共用十二幅布料，以应一年十二个月份。袖子是圆形的，以应圆规；衣领是方形的，以应方矩；背缝是长直的，以应垂直；裳的下摆像秤杆和秤砣，应合水平。袖子应合圆规，是要使人以举手揖让为容仪；下摆像秤杆和秤砣，是为了安定志向而平抚心情，这样行为才会公正。规、矩、绳、权、衡的意义全都体现在深衣中了。规和矩，是取公正无私的意义；绳是取正直的意义；权和衡是取公平的意义，所以先王都喜欢穿深衣。

深衣的制作法度完备，而且又很质朴，不浪费，被认为是朝服、祭服以外最好的衣服了。深衣，还被赋予一些寓意标识，如父母、祖父母都健在的人，所穿深衣要用彩色花纹作滚边，其他情况，所穿深衣的滚边颜色、花纹、尺寸会有所不同。宋代司马光的诗《独步至洛滨》言："草软波清沙径微，手持筇竹着深衣。”严复《救亡决论》也有“深衣几幅，明堂两个”之句，可见深衣在历史上曾对人们的日常生活有过深远的影响。

原文

39.1 古者深衣[1]，盖有制度，以应规、矩、绳、权、衡，短毋见肤[2]，长毋被土。续衽[3]，钩边[4]。要缝[5]半下。袼[6]之高下，可以运肘。袂之长短，反诎[7]之及肘。带，下毋厌髀[8]，上毋厌胁[9]，当无骨者[10]。

译文

古时的深衣，有一定的制作法度，而合规、矩、绳、权、衡，不能短到露出踝骨，也不能长得拖在地上。它的左衽是前后连缀在一起的，而右衽是连接上衣交领，做一钩曲的边来遮掩相交的地方。腰缝是下摆的一半宽度。袖子和上衣在腋下连合处的高低，以使手肘活动自如为标准，袖子的长短，是较手长出的部分反屈过来可到肘部。腰间的大带，下边不要盖到胯骨，上边不要盖到肋骨，应正当腹部无骨之处。

注释 1 深衣：古代诸侯、大夫、士家居所穿的一种衣服，也是庶人的常礼服。衣、裳相连，前后深长，故称深衣。 2 肤：王夫之说，肤谓踝骨。 3 续衽：深衣左衽前后连续在一起。衽，在裳的左右两旁。 4 钩边：右衽则连接上衣交领，作一钩曲之边以掩相交处，称钩边。 5 要(yāo)缝：指上衣、下裳在腰部缝合的地方。要，同“腰”。 6 袼(gē)：衣袖当腋缝合处，俗称挂肩。 7 诎(qū)：弯曲。 8 厌(yā)：压，压住。髀(bì)：胯骨。 9 胁：肋骨。 10 无骨者：指下腹部。

原文

39.2 制：十有二幅，以应十有二月。袂圆以应规。曲袷[1]如矩以应方。负绳[2]及踝以应直。下齐[3]如权

译文

深衣的裁制：共用十二幅布，以应十二个月份。袖子是圆形的，以应圆规。相交的领口像方形的矩，以应正方。背缝长垂到脚跟，以应垂直。下摆像秤杆和秤砣，以应水平。因此袖子应合圆规，是要使人以举手揖

衡以应平。故规者，行举手以为容；负绳、抱方者，以直其政、方其义也。故《易》曰："坤六二之动，直以方也。"下齐如权衡者，以安志而平心也。五法已施，故圣人服之。故规、矩取其无私，绳取其直，权衡取其平，故先王贵之。故可以为文，可以为武；可以摈、相[4]，可以治军旅。完且弗费，善衣[5]之次也。

让为容仪；背缝直、领口方，是要使政教不偏、道义方正。所以《易经》说："坤卦六二爻的变动，又直又方。"深衣的下摆像秤杆和秤砣，是为了安定志向而平抚心情（这样行动才会公正）。规、矩、绳、权、衡五法全都体现在深衣上，所以圣人才穿它。因此，规和矩是取它们公正无私的意义，绳是取它正直的意义，权和衡是取它们公平的意义，所以先王很看重深衣。所以深衣可以作文服穿，也可以作武服穿。可以在担任傧、相时穿，也可以在领兵治军时穿。深衣法度完备而又质朴俭省，是朝服、祭服以外最好的衣服了。

注释　1 曲袷(jié)：方领。袷，交领，左襟掩右襟，两襟相交之领。 2 负绳：即衣、裳的背缝。 3 下齐(zī)：裳的下摆。 4 摈、相：大夫、士相见，为主人接待宾客者为傧，行赞礼者为相。摈，通"傧"。 5 善衣：指朝服和祭服。

原文

39.3 具父母、大父母，衣纯以缋[1]。具父母，衣纯以青。如孤子，衣纯以素。纯袂、缘[2]、纯边[3]，广各寸半。

译文

父母、祖父母都健在的人，所穿的深衣要用花纹来滚边。父亲、母亲都在的人，穿的深衣用青色来滚边。三十岁以下无父亲的人，所穿的深衣用白色来滚边。袖口、下摆、侧边的滚边，都是半寸宽。

注释 1纯:衣服的滚边。缋(huì):彩色的花纹图案。 2缘:衣服的边。此指裳的下摆。 3纯边:深衣的旁侧。

投壶第四十

导读

此篇记主人与宾客燕饮投壶之礼。刘向《别录》将此一篇单独列为吉礼类。投壶是古人宴饮时的一种礼仪游戏,是射礼的变异。本文详细记载了投壶的礼仪规则和完整程序。投壶,必须将箭矢的首端投进装有小豆的壶内才算投中。双方依次轮流投壶,抢投、连投者投入亦不能作数。投中多者获胜,胜者罚不胜者饮罚酒。壶与矢,是投壶最重要的礼器,制作精美。投壶过程中有乐队演奏礼乐。本篇篇末还保留了投壶时击鼓的节奏,有鲁国和薛国两种鼓谱,射礼时使用全谱,投壶礼只使用一部分鼓谱。

《左传·昭公十二年》记载:“晋侯以齐侯宴,中行穆子相,投壶。”在两国诸侯宴饮中也举行投壶,说明投壶在春秋时期是一种正规的礼仪活动。春秋战国时盛行射礼,但有的庭院因不够宽阔,没有张弓搭箭需要的场地,也因宾客众多,不易备足弓箭,也有宾客不会射箭等种种因素,促成了投壶的产生,以乐嘉宾。投壶既可习礼仪,又可为宴饮助兴。投壶在室内、堂中和庭院都可举行,即由射礼演变成为一种新型的礼仪活动,并不断加入娱乐的元素。到了汉代,投壶成为儒士的高雅游戏,汉代画像石上也刻有《投壶图》。

宋代司马光认为投壶趋向娱乐化,有悖于古礼。他对投壶做了全面的阐述,认为:“投壶可以治心,可以修身,可以为国,可以观人。何以言之? 夫投壶者不使之过,亦不使之不及,所以为中也。不使之偏颇流散,所以为正也。中正,道之根柢也。”投壶不仅继承了射礼的仪节,还继承了射礼正己修身的礼义。虽然它从最初的礼仪活动逐渐演变成为娱乐游戏,但并没有脱离繁杂的礼节,而是始终与“礼仪”联系在一起,与“礼乐”相应合。这就使投壶只限于士大夫阶层,不能普遍流行。近代以来,随着西方现代游艺活动的传入,投壶逐渐淡出人们的生活。

原文

40.1 投壶之礼：

主人奉矢，司射奉中[1]，使人执壶。主人请曰："某有枉矢哨壶[2]，请以乐宾。"宾曰："子有旨酒嘉肴，某既赐矣，又重以乐，敢辞。"主人曰："枉矢哨壶，不足辞也，敢(固)[3]以请！"宾曰："某既赐矣，又重以乐，敢固辞！"主人曰："枉矢哨壶，不足辞也，敢固以请！"宾曰："某固辞不得命，敢不敬从？"宾再拜受，主人般还[4]，曰："辟。"[5]主人阼阶上拜送；宾般还，曰："辟。"已拜，受矢，进即两楹间；退，反位，揖宾就筵。

司射进度壶，(间以二矢半)[6]，反位，设中，东面，执八算[7]兴。

译文

投壶的礼节：

主人捧着投壶的矢，司射捧着盛放筹码的"中"，又叫一个人拿着壶。主人对客宾说："我有不直的矢、歪口的壶，请让我用来娱乐宾客。"宾客说："您有美酒好菜，我已经受赐了，又再加上投壶娱乐，不敢不推辞。"主人说："这些不直的矢、歪口的壶，实在不值得您推辞，再次请各位参加！"宾客说："某已受赐，又再加上投壶娱乐，不敢不再次推辞！"主人说："不直的矢、歪口的壶，不值得推辞，再次请各位参加！"宾客说："我们一再辞谢，却得不到您的允许，怎敢不恭敬从命呢？"宾客就在西阶上向北面行再拜礼接受矢，主人(为表示不敢当)就不上前，只是转身背对着，说："避。"主人在阼阶上拜送矢，宾客(为了表示不敢当)也转身背对着说："避。"拜送矢以后(主人的助手又授矢给主人)，主人在阼阶上接受矢，又进入到两楹间(投壶将在此进行，并在此设筵席)，然后又退回阼阶上，向西拜揖宾客请入席。

司射来到客主筵席前量度地方，放好了壶，然后返还西阶上的位置，再取了"中"来摆设好，于是就在"中"的西面，脸朝东拿着八支"算"站立着。司射告诉宾客说："箭头

请[8]宾曰："顺投为入。比投不释[9]。胜饮不胜者。正爵[10]既行，请为胜者立马[11]。（一马从二马。）[12]三马既立，请庆多马。"请主人亦如之。命弦者曰："请奏《狸首》，间若一。"大师曰："诺。"

左右[13]告矢具，请拾[14]投。有入者，则司射坐而释一算焉。宾党于右，主党于左。

卒投，司射执算曰："左右卒投，请数。"二算为纯[15]，一纯以取。一算为奇。遂以奇算告，曰："某贤[16]于某若干纯。"奇则曰："奇。"钧[17]则曰："左右钧。"

命酌曰："请行觞。"酌者[18]曰："诺。"当饮者皆跪奉觞曰：

先入壶的就算投入了。（宾主之间应该轮换着投，）如果有谁连续投，那虽有投入的也不作数。投胜的酌酒罚不胜的人饮。行过罚酒以后，就为投胜的人立一'马'。如果已立了三'马'（表示胜利已成定局），就酌酒庆贺'马'更多的人。"司射也将这些话告诉了主人。他又吩咐奏乐的乐工说："请演奏《狸首》，每次演奏的快慢节奏要一致（作为投壶的一种节拍）。"太师答应："是。"

司射又告诉左边的主人和右边的宾客，矢已经准备好了，请轮换着投壶。有投入的，司射就坐下放一支"算"在地上。投壶时，宾客们都在右方，主人和弟子都在左方。

投壶结束，司射拿着剩下的"算"说："左方右方都已投完了，请数'算'。"两支"算"作一纯；在地上取"算"的时候，就一纯一纯地拿取，满十纯就放成一堆。一支"算"称为奇。于是（在消去左、右方相等的"算"数后）把余下的"算"数报出来，说："某方胜过某方若干纯。"如果余下的"算"数是奇数，就说："（某方胜过某方）若干奇。"如果两方"算"数一样，就说："左、右方相等。"

司射就命令斟酒，说："请胜方为负方斟酒。"胜方的弟子答道："是。'酒斟完以后，应当饮酒的人都要跪下捧着酒杯，说："承蒙赐

"赐灌[19]。"胜者跪曰:"敬养。"

正爵既行,请立马。马各直[20]其算。一马从二马,以庆。庆礼曰:"三马既备,请庆多马。"宾主皆曰:"诺。"

正爵既行,请彻马。

算多少,视其坐。筹,室中五扶,[21]堂上七扶,庭中九扶。算,长尺二寸。壶,颈修七寸,腹修五寸,口径二寸半,容斗五升。壶中实小豆焉,为其矢之跃而出也。壶去席二矢半。矢,以柘若棘,毋去其皮。

饮。"胜方也跪下来,说:"谨敬养贵体。"

罚酒以后,司射吩咐双方,请为胜者立"马"。所立的"马"都放置在获胜一方"算"前(客方胜就立"马"在右边的"算"前,主方胜就立"马"在左边的"算"前)。(投壶在主、宾都轮流投过三次后就定局,如果一方三次都获胜就立三"马",)如果一方胜两次就立两"马",但也同时将另一方所胜的一"马"并过来成三"马",作为庆贺。庆礼时,司射说:"三'马'都已齐备,请斟酒为'马'多的一方庆贺。"宾、主都答道:"是。"

饮过庆贺酒后,司射就吩咐将所立的"马"撤去。

"算"的数量多少,要看坐投的人数来定,每人四支。矢的长度也有区别,在室中投壶用五扶长的,在堂上投壶用七扶长的,在庭中投壶用九扶长的。"算"的长度是一尺二寸。壶的规格是,颈长七寸,腹深五寸,口径宽二寸半,容积为一斗五升。在壶中盛放小豆,以防止投入的矢又反弹出来。壶放在离坐席两支半矢的地方。矢是用柘木和棘木做的,制矢时不去掉树皮。

注释 1 中:盛算之器,或像鹿、虎、兕等,皆刻木而成。 2 枉:材不直。哨:口不正。 3《大戴记·投壶》此处无"固"字,《小戴记》乃衍文。4 般还(pán xuán):指古代礼仪中依循一定程式的回旋进退。 5 辟:通

“避”。 6王念孙认为,“间以二矢半”为衍文,王说是。 7算:用来计数的筹码。 8请:郑玄说,请犹告。 9比:频频,连续。 释:放下筹码,表示赢了。 10正爵:指胜者请不胜者饮酒之爵。 11马:得胜的筹码,做成马的形状,故称为马。 12陆德明《释文》无“一马从二马”之句,孔疏云:“定本无此句。” 13左右:孔疏说,左为主人,右谓宾客。 14拾(jiè):轮流,更替。 15纯:孔疏说,纯,全也。 16贤:谓胜也。 17钧:相等。 18酌者:胜方之弟子。郑玄说,酌者,胜党之弟子。 19灌:饮。 20直:安置。 21筹:矢。 扶(fū):古代计算长度的单位,相当于四指并列的宽度。

原文

40.2鲁令弟子[1]辞曰:“毋幠[2],毋敖[3]。毋偝[4]立,毋逾言[5]。偝立、逾言有常爵[6]!”薛令弟子辞曰“毋幠,毋敖,毋偝立,毋逾言。若是者浮[7]!”

鼓[8]:○□○○□□○□○○□,半○□○□○○○□□○□○:鲁鼓。○□○○○□□○□○○□□○□○○□□○,半○□○○○□□○:薛鼓。取“半”以下为投壶礼,尽用之为射礼。

司射、庭长[9]及冠士

译文

鲁国在行投壶礼时,(为了不让双方年幼的弟子立在堂下相互轻慢不尊敬,)司射要告诫弟子们说:“不要怠慢,不要骄傲,不要背对着堂上站立,不要相隔很远而大呼小叫地说话。如有背对着堂上站立的、隔了很远而大呼小叫说话的,按常例罚酒!”薛国在行投壶礼时,司射告诫弟子们也说:“不要怠慢,不要骄傲,不要背对着堂上站立,不要相隔很远而大呼小叫地说话。如果有了这些行为,就得罚酒!”

投壶时击鼓的节奏:○□○○□□○□○○□,半○□○□○○○□□○□○:这是鲁鼓的鼓谱。○□○○○□□○□○○□□○□○○□□○,半○□○○○□□○:

立者，皆属宾党；乐人及使者、童子，皆属主党。

鲁鼓：○□○○□□○○，半○□○○□○○○○□○□○。薛鼓：○□○○○○□○□○□○○○□○□○○□○，半○□○□○○○○□○。[10]

这是薛国的鼓谱。只取半以下的节奏为举行投壶礼用的鼓谱，全部节奏都用上的就是射礼时的鼓谱。

司射、司正和外来观看投壶的站着的成年人都属于宾客这一边；奏乐的人、主人所使唤的人、主人的弟子都属于主人这一边。

鲁国鼓谱：○□○○□□○○，半○□○○□○○○○□○□○。薛国鼓谱：○□○○○○□○□○□○○○□○□○○□○，半○□○□○○○○□○。

注释 1弟子：郑玄说，弟子，宾党、主党年稚者也。 2怃(hū)：怠慢。 3敖：通“傲”。傲慢。 4偝(bèi)：背向着。 5逾言：遥相谈话。郑玄说，远谈语也。 6常爵：平常用来罚酒的饮酒器。 7浮：罚人饮酒。《小尔雅·广言》：“浮，罚也。” 8郑玄说，此鲁、薛击鼓之节也。圆者击鼙(pí，小鼓)，方者击鼓。 9庭长：司正，居庭中监察众人的仪容。 10按：因这两份鼓谱有所不同，故兼记之。

儒行第四十一

导读

此篇记有道德者的行为。关于《儒行》的作者,郑玄注曰:“孔子自卫初返鲁时作。”研究者认为是可信的。“儒者”的形象是全方位的,包含一切心灵美、行为美的特征:“温、良、恭、俭、让。”语言优美风趣,举止优雅得体,情性温柔敦厚,能安人服人,能以先王之道来修身养性。

本文记载了哀公问儒者的行为以及孔子对此的回答。他一一陈述了儒者应有的种种品性德行:服饰得体,居处合宜;言而有信,行为不偏不倚;学问广博而学无止境;仰慕贤人而不谄媚权贵;行为纯正而不倦怠;容纳众人,宽以待人;结交志同道合的朋友,方圆随时;举荐对内不避亲属,对外不避怨恨者;谨慎安静,崇尚仁义,自立自强;尊奉信义,刚毅卓越,平易又高远。儒者兼有很多美德,其中最可弘扬的是儒者之气节。儒者特立独行、刚正不阿的气节,已经成为中国知识分子的显著特征。《儒行》已是无数民族脊梁成长的精神之源,成为中华优秀传统文化的内在特质。

《儒行》又说,儒者不把金玉当成宝贝,而把忠信当成宝贝;不以土地财物为重,而以多学诗书为财富,以“道义”“文章”为珍贵;非分之财分文不取,千钟之禄,非义不受,崇奉“出淤泥而不染”的高尚情操。社会安定时,群贤并处,不炫耀自己,也不轻视自己;世道混乱时,不败坏自己的名声和节操。“儒有可亲而不可劫也,可近而不可迫也,可杀而不可辱也。”如此浩然之“大丈夫”气概,培育了中华民族一代又一代志士仁人为真理而献身的精神。章太炎说:“专讲气节之书,于《礼记》则有《儒行》。《儒行》所述十五儒,皆以气节为尚。”“今欲卓然自立,余以为非提倡《儒行》不可。”(章太炎《国学之统宗》,《制言》第54期)可见,《儒行》所记载的儒者价值观、生死观与立身出仕的原则,至今仍有现实指导意义。

原文

41.1 鲁哀公问于孔子曰:“夫子之服,其儒服与?”孔子对曰:“丘少居鲁,衣逢[1]掖[2]之衣。长居宋,冠章甫[3]之冠。丘闻之也,君子之学也博,其服也乡[4]。丘不知儒服。”

哀公曰:“敢问儒行。”孔子对曰:“遽数之,不能终其物。悉数之乃留,更仆未可终也。”

41.2 哀公命席。孔子侍曰:“儒有席上之珍[5]以待聘[6],夙夜强学以待问,怀忠信以待举,力行以待取。其自立有如此者。

“儒有衣冠中,动作慎;其大让如慢,小让如伪,大则如威[7],小则如愧;其难进而易退也,粥粥[8]若无能也。其容貌有如此者。

译文

鲁哀公问孔子说:“先生的衣裳,大概就是儒者的服装吧?”孔子回答说:“我幼年时住在鲁国,所以穿腋下袖子宽大的衣服。长大后住在宋国,所以戴殷代的章甫冠。我听说,君子的学问要广博,服装要遵从乡土的风俗。我不知道儒者的服装是怎么回事。”

哀公说:“那么,请问儒者的行为是怎样的呢?”孔子回答说:“匆忙之间要一一讲述,说不完它。如果要全部讲述出来,那就非久留不可,到随从仆人换班休息时也讲不完。”

哀公就让人摆设了坐席。孔子陪侍哀公坐着,说:“儒者有如筵席上的珍宝,等待被诸侯聘用;早期勤勉学习,等待别人来咨询;怀有忠信之心,等待别人的荐举;努力修身行道,等待别人来录用。儒者的修养立身就是这样的。

“儒者衣冠合礼,动作谨慎。对那些大事推让不敢接受,就像有点傲慢一样;对小事推让不敢接受,就像有点虚伪一样;做大事好像有所畏惧,做小事又好像有所惭愧。他们难于进取,却易于引退,谦卑得就像一点本领都没有。

"儒有居处齐难[9]，其坐起恭敬，言必先信，行必中正，道涂不争险易之利，冬夏不争阴阳之和。爱其死以有待也，养其身以有为也。其备豫有如此者。

儒者的容貌就是这样的。

"儒者起居严肃可畏，坐立毕恭毕敬；讲话必定先讲信用，行动必定不偏不倚。在道路上不和别人争走易行的路而避开险难，在冬天和夏天不和别人争冬暖夏凉的地方。舍不得轻易一死而要等待命运的改变，保养自己的身体而准备更有作为。儒者就是这样，做事必定预先有所准备。

注释 1 逢(féng)：大，宽大。 2 掖：通"腋"。腋下。 3 章甫：一种古代的礼冠，以黑布制成。始于殷代，殷亡后存于宋国，为读书人所戴的帽子。 4 乡：家乡。孔颖达疏："其服也乡者，其冠服须依所居之乡也。" 5 珍：珍玉等宝物。 6 待聘：指等待被诸侯聘问而能被用上。 7 威：通"畏"。畏惧。 8 粥粥：谦卑的样子。 9 齐难：庄敬可畏。

原文

"儒有不宝金玉，而忠信以为宝；不祈土地，立义以为土地；不祈多积，多文以为富。难得而易禄[1]也，易禄而难畜[2]也。非时不见，不亦难得乎？非义不合，不亦难畜乎？先劳而后禄，不亦易禄乎？其近人有如此者。

译文

"儒者不把金玉当作珍宝，而是把忠信当作珍宝；不希求土地，而将树立正义看作土地；不希求多积钱财，而将多学诗书当作财富。要儒者出来做官是很难办到的，但是出来后用俸禄供养他也是很容易的；虽然用俸禄供养他很容易，但是要想留下他还是很难的。因为若不是光明的世道就不能见到儒者，像这样要招他出来不是就很难吗？不是正义的事情就不会合作，像这样要留下他不是也很难吗？先效劳做事而后

"儒有委之以货财，淹[3]之以乐好，见利不亏其义；劫[4]之以众，沮[5]之以兵，见死不更其守；鸷虫攫搏，不程〔其〕勇(者)[6]；引重鼎，不程其力。往者不悔，来者不豫。过言不再，流言不极。不断其威，不习[7]其谋。其特立有如此者。

"儒有可亲而不可劫也，可近而不可迫也，可杀而不可辱也。其居处不淫[8]，其饮食不溽[9]，其过失可微辨而不可面数也。其刚毅有如此者。

"儒有忠信以为甲胄，礼义以为干橹[10]；戴仁而行，抱义而处；虽有暴政，不更其所。其自立有如此者。

"儒有一亩[12]之宫[13]，环堵[14]之室，筚

领取俸禄，像这样用俸禄供养他不是很容易吗？儒者与人接近就是这样的。

"儒者是即使用钱财物品来馈赠他，用娱乐好玩的事来使他沉溺，他也不会因见了利就亏损了义；即使用许多人胁迫他，用兵器威吓他，他也不会因面对死亡而改变操守。遇到凶猛的野兽就去搏斗，他也不估量自己的勇气够不够；要举重鼎，他也不估量自己的力气够不够。对过去的事情从不后悔，对未来的事情也不妄加揣测。错误的言论不会犯第二次，流言蜚语不去寻根穷底。时时保持着威严，计划定了就不再重复考虑。儒者的独立精神就是这样的。

"儒者可以亲近，却不可以胁制；可以接近，却不可以逼迫；可以杀死，却不可被侮辱。他居住的地方并不奢侈，饮食并不丰富；有过失，可以轻微委婉地示意，却不可以当面一一斥责。儒者的刚强坚毅就是这样的。

"儒者用忠信作为盔甲，用礼义作为盾牌(，从而不被人欺侮)；行路遵循仁道，居家守护正义；即使遇到暴虐的统治，也不改变自己的立场。儒者自立就是这样的。

"儒者仅有一亩大小的居住地方，四面由土墙围成的狭屋，竹子编成的门，门旁又

门圭窬[15]，蓬户瓮牖[16]；易衣而出，并日而食；上答之[17]，不敢以疑；上不答，不敢以谄。其仕有如此者。

有一圭形的小门，是用蓬草编成，又用瓮嵌成窗洞；（全家只有一件体面的衣服，）要替换穿着才能出门，（也不是天天粮食充足，）两天只能吃一天的饭食；君上用他的时候，他不怀猜疑之心（，做官竭尽忠心）；君上不用他的时候，他也不谄媚巴结（，以求做官）。儒者做官就是这样的。

注释 1 禄：俸禄。 2 畜（xù）：容留。 3 淹：陷溺。 4 劫：威逼，胁迫。 5 沮：恐吓。 6 王引之说："不程勇者"应作"不程其勇"，与"不程其力"对文。程，量度。 7 习：俞樾说，习是重复的意思，从之。 8 淫：奢侈。 9 溽（rù）：味浓厚。 10 干橹：小盾与大盾。 12 一亩：孔疏说，径一步，长百步也，折而方之，同则东西南北各十步。 13 宫：墙垣。 14 环堵：四面由土墙围成的狭屋。多用以形容居室简陋。 15 圭窬（yú）：穿墙而作成的门旁小户，上锐下方，形状像圭。借指贫苦穷困的人家。 16 牖（yǒu）：窗户。 17 上答之：指君主采取其言论或建议。此指任用、重用儒者。

原文

"儒有今人与居，古人与稽；今世行之，后世以为楷；适弗逢世，上弗援，下弗推，谗谄之民有比党而危之者，身可危也，而志不可夺也。虽危，起居竟信[1]其志，犹将不忘百姓之病

译文

"儒者虽是同当代人一起居住，却能合乎古代君子的道理；在今世所做的事，却可以作后世的楷模；如果正好没有遇上政治光明的时代，上面的人不提拔，下面的人不推荐，谗言谄媚的人又结成党羽对他陷害，但是也只能伤害他的身体，而不可能改变他的志向。虽然受到危害，但是在日常生活中却始终能伸张自己的志向，而且还时刻不忘百姓的痛苦。儒者忧虑深思就是这样的。

也。其忧思有如此者。

“儒有博学而不穷，笃行而不倦，幽居而不淫，上通而不困；礼之以和为贵，忠信之美，优游之法[2]；(举)〔慕〕[3]贤而容众，毁方而瓦合[4]。其宽裕有如此者。

“儒有内称不辟[5]亲，外举不辟怨；程功积事，推贤而进达之，不望其报；君得其志，苟利国家，不求富贵。其举贤援能有如此者。

“儒有闻善以相告也，见善以相示也；爵位相先也，患难相死也；久相待也，远相致也。其任举有如此者。

“儒有澡身而浴

“儒者广博地学习而没有止境，笃实行道而从不厌倦，个人独处时不放荡，自己通达而得到上面任用时不感到才德不足的窘困；行礼以和谐为贵，以忠信为美，以宽和为法则；仰慕贤人却又能涵容众人，可以摧抑自己方正端直的锋芒而能和众人杂凑一起。儒者宽容充裕就是这样的。

“儒者推荐人才时对内不回避自己的亲属，对外不避开自己所怨恨的人；考核对方的功业必积累很多事实，然后推举贤人而使其得到任用，但不企望得到报答。只希望国君任用他荐举的贤人来实现国君的志向，并且有利于国家，他自己并不贪图富贵。儒者推举贤人、引荐能人就是这样的。

“儒者听到好的话就互相转告，看见好的事就互相告知。有爵位互相推让，要让对方居先；有患难互相争先，不惜牺牲自己。有朋友久处下位，就等着和他一起迁升；有朋友远在别国尚未得志，就招他来推荐给明君。儒者任用举荐就是这样的。

“儒者不仅清洁身体洗去污浊，而且又能沐浴于道德而使自己的品行纯洁；陈述自己的意见，而又敬服地听候国君的命令。安静地谨守正道，而自己有善言正行也不一定为国君知道；国君有过失，委婉地启发劝谏，而

德，陈言而伏，静而正之，上弗知也；粗而翘[6]之，又不急为也；不临深而为高，不加少而为多；世治不轻，世乱不沮；同弗与，异弗非也。其特立独行有如此者。

且不急切地去做；（自己的地位尊贵了，）不在地位卑下的人面前显耀自己的高位，（自己有了一点小胜利）也不夸大小胜利而自以为成绩很多；处在太平时期（，虽然和许多贤人在一起，）也并不轻视自己，处在混乱时期（，虽然大道不能被推行，）并不灰心丧气。见解相同的不和他们结成党羽，见解不同的也不对他们加以诋毁。儒者立身行动独特就是这样的。

注释 1 信(shēn)：通“伸”。伸展。 2 优游之法：郑玄说，法和柔者也。 3 据孔疏改。 4 瓦合：焦循据《汉书·陈汤传》，说“瓦合”是杂凑的意思。 5 辟：通“避”。避开，回避。 6 翘(qiáo)：启发。举其过而谏之也。

原文

“儒有上不臣天子，下不事诸侯；慎静而尚宽，强毅以与人，博学以知服；近文章，砥厉[1]廉隅[2]；虽分国，如锱铢；不臣，不仕。其规为有如此者。

“儒有合志同方，营道同术；并立则乐，相下不厌；久不相见，闻流言

译文

“儒者是对上不做天子的臣子，对下不为诸侯做事；谨慎安静而崇尚宽厚，坚强刚毅而不苟合他人，学问渊博而知道畏服前贤；所接近的是文章一类事，而同时磨砺锻炼自己，使自己行为品性方正不苟；即使分国土作为俸禄给他，他也看得像锱铢一样微不足道；既不为臣子，也不求做官。儒者的规矩行为就是这样的。

“儒者交朋友要有相同的志向和意

不信。其行本方立义。同而进，不同而退。其交友有如此者。

"温良者，仁之本也；敬慎者，仁之地也；宽裕者，仁之作也；孙[3]接者，仁之能也；礼节者，仁之貌也；言谈者，仁之文也；歌乐者，仁之和也；分散者，仁之施也。儒皆兼此而有之，犹且不敢言仁也。其尊让有如此者。

"儒有不陨获[4]于贫贱，不充诎[5]于富贵，不慁[6]君王，不累[7]长上，不闵[8]有司。故曰儒。今众人之命儒也妄[9]，常以儒相诟病。"

41.3 孔子至舍，哀公馆之："闻此言也，言加信，行加义。终没吾世，不敢以儒为戏。"

趣，研习道艺有相同的方法；和朋友地位相当，他很愉快，即使朋友的地位在他之下，他也不嫌恶；和朋友很久不相见了，听到诽谤朋友的流言也不肯相信。他的行为必定以方正为根本，做事必定依存义理。与他志同道合的就相交，与他志不同道不合的就退避。儒者交朋友就是这样的。

"温和善良是仁的根本，恭敬谨慎是仁的基础，宽容充裕是仁的作为，谦逊待人是仁的技能，礼节是仁的外貌，言谈是仁的文章，歌咏舞乐是仁的和悦，分散积蓄是仁的施行。儒者兼有这许多方面，但还不敢就说自己已全部做到仁了。儒者恭敬谦让地待人接物就是这样的。

"儒者在贫贱的时候不丧失他的一贯志向，在富贵的时候不骄奢而丧失原先的节操。不因被君王污辱而违反道义，不因卿大夫的约束而丧失志气，不因群吏的昏昧而违背义理。所以这就叫作'儒'。现在众人称为儒者的，却没有儒者的实质，因此常常用儒者的名称互相讥讽。"

孔子至鲁国舍馆，鲁哀公款待他后说："听了这番话后，我知道儒者讲的话更加可信，儒者的行为更加合乎义理。我终身再也不敢拿儒者开玩笑了。"

注释 1 厉:同“砺”,磨砺。 2 廉隅:棱角。喻指端方不苟的品行。3 孙:通“逊”。谦逊。 4 陨获:困迫失志貌。 5 充诎:欢喜失节貌。6 慁(hùn):污辱。 7 累:系也。缚住,约束。 8 闵:昏昧、糊涂。 9 妄:虚妄,不实。

大学第四十二

导读

关于《大学》篇名的含义,有人说"大学"为"大人之学",有人说"大学"为"太学",还有学者认为"大"含"最""极"之意,指博学的"大学之道",由此国外学者将其翻译成"大学习论",也与此义相合。关于《大学》的作者也有不同看法。宋代朱熹将《大学》分为"经"和"传",认定"经"是"孔子之言而曾子述之",此说多有怀疑。有学者则以为《大学》为"古昔先民之言"。

《大学》与《中庸》,原属《礼记》中的两个单篇。南宋朱熹将此两篇抽出,与《论语》《孟子》合为《四书》。自宋至清,《大学》成为青年学习考试的必读书而地位显著。《大学》与《中庸》的哲学理论,开创了改造传统儒学的新风气。

《大学》即是大学问,其宗旨是明明德、亲民、止于至善。所以大学之教,涉及更广博的道德教育、政治教育及哲学等多方面理论。其中有内圣外王之论、三纲八目之说、格物致知之述、诚意慎独之谈、絜矩之道之评及修齐治平之议。这里面蕴含的财富智慧、管理智慧、教育智慧,足以启迪后来者,使他们成为国家的人才、栋梁。当然,古代的大学都是贵族子弟的学校,当时只有王公贵族的子弟才有可能成为管理国家的人才。

《大学》教你从做人的根本出发,怎样去做一个卓尔不群的人,怎样去做与众不同的事。怎样做人是人生的永恒主题,古今中外皆同。《大学》就是给你指点成就卓越、止于至善的前进路标,就是教导你去实现生命价值的瑰丽流程。《大学》就是一篇阐述这一永恒主题的名作，这也许就是其深刻性、经典性之所在。也正因为如此，它才能成为一部超越时空的不朽经典。

原文

42.1 大学之道,在明明德,在亲民,在止于至善。知止而后有定,定而后能静,静而后能安,安而后能虑,虑而后能得。物有本末,事有终始,知所先后,则近道矣。

古之欲明明德于天下者,先治其国。欲治其国者,先齐其家。欲齐其家者,先修其身。欲修其身者,先正其心。欲正其心者,先诚其意。欲诚其意者,先致其知。致知在格物[1]。物格而后知至,知至而后意诚,意诚而后心正,心正而后身修,身修而后家齐,家齐而后国治,国治而后天下平。自天子以至于庶人,壹是皆以修身为本。其本乱而末治

译文

大学的主旨,在于阐明光明的德行,在于亲爱人民,在于达到善的最高境界。知道了所应达到的境界,然后才能有明确的志向;有了明确的志向,然后心境才能宁静;心境宁静了,然后情性才能安和;情性安和了,然后行事才能思虑精详;思虑精详了,然后处理事物才能恰当。世上万物都有本有末,万事都有终有始,明确了它们的先后次序,那就与道接近了。

古代想把光明的德行阐明给天下的人,首先要治理好自己的国家。要治理好自己的国家,首先要管理好自己的家庭。要管理好自己的家庭,首先要修养自身。要修养自身,首先要端正自己的心。要端正自己的心,首先要意念诚实。想要意念诚实,首先要获得一定的知识。要获得知识,就在于穷究事物的原理。事物的原理穷究了,然后才能获得真知。获得了真知,然后意念才能诚实。意念诚实了,然后心才能端正。心端正了,然后才能够修养自身。自身修养好了,然后才能管理好家庭。家庭管理好了,然后才能治理好国家。国家治理好了,然后才能天下太平。从天子一直到普通的百姓,都要以修养自身为根

者否矣。其所厚者薄,而其所薄者厚,未之有也。此谓知本,此谓知之至也。

本。修养自身这个根本已乱,却要家齐、国治、天下平,那是不可能的。正如我所厚待的人反而疏远我,我所疏远的人反而厚待我,这是世上没有的事。这就叫作知道根本的道理,这就叫作知识的极致。

注释 1 格物:穷究事物之理。格,推究。

原文

42.2 所谓诚其意者,毋自欺也。如恶恶臭[1],如好好色[2],此之谓自谦[3]。故君子必慎其独也。小人闲居为不善,无所不至,见君子而后厌然,掩其不善而著其善。人之视己,如见其肺肝然,则何益矣。此谓诚于中,形于外。故君子必慎其独也。曾子曰:"十目所视,十手所指,其严乎!"富润屋,德润身,心广体胖[4],故君子必诚其意。

译文

所谓使自己的意念诚实,就是说不要自欺。要像憎恶腐臭的气味一样,要像爱好美好的容貌一样,这就叫作心安理得。因此,君子对独处这事必须谨慎。小人独处,干不好的事,没有什么做不出来的;看见了君子后就躲躲藏藏遮掩自己做过的坏事,夸耀自己做过的好事。其实人们看他,正像看透他的肺肝一样,躲藏掩盖又有什么益处呢?这就是说,内心有什么样的实在东西,外面就必然会有什么样的表现。所以君子必须在独处时很谨慎。曾子说:"十只眼睛都在注视着,十只手都在指点着,这是多么严肃可畏啊!"财富可以修饰房屋,德行可以润饰身心,心胸宽广可以使身体舒坦,所以君子必须要使自己的意念诚实。

注释 1恶(wù)恶(è)臭:前一"恶",厌恶;恶臭,即臭气。 2好(hào)好(hǎo)色:前一"好",喜爱;好色,指美色。 3谦:通"慊"。心安理得之意。 4胖(pán):舒坦。

原文

42.3《诗》云[1]:"瞻彼淇[2]澳[3],菉竹猗猗[4]。有斐[5]君子,如切如磋,如琢如磨。瑟[6]兮僩[7]兮,赫兮喧[8]兮。有斐君子,终不可喧兮。""如切如磋"者,道学也。"如琢如磨"者,自修也。"瑟兮僩兮"者,恂栗[9]也。"赫兮喧兮"者,威仪也。"有斐君子,终不可喧兮"者,道盛德至善,民之不能忘也。《诗》云[10]:"於戏[11]前王[12]不忘!"君子贤其贤而亲其亲,小人乐其乐而利其利,此以没世不忘也。《康诰》[13]曰:"克[14]明德。"《太甲》[15]曰:"顾諟[16]天之明命。"《帝典》曰:"克明峻德。"皆自明也。

译文

《诗·卫风·淇澳》上说:"瞧那淇水河湾边,绿竹婀娜茂盛。有位文雅的君子,就像那经过切磋的象牙,就像那经过琢磨的玉石。他又庄重,又旷达,又光明,又显赫。这位文雅的君子,终究是不能被人忘记的。""如切如磋",说的是君子治学严谨。"如琢如磨",说的是君子修养自身。"又庄重,又威严",说的是君子谨慎警惕的态度。"又光明,又显赫",说的是君子外表有威严。"这位文雅的君子,终究是不能被人忘记的",是说有美好的品德,达到了善的最高境界,而老百姓永远不会忘记他。《诗·周颂·烈文》上又说:"哎呀!前代君王的美德是不能忘记的啊!"后世的君子既推崇他的贤德,热爱创立基业的前代亲人,小人也享受到他遗留下来的安乐,获得了他所留下的利益,因此前代君王的美德永远不会被忘记。《尚书·康诰》说:"要能够彰明美德。"《尚书·太甲》说:"要念念不忘上天赋予的使命。"《尚书·尧典》说:"帝尧能够使大德显明。"这都是在说要彰明自己的德行。

注释 1《诗》云:见《诗·卫风·淇澳》。 2 淇:淇水。 3 澳:水曲之处。 4 猗猗(yī yī):美丽茂盛的样子。 5 斐:有文采貌。 6 瑟:庄严貌。 7 僩(xiàn):胸襟开阔貌。 8 喧:通"烜"。显赫貌。 9 恂(xún)栗:恐惧战栗。此指谨慎,警惕。 10《诗》云:见《诗·周颂·烈文》。 11 於戏(wū hū):呜呼。 12 前王:文王、武王。 13《康诰》:《尚书》中篇名。 14 克:能。 15《太甲》:《古文尚书》中篇名。 16 諟(shì):是,此。

原文

汤[1]之《盘铭[2]》曰:"苟日新,日日新,又日新。"《康诰》曰:"作新民。"《诗》曰[3]:"周虽旧邦[4],其命惟新。"是故君子无所不用其极。《诗》云[5]:"邦畿[6]千里,惟民所止。"《诗》云[7]:"缗蛮[8]黄鸟,止于丘隅[9]。"子曰:"于止,知其所止。可以人而不如鸟乎?"《诗》云[10]:"穆穆[11]文王,於[12]缉熙[13]敬止!"为人君,止于仁;为人臣,止于敬;为人子,止于孝;为人父,止于慈;与国人交,止于信。子曰[14]:"听讼,吾犹人也。必也使

译文

商汤的盘器铭文说:"如果有一天能获得更新,就要天天都能自新,而且还要每天不间断地有新的进步。"《尚书·康诰》说:"(要改变旧的习惯,)做一个新的人。"《诗·大雅·文王》说:"周虽然是一个旧的邦国,但它接受的天命却是新的。"所以,为了自新,君子会竭尽所能。《诗·商颂·玄鸟》说:"国都辖区方圆千里,都是民众居住的地方。"《诗·小雅·缗蛮》说:"小小黄鸟在鸣叫,栖息在山丘中的僻静处。"孔子解释说:"在止息这点上,黄鸟都知道所要止息的地方,人怎么可以不如鸟呢?"《诗·大雅·文王》又说:"仪容端庄美好的文王,光明的美德使人崇敬。"做人君的要仁,做人臣的要敬,做儿子的要孝,做父亲的要慈,和国人交往要信。孔子说:"审理争讼,我和其他人一样(能断得曲直分明)。(但我和其他人不同的

无讼乎!”无情者不得尽其辞,大畏民志。此谓知本。

是,)必须使民众没有争讼发生。”要使没有真情实据的人不敢尽说那些狡辩的假话,并且让民众敬服盛德。这就叫作知道根本。

注释 1汤:商王成汤。 2铭:铭文。 3见《诗·大雅·文王》。 4旧邦:殷时诸侯之邦国。 5见《诗·商颂·玄鸟》。 6邦畿:王城及其所属周围千里的地域。 7见《诗·小雅·绵蛮》。 8缗(mián)蛮:鸟鸣声。 9丘隅:犹山阿。山丘幽深僻静处。 10见《诗·大雅·文王》。 11穆穆:深远的样子。 12於(wū):叹词。 13缉熙:光明。 14见《论语·颜渊》篇。

原文

42.4 所谓修身在正其心者:身有所忿懥[1],则不得其正;有所恐惧,则不得其正;有所好乐,则不得其正;有所忧患,则不得其正。心不在焉,视而不见,听而不闻,食而不知其味。此谓修身在正其心。

所谓齐其家在修其身者:人之其所亲爱而辟焉,之其所贱恶而辟焉,之其所畏敬而辟焉,之其所哀矜[2]而辟焉,之

译文

所谓修身,在于端正自己的内心,就是说:如果自己有愤怒怨恨,内心就不能端正;有恐惧惊慌,内心也不能端正;有喜好欢乐,内心也不能端正;有忧患烦恼,内心也不能端正。心思如果不集中在那里,看了却会看不见,听了却会听不到,吃东西却也会不知道滋味。这就是说,修身在于端正自己的内心。

所谓整治自己的家庭,在于修养自身,就是说:由于人们对自己所亲近的人往往有过分亲近的倾向,对自己所鄙视厌恶的人往往有过分鄙视厌恶的倾向,对自己所敬畏的人往往有过分敬畏的倾向,对自己所怜悯的人往往有过分怜悯的

其所敖惰[3]而辟焉。故好而知其恶，恶而知其美者，天下鲜矣。故谚有之曰：“人莫知其子之恶，莫知其苗之硕。”此谓身不修不可以齐其家。

倾向，对自己所简慢的人往往有过分简慢的倾向。因此喜欢一个人而又能知道他的缺点，憎恶一个人而又能知道他的优点，这样的人天下少有啊！所以谚语说：“溺爱子女的人不知道他孩子的短处，贪心不足的农夫不知道他的禾苗已足够壮硕。”这就是说，自身的德行不修养好，就不能管理好自己的家庭。

注释 1忿懥(zhì)：怨恨发怒。 2哀矜：哀悯、哀怜。 3敖惰：傲慢怠惰。敖，通“傲”。

原文

所谓治国必先齐其家者，其家不可教而能教人者，无之。故君子不出家而成教于国。孝者，所以事君也；弟[1]者，所以事长也；慈者，所以使众也。《康诰》曰：“如保赤子[2]。”心诚求之，虽不中不远矣。未有学养子而后嫁者也。一家[3]仁，一国兴仁；一家让，一国兴让；一人贪戾[4]，一国作乱。其

译文

所谓治理国家，必须首先管理好自己的家庭，就是说家人都不能教育好而能教育好他人，是没有的事。所以君子不必走出家门，就能把一国都教育好。对父母的孝顺，可以用来侍奉国君；对兄长的尊敬，可以用来服事长官；对子女的慈爱，可以用来使唤民众。《尚书·康诰》说：“保护民众就要像保护初生的婴儿一样。”诚心诚意地去追求它，虽然不能完全做到，但一定也相去不远了。世上没有哪个女子是先学会养育孩子，然后才出嫁的。国君一家都仁爱，一国就会兴起仁爱之风；国君一家都谦让，一国就会兴起谦让之风；国君一人贪利暴戾，一国就会混乱动荡。国君的所作所为的影响就有这么大！这是

机[5]如此。此谓一言偾[6]事,一人定国。尧、舜率天下以仁,而民从之。桀、纣率天下以暴,而民从之。其所令反其所好,而民不从。是故君子有诸己而后求诸人,无诸己而后非诸人。所藏乎身不恕,而能喻诸人者,未之有也。故治国在齐其家。《诗》云[7]:“桃之夭夭[8],其叶蓁蓁[9]。之子于归,宜其家人。”宜其家人,而后可以教国人。《诗》云[10]:“宜兄宜弟。”宜兄宜弟,而后可以教国人。《诗》云[11]:“其仪不忒[12],正是四国。”其为父子兄弟足法,而后民法之也。此谓治国在齐其家。

所谓一句话可以败毁事业,一个人可以使国家安定。尧和舜用仁爱来统治天下,民众就都跟着他们实行仁爱。桀和纣用暴政来统治天下,民众就能跟着他们从事暴乱。他们要民众从善的政令,与他们喜好暴虐的本性是相违背的,于是人民不服从他们的政令。所以君子必须自己有德行才可以要求别人有德行,必须自己没有过失才可以去责求别人。自己不讲恕道而能使别人讲恕道,那是绝没有的事。所以说,治国在于管理好自己的家庭。《诗·周南·桃夭》上说:“好美艳的桃花,好茂盛的桃叶。这个女子嫁出去,会使她的家庭和睦。”国君使一家人相处得很好,然后才可以教育一国的人。《诗·小雅·蓼萧》上说:“要和兄弟们和睦友爱。”和兄弟们和睦友爱,然后才可以教育一国人。《诗·曹风·鸤鸠》上说:“国君的言行礼仪没有错误,正是四方诸国的榜样。”国君作为父亲、儿子、兄长、弟弟而足以被人效法,然后民众才会效法他。这就是说,国君要治理好国家,首先要管理好自己的家庭。

注释 1弟(tì):同“悌”。敬爱兄长。 2赤子:初生的婴儿。 3一家:郑玄注,“一家,一人,谓人君也”。即指君主而言。 4贪戾:贪利暴戾。

5 机:关键。 6 偾(fèn)事:败事。偾,覆败。 7 见《诗·周南·桃夭》。
8 夭夭:形容花木茂盛而艳丽。 9 蓁蓁(zhēn zhēn):草木茂盛貌。
10 见《诗·小雅·蓼萧》。 11 见《诗·曹风·鸤鸠》。 12 忒:差错。

原文

所谓平天下在治其国者,上老老而民兴孝,上长长而民兴弟,上恤孤而民不倍[1]。是以君子有絜矩之道也。所恶于上,毋以使下;所恶于下,毋以事上;所恶于前,毋以先后;所恶于后,毋以从前;所恶于右,毋以交于左;所恶于左,毋以交于右。此之谓絜矩之道。《诗》云[2]:"乐只[3]君子,民之父母。"民之所好好之,民之所恶恶之。此之谓民之父母。《诗》云[4]:"节[5]彼南山,维石岩岩[6]。赫

译文

所谓平定天下在于治理好国家,就是说在上位的人尊敬老人,民众就会兴起孝顺之风;在上位的人尊敬长辈,民众就会兴起敬长之风;在上位的人怜爱孤幼,民众也不会抛弃他们。所以,君子自有道德规范。自己厌恶上级的某种作风,就不会以此来对待下级;自己厌恶下级的某种作风,就不会以此来对待上级;自己厌恶前辈的某种作风,就不会以此来对待后辈;自己厌恶后辈的某种作风,就不会以此来对待前辈;厌恶自己右边的人的某种作风,就不会以此来对待左边的人。厌恶自己左边的人的某种作风,就不会以此来对待右边的人。这就是君子的道德规范。《诗·小雅·南山有台》上说:"快乐啊君子,是民众的父母。"民众所爱好的,他也爱好;民众所憎恶的,他也憎恶。这就叫作民众的父母。《诗·大雅·节南山》上又说:"那高大的南山,岩石层层叠叠。那显赫的尹太师,民众都在瞻仰他。"统治国家的人不可以不慎重,如有偏差,就要受到天下人的诛罚。《诗·大雅·文王》又说:"殷代没有丧失民心的时候,道行

赫师尹[7],民具尔瞻。”有国者不可以不慎,辟则为天下僇[8]矣。《诗》云[9]:“殷之未丧师[10],克配上帝。仪监于殷!峻命[11]不易!”道得众则得国,失众则失国。

是故君子先慎乎德。有德此有人,有人此有土,有土此有财,有财此有用。德者本也,财者末也,外本内末,争民施夺[12]。是故财聚则民散,财散则民聚。是故言悖而出者,亦悖而入;货悖而入者,亦悖而出。《康诰》曰:“惟命不于常。”道善则得之,不善则失之矣。《楚书》[13]曰:“楚国无以为宝,惟善以为宝。”舅犯[14]曰:“亡人[15]无以为宝,仁亲以为宝。”

也配祭祀上帝。应当把殷代作为鉴戒呀!永葆上天赋予的天命真是不容易呀!”这是说,得到民众的拥护,就能获得国家;失去民众的拥护,就会丧失国家。

所以君子首先要在德行上慎重。有了德行才能有民众,有了民众才会有土地,有了土地才能有财富,有了财富才能供给国家使用。德行是根本,财富是末梢。如果轻视本而重视末,就会争夺民众的财富。所以财富聚敛了,民众却离散了;财富分散了,民众却归聚了。所以用违背情理的话出口责备他人,他人也将用违背情理的话来回敬;用违背道义的手段聚敛来的财富,最终也会被他人用违背道义的手段掠夺去。《康诰》说:“天命不是永久的。”道行好就能得到天命,道行不好就会失去天命。《国语·楚语》说:“楚国没有什么可以作为宝物的,只把善当作宝物。”晋文公的舅舅子犯说:“出亡的人没有什么宝物,只把对仁道的亲爱当作宝物。”

注释 1倍:通“背”。背叛。 2见《诗·小雅·南山有台》。 3只:语助词。 4见《诗·小雅·节南山》。 5节:高峻貌。 6岩岩:岩石层叠高峻的样子。 7 师尹：周幽王太师尹氏。 8 僇：通“戮”。刑戮，惩罚。 9 见《诗·大雅·文王》。 10 师：众人。 11 峻命：大命，指天帝或帝王的命令。 12 施夺：劫夺。 13《楚书》：郑玄注，“楚昭王时书”，即指《国语·楚语》。 14 舅犯：晋文公的舅舅狐偃，字子犯。 15 亡人：晋文公为公子时，出亡在外，故曰亡人。

原文

《秦誓》曰：“若有一(个)〔介〕[1]臣，断断[2]兮[3]无他技，其心休休[4]焉，其如有容焉。人之有技，若己有之；人之彦圣，其心好之，不啻[5]若自其口出。实能容之，以能保我子孙黎民，尚亦有利哉！人之有技，媢疾[6]以恶之；人之彦圣，而违之俾不通。实不能容，以不能保我子孙黎民，亦曰殆哉！”唯仁人放流之，迸[7]诸四夷，不与同中国。此谓唯仁人为能爱人，能恶人。见贤而不能举，举而

译文

《尚书·秦誓》说：“如果有一位大臣，忠实诚恳，虽没有别的本领，但品德高尚，心地宽厚，能够容纳别人。别人有才能，就好像他自己有才能一样；别人的品德高尚，本领高强，不但口中常常加以称道，而且从内心喜欢他。他确实能容纳别人，因此才能够保护我的子孙以及一般民众，这对国家很有利！倘若是别人有本领，便忌妒他、讨厌他；别人有好的品德，便故意压制他不使他成功。这种人实在不能容纳别人，因此也就不能够保护我的子孙和一般的民众。这对国家很危险！”仁者遇到这种人，一定要把他放逐到偏远的四夷地区，不让他们居住在中原地区。这就是说只有仁者才能爱护贤德之人，才能痛恨邪恶之人。看见贤人而不能举荐，举荐他而不能让他处在自己前面，这是怠慢；看见恶人而不能使他受到斥退，受到斥退而不能把他放逐到偏远的地方去，这就是过错。喜爱人们所憎恶的，憎恶人们

不能先,命[8]也;见不善而不能退,退而不能远,过也。好人之所恶,恶人之所好,是谓拂人之性,菑必逮夫身。是故君子有大道,必忠信以得之,骄泰[9]以失之。

生财有大道。生之者众,食之者寡,为之者疾,用之者舒,则财恒足矣。仁者以财发身,不仁者以身发财。未有上好仁而下不好义者也,未有好义其事不终者也,未有府库财非其财者也。孟献子[10]曰:"畜马乘[11],不察于鸡豚;伐冰之家[12],不畜牛羊;百乘之家[13],不畜聚敛之臣[14]。与其有聚敛之臣,宁有盗臣。"此谓国不以利为利,以义为利也。长国家而务财用者,必自小人矣。彼[15]为善之,小人之使为国家,菑害

所喜爱的,这就是说,违背了人的本性,灾祸必定会降到他身上。所以君子治国有个常理正道,以忠诚老实的态度才能获得它,以骄恣放纵的态度就会失掉它。

创造财富有道可依:生财的人多,而耗财的人少,生财的快捷,而用财的缓慢,那么财富就可以经常充足了。有仁德的人用财富来发展自身的事业,没有仁德的人则会用尽自己的心机专门聚敛财富。从来没有上面的人好仁而下面的人不好义的,也没有人好义而他的事业会不成功的,也没有人好义而把国家府库中的财富不当作自家财富那样爱惜的。孟献子说:"拥有车马而初为大夫的人,就不该去计较那些鸡猪之类的小事;能够凿冰丧祭的卿大夫,就不该饲养牛羊;拥有百辆兵车的卿大夫,就不该畜养那些只顾聚敛财富的家臣。与其养着那种聚敛财富的家臣,还不如养着一帮强盗。"这就是说,国家不要把财货看作利,而要把仁义看作利。治理国家的君王专门致力于财富的聚敛,必定是从小人那儿受了影响。国君本想行仁义之道,却让小人去治理国家,则灾害患难就会一起到来;这时,即使有善人贤才,也是无可奈何的!这就是说,国家不

并至;虽有善者,亦无如之何矣!此谓国不以利为利,以义为利也。

要把财货看作利,而要把仁义看作利。

注释 1据孔疏引语,“一个”作“一介”。 2断断:忠诚专一的样子。 3兮:《尚书》作“猗”。语助词。 4休休:胸襟宽广的样子。 5不啻:不只,不仅。 6媢(mào)疾:嫉妒。媢,《尚书》作“冒”。 7迸(bǐng):通“摒”。驱除。 8命:读若慢,怠慢。 9泰:奢侈,放纵。 10孟献子:鲁国大夫,姓仲孙,名蔑。 11畜马乘:指由士上升为大夫的人。 12伐冰之家:指卿大夫以上的人家,因为他们能凿冰进行丧祭。 13百乘之家:指拥有百辆车兵的卿大夫。 14臣:指卿大夫的家臣。 15彼:此指国君。

冠义第四十三

导读

此篇旨在阐发《仪礼·士冠礼》的意义。冠,指加冠礼。此礼是给跨入成年人行列的男子加冠冕的礼仪,由早期的"成丁礼"演变而来。古代的男子成年了,正式成为社会成员时,社会或家庭会为他举行加冠典礼,给他戴上表示一定身份的帽子,表示对他的承认和祝贺,以此表明他已长大成人,人生正式开始了。其中的一些礼仪细节寓意深刻,勉励受冠者要有独立的担当和责任了,因此说"礼始于冠"。现在国内也有一些学校和地方举行"成人礼"的仪式,就是古代冠礼的现代呈现。

本文开篇就指出:人之所以成为人,是因为有礼义。礼义的肇始在于举止端正,态度端庄,言谈恭顺,这样礼义才算齐备,所以古代圣王很重视冠礼。文中介绍了"士冠礼"的具体仪节和实施程式,并阐释了其寓意。受冠者在礼成后,就要用"字"来称呼他。有了"字"以后,名只用于自称,除了君王、父祖,别人不能直呼其名。然后要去拜见母亲、兄弟,他们都要向他回拜,以表示祝贺。同时他还要以成人身份去拜见国君以及乡大夫、乡先生。

本篇指出,冠礼是"成人之道也"。举行成人礼后,受冠者既已成人,就要对他提出"为人子、为人弟、为人臣、为人少者"的礼仪规范,成为具备孝、悌、忠、顺四种品行之人,具有作为儿子、兄弟、臣下、晚辈四种身份的礼仪行为,以在社会和家庭中尽到义务和责任。冠礼既是礼的开始,也是嘉礼中最重要的内容,所以要在宗庙举行,以表示谦卑和尊崇祖先。

本文所述的是“士冠礼”，天子、诸侯的冠礼，史书记载不一，如关于冠礼的年龄有多种说法，难以考定。一般而言，男子二十岁行“冠礼”，女子十五岁行“笄礼”。笄是古代女子束发用的簪子。笄礼的主要标志是将头发梳成发髻，盘在头顶，以区别童年时代的发式。

原文

43.1 凡人之所以为人者，礼义也。礼义之始，在于正容体[1]，齐颜色[2]，顺辞令。容体正，颜色齐，辞令顺，而后礼义备，以正君臣、亲父子、和长幼。君臣正，父子亲，长幼和，而后礼义立。故冠而后服备，服备而后容体正、颜色齐、辞令顺。故曰："冠者，礼之始也。"是故古者圣王重冠。

43.2 古者冠礼，筮日[3]、筮宾[4]，所以敬冠事。敬冠事所以重礼，重礼所以为国本也。故冠于阼[5]，以著[6]代[7]也。醮[8]于客位[9]，三加[10]弥尊[11]，加有成也[12]。已冠而字之，成人之道也。见于母，母拜之；见于兄弟，兄弟拜之，成人而与为礼也。玄冠玄端，

译文

人之所以成为人，是因为有礼义。礼义的肇始，就在于使举动端正，使态度端庄，使言谈恭顺。举动端正，态度端庄，言谈恭顺，然后礼仪才算齐备，以用来使君臣各安其位，使父子相亲，使长幼和睦。君臣各安其位，父子相亲，长幼和睦，然后礼义才算建立。所以戴上成人的冠帽后，服装才算完备；服装完备后，才能够举动端正、态度端庄、言谈恭顺。所以说："冠礼是礼的开始。"因此古代圣王很重视冠礼。

古时举行冠礼是要占卜选择日期和主持人，这是用来表示对冠礼之事的恭敬。对冠礼之事表示恭敬，因而重视礼法；重视礼法，是立国的根本。所以在主人阼阶上加冠，用来表明受冠者将要代为一家之长。又请他站在客位上，并向他敬酒，加冠三次，愈加愈贵重，则是勉励他往后有所成就。既已加冠，就要用字称呼他，这是对待成人的道理。见了母亲，拜母亲，母亲也答拜他；见了兄弟，兄弟要再次拜见他，这是因为他已成人，所以母亲、兄弟都得跟他行礼。穿戴上黑色的帽子和朝服去拜见国君，将初次

奠[13]挚[14]于君，遂以挚见于乡大夫[15]、乡先生[16]，以成人见也。成人之者，将责[17]成人礼焉也。责成人礼焉者，将责为人子、为人弟、为人臣、为人少者之礼行焉。将责四者之行于人，其礼可不重与？

见面的礼物放在地上（，表示不敢直接交给国君）；又带了礼物去拜见乡大夫、乡先生，都是以成人的身份去拜见。已经成人，就要求他以后能行成人之礼。要求他能行成人之礼，就是要求他以后能有作为他人儿子、弟弟、臣下、晚辈的合于礼的行为。将要求一个人有这四种合于礼的行为，对待冠礼怎么可以不重视呢？

43.3 故孝弟忠顺之行立，而后可以为人；可以为人，而后可以治人也。故圣王重礼。故曰："冠者，礼之始也，嘉事[18]之重者也。"是故古者重冠。重冠故行之于庙[19]。行之于庙者，所以尊重事[20]。尊重事，而不敢擅重事。不敢擅重事，所以自卑而尊先祖也。

所以为人子能孝，为人弟能悌，为人臣能忠，为人晚辈能顺，然后可以成人；可以成人了，然后才可以管治别人。所以圣王都重视冠礼。所以说："冠礼是礼的开始，是嘉礼中最重要的。"因此古时候很重视冠礼。因为重视冠礼，所以要在宗庙里举行。在宗庙里举行冠礼，是表示尊崇冠礼。尊崇冠礼而不敢专擅冠礼，是表示辈分低微而尊敬祖先。

注释 1 容体：举止、举动。吕大临说："容体，动乎四体者也。" 2 颜色：脸色，面容。吕大临说："颜色，发乎面目者也。" 3 筮日：以蓍草占卜加冠的日子。 4 宾：主持加冠之礼的人。 5 阼：大堂前东面的台阶，是主人的阼阶。 6 著：显示，显明。 7 代：将代其父而为一家之长。 8 醮（jiào）：用于冠礼的一种斟酒仪式。 9 客位：户牖间的宾客之位。 10 三加：冠礼始加缁布冠，再加皮弁服，三加爵弁服。 11 弥尊：更加贵重。因爵弁尊于皮弁,皮弁尊于缁布冠,故每加益尊。 12 加有成也:既三加,则冠礼成于此。 13 奠:置于地上。 14 挚:初次见面的礼物。 15 乡大夫:周官名。天子六乡,每乡以卿一人各掌其政教禁令,位在司徒之下。 16 乡先生:古时尊称辞官居乡或在乡教学的老人。 17 责:要求。 18 嘉事:嘉礼。宗伯掌五礼:吉、凶、军、宾、嘉礼。冠礼属嘉礼。 19 庙:即宗庙。 20 尊重事:尊崇嘉事。

昏义第四十四

导读

此篇阐发《仪礼·士昏礼》的意义。《礼记》将《冠义》《昏义》《乡饮酒义》《射义》《燕义》《聘义》六篇排列在一起。此六篇加上前面的《祭义》,都以“义”为题。冯友兰认为这七篇似为一组,可能是一个人或一派所作的。

《昏义》言:“夫礼,始于冠,本于昏,重于丧、祭,尊于朝、聘,和于射、乡。此礼之大体也。”礼是以冠礼为起始,婚礼为根本,丧祭为隆重,以朝觐、聘问为尊敬,以乡饮酒礼、射礼为和睦。这就是礼的大原则。这里强调了“尊”与“和”,“尊”体现了封建社会里尊卑贵贱的等级制度,“和”即是要调节不同阶层间所产生的矛盾。

婚礼是结两姓之好,对上要传宗接代,以从事宗庙祭祀;对下要生儿育女,以继后世,传承祖先的生命和事业,因此被古人看得很重。结婚的礼俗与仪式,又被赋予了许多社会意义。婚礼的纳采、问名、纳吉、纳征、请期等程序都相沿成习。研究者注意到,《礼记》中很多篇目都以“义”作为篇名,是为了强调“义”之原理不能变,而具体的仪节礼数则可因人、因情理而适当变通。

“昏礼者,礼之本也。”《昏义》中再次强调了婚礼“义”之根本在于:“男女有别,而后夫妇有义”“父子有亲,而后君臣有正”,最终归结为“妇顺”之道。古人认为妇顺则家和,家和万事兴,家和足以兴邦。对于“顺”应辩证看待:和顺是美好的,逆来顺受则是不可取的。婚礼的仪式在长期发展中由简到繁,再由繁到简的不断演变,其中渗透了不少迷信落后的内容,也保留一些美好健康的习俗。婚礼的仪式贯穿于婚姻的全过程,看似隆重盛大,非常讲究,却完全不考虑青年男女的个人意愿。随着时代的进步,婚礼的形式发生了巨大的变化。现代婚礼虽然也重视仪式,但更尊重男女的个人选择。

原文

44.1 昏礼[1]者，将合二姓之好[2]，上以事宗庙，而下以继后世也，故君子重之。是以昏礼纳采[3]、问名[4]、纳吉[5]、纳征[6]、请期[7]，皆主人[8]筵几于庙，而拜迎于门外。入，揖让而升，听命于庙[9]。所以敬慎重正昏礼也。

父亲醮[10]子而命之迎，男先于女也。子承命以迎，主人筵几于庙而拜迎于门外。婿执雁入，揖让升堂，再拜奠雁，盖亲受之于父母也。降出，御妇车，而婿授绥，御轮三周，先俟于门外。妇至，婿揖妇以入。共牢[11]而食，合卺而酳[12]，所以合体[13]，同尊卑[14]，以亲之也。敬慎重正，而后亲之，礼之大体，而所以成男女之别，而立夫妇之义也。男女有别，而后夫妇

译文

婚礼是将两姓合为一姓的欢好，对上要传宗接代，以侍奉宗庙，对下要生儿育女，以延续后世，所以君子看重它。因此婚礼中的纳采、问名、纳吉、纳征、请期，女方的父母都要在宗庙中摆设筵席，并在门外拜迎男方的使者。入了庙门，互相揖让而登堂，在庙堂的两楹间听受使者所传达的男方的辞命。这些都用来使婚礼恭敬、谨慎、隆重而光明正大。

父亲亲自向儿子敬酒，并且吩咐他去迎娶新妇，这是表示男方比女方主动。儿子接受父命去迎娶，女方父母在庙里摆设了筵席而且在庙门外拜迎女婿。女婿捧着雁进门，互相揖让登堂，下拜两次，献上雁，因为这是秉承父母之命。然后下堂出来，驾好新娘坐的车，把车上的拉手绳交给新娘登车。新郎驾车，车轮转了三圈后就让车夫驾驭，自己先返回，在大门外等候。新娘到达，新郎向新娘作揖，迎请入内。吃饭时，夫妇共用一种食物，合饮一个酒杯，用来表示合为一体、尊卑相同，互亲互爱。举行过恭敬、谨慎、隆重而光明正大的婚礼，然后去爱她，是礼的基本原则，并且用来形成男女间的

有义;夫妇有义,而后父子有亲;父子有亲,而后君臣有正。故曰:"昏礼者,礼之本也。"

分别,建立起夫妇间的道义。夫妇间有分别,然后才有道义;夫妇间有道义,然后父子间才能亲爱;父子间才能亲爱,然后君臣间才能各安其位。所以说:"婚礼是礼的根本。"

注释 1昏礼:娶妻之礼,以黄昏为期,故名焉。 2按:因为同姓不通婚,所以说婚礼"将合二姓之好"。 3纳采:纳雁以为采择之礼。即男家向女家送一只雁,告诉已选择其女为对象。 4问名:询问女子姓名。 5纳吉:男家占卜得吉兆,通告女家。 6纳征:纳聘礼作为婚姻之证。 7请期:请求女家同意婚期。 8主人:女方父母。 9听命于庙:女方父母于庙堂上的两楹之间听受婿家之命。 10醮:敬酒,受方不必回敬。 11共牢:泛指夫妇共用一种食物。 12合卺(jǐn)而酳(yìn):合饮一个酒杯。卺,以一匏(páo)分为二,夫妇各用其半以酳(献酒、饮酒),故称"合卺而酳"。 13合体:合卺有合体之义。 14同尊卑:共牢则不异牲,有同尊卑之义。

原文

44.2 夫礼,始于冠,本于昏,重于丧、祭,尊于朝、聘,和于射、乡。此礼之大体也。

44.3 夙[1]兴,妇沐浴以俟见。质明[2],赞[3]见妇于舅姑,妇执笲[4]、枣、栗、段脩[5]以见。赞醴妇[6]。妇祭脯醢,祭

译文

礼是从冠礼肇始,以婚礼为根本,以丧礼、祭礼为隆重,以朝觐和聘问为尊敬,射礼和乡饮酒礼为和睦。这就是礼的大原则。

清早起床,新娘梳洗打扮,等待拜见公公婆婆。天明时,协助行礼的妇人带着新娘去见公婆。新娘拿着竹器,盛着枣子、栗子、加姜桂腌制的干肉去进见(枣子和栗子献给公公,干肉献给婆婆)。助礼的妇人代替公公婆婆向新娘敬甜酒。新娘

醴，成妇礼也。舅姑入室，妇以特豚[7]馈，明妇顺也。厥明[8]，舅姑共飨妇以一献之礼[9]，奠酬[10]。舅姑先降自西阶，妇降自阼阶，以著[11]代[12]也。成妇礼，明妇顺，又申之以著代，所以重责妇顺焉也。妇顺者，顺于舅姑，和于室人[13]，而后当[14]于夫，以成丝麻布帛之事，以审[15]守[16]委积[17]盖藏[18]。是故妇顺备，而后内和理；内和理，而后家可长久也。故圣王重之。

在席上祭肉酱和祭醴酒，完成了做媳妇的礼仪。公公婆婆回到寝室，新娘又拿一头小猪进献，表明做媳妇的孝顺。第二天，公婆共用“一献之礼”的方式向媳妇赐酒，公婆虽受到媳妇的回敬，但不必与她同饮。饮毕，公婆先从西阶下去，新娘则从主人的阼阶下去，用这来表明新娘将替代婆婆（做一家主妇）。完成了做媳妇的礼仪，表明了媳妇的孝顺，又再次申明她将代为主妇，都是为郑重地要求媳妇能够孝顺。媳妇的孝顺，就是顺从公公婆婆，与夫家的女眷和睦相处，然后才算得上和丈夫是相匹配的，还要能经理丝麻、布帛之事，周密地守护家中储藏的财物。因此，做媳妇的能孝顺，然后家庭内部才会和谐安定；家庭内部和谐安定，然后家室才可以长久不衰。所以圣王重视妇女的孝顺。

注释　1夙：第二天早上。　2质明：正明，天亮时。　3赞：助，此指协助行礼的妇人。　4笲(fán)：盛物的竹器。　5段脩：加姜桂的干肉。枣、栗，是见公公的礼物；段脩，是见婆婆的礼物。　6赞醴妇：孙希旦说，“妇既见，宜有以答之，故赞为舅姑酌醴（即斟甜酒）以礼妇也”。即助礼的妇人代公婆向新娘敬甜酒。　7特豚：指一头小猪。　8厥明：馈豚的第二天。　9孙希旦说，凡飨礼，主人献宾，宾酢主人，主人又酌自饮毕，更爵以酬宾，为一献。此飨妇之礼，舅献而姑酬，故曰“共飨妇以一献之礼”。　10奠酬：孔疏云，妇酢舅，舅于阼阶上受酢，饮毕乃酬，妇更爵先自饮毕，更酌酒以酬姑，姑受爵尊于荐左，不举爵，正礼毕。 11 著：表明。 12 代：将替代婆婆为主妇。 13 室人：指丈夫的姐妹及兄弟的妻子。 14 当：相称，适合。 15 审：周密。 16 守：守护。 17 委积：积聚，储备。此指家中积聚的财物。 18 盖藏：储藏。此指家中储藏的财物。

原文

是以古者妇人先嫁三月，祖祢未毁[1]，教于公宫[2]；祖祢既毁[3]，教于宗室[4]。教以妇德[5]、妇言[6]、妇容[7]、妇功[8]。教成祭之[9]，牲用鱼，芼[10]之以蘋、藻，所以成妇顺也。

译文

因此古时女子出嫁前三个月，假如她的高祖庙还未迁，就在大宗的庙里接受女师的教育；假如她的高祖庙已经迁走，就在宗子之家接受婚前教育。教给她有关妇人的贞顺德行、言语谈吐、容貌化妆、女工之事。教育完成后，祭告祖先，用鱼作牺牲，用蘋、藻做成羹，用这些来表示成全妇人柔顺的德行。

注释 1 祖祢(nǐ)未毁：高祖庙未迁。指此女犹于此祖有服，则于君为亲属。 2 教于公宫：使女师教育于祖庙。 3 祖祢既毁：高祖庙已迁。指此女于此祖无服，则于君为疏远。 4 教于宗室：教之于宗子之家。 5 德：指贞顺的品德。 6 言：指辞令。 7 容：指化妆术。 8 功：纺绩、刺绣等女工之事。 9 祭之：祭告其女所出之祖。 10 芼(mào)：做羹的菜。郑氏云：鱼、蘋藻，皆水物，阴类也。鱼为俎实，蘋藻为羹菜。

原文

44.4 古者天子后立六宫[1]、三夫人、九嫔[2]、二十七世妇[3]、八十一御

译文

古代天子在王后以下设六宫、三夫人、九嫔、二十七世妇、八十一御妻，以负责天下内部治理，申明彰显妇人的柔

妻[4],以听[5]天下之内治,以明章妇顺,故天下内和而家理[6]。天子立六官[7]、三公、九卿、二十七大夫、八十一元士[8],以听天下之外治,以明章天下之男教,故外和而国治。故曰:"天子听男教,后听女顺;天子理阳道,后治阴德;天子听外治,后听内职。"教顺成俗,外内和顺,国家理治,此之谓盛德。

是故男教不修,阳事不得,適[9]见[10]于天,日为之食[11];妇顺不修,阴事不得,適见于天,月为之食。是故日食则天子素服,而修六官之职,荡[12]天下之阳事;月食则后素服,而修六宫之职,荡天下之阴事。故天子之与后,犹日之与月,阴之与阳,相须[13]而后成者也。天子修男教,父道也;后修女顺,母道也。故曰:"天子之与

顺,所以天下内部和睦而家庭安定。天子设立六官、三公、九卿、二十七大夫、八十一元士,以负责天下的外部治理,申明彰显天下臣民的政教,所以外部和谐而国家安定。所以说:"天子负责臣民的政教,王后负责妇人的柔顺;天子治理阳刚的大道,王后治理阴柔的德行;天子负责外部的治理,王后负责内部的职责。"教导柔顺形成了风俗,外部和内部都和谐顺从,国和家都得到整治,这就叫作盛德。

因此,臣民不能修治政教,阳道之事不能施行,上天就会出现谴责的征兆,就会有日蚀;妇人不能修治柔顺德行,阴道之事不能施行,上天也会出现谴责的征兆,就会有月蚀。所以发生日蚀,天子就穿上纯白的衣服,整治六官的职事,消除天下阳事中的秽恶;发生月蚀,王后就穿上纯白的衣服,整治六宫的职事,清除天下阴事中的秽恶。因此天子和王后,好比太阳与月亮,阳与阴,相互依存而后才能成功。天子修治臣民的政教,(就如父亲管教儿子,)是父道;王后修治妇人的柔顺,(就如母亲教导女儿,)是母道。因此说:"天子和

后，犹父之与母也。”故为天王服斩衰，服父之义也；为后服资[14]衰，服母之义也。

王后，就好比父亲和母亲。”所以臣子为天子穿斩衰丧服，与为父亲服丧的道义是相同的；为王后穿齐衰丧服，与为母亲服丧的道义是相同的。

注释 1六宫：正寝一，燕寝五，共为六宫。 2九嫔：王宫中女官，也是帝王妃子。 3世妇：宫中女官，相当于妃嫔之类。 4御妻：也称“女御”“御女”，宫内女官，位在世妇之下。 5听：掌管。 6此句或以为当作：“以明章天下之妇顺，故内和而家理”。说见王梦鸥《礼记今注今译》。 7六官：天、地、四时（春、夏、秋、冬）之官，共六官。 8元士：官名。天子之士所以称元士，异于诸侯之士也。 9適(zhé)：通“谪”。责备，谴责。 10见(xiàn)：显现。 11食：通“蚀”。 12荡：荡涤，清除秽恶。 13相须：相互等待，相互依存。 14资衰：当为“齐衰”。一种丧服，次于最重的斩衰。以粗麻布制成。齐(zī)，下衣的边。衰(cuī)，同“缞”，丧服。

乡饮酒义第四十五

导读

此篇记载乡大夫在乡学中宴请宾客之事,体现出尊老爱幼的传统风尚,同时也表明了长幼之间的次序。孔子说:"吾观于乡,而知王道之易易也。"孔子曾对乡饮酒礼有过考察研究,并归纳了乡饮酒礼的基本原则和精神。

乡饮酒礼,乡人会聚宴饮之礼,是周代流行的宴饮风俗,由原始社会后期部落氏族内部尊长敬老、咨询议事的酒会演变而来。有的乡饮酒礼后,还要举行乡射礼。本文详细记录了乡饮酒礼的完整过程,呈现了古代生活中的宴饮礼仪,其中蕴含着丰富的文化内涵,对我们了解古代社会,反思现实生活多有启示意义。

乡饮酒礼中的每个细节都有内涵,从迎接宾客的站位、朝向和待人接物的体态、次序,都渗透着贵贱尊卑、长幼有别的思想,体现出尊老优老、重礼轻财等理念。如六十岁以上的人坐着,五十岁以上的人站着,等待着听候差遣,表示尊重年长者。六十岁以上的人有菜三豆,七十岁以上的人有四豆,八十岁以上的人有五豆,九十岁以上的人有六豆,表明奉养老人要优待年长者。乡饮酒礼的目的不是为了吃喝,而是为了行礼,以礼为先。民众知道尊敬长老,就会讲孝悌;民众知道财富居后,就会形成恭敬谦让的风气,就不会去争斗了。

乡饮酒礼上可以随意喝酒,但要推举一人监察礼仪法则,每个人不能因喝醉而失态,要懂得和谐欢乐,不能放肆失礼,这是一种现实而形象的教育方式。从乡饮酒礼上可以学会如何分辨尊卑贵贱、礼节轻重，知道长幼有序，欢乐时也不能放纵失礼。在潜移默化中，知道了要孝敬老人，也就会孝顺父母，善事兄长，这样家庭才能和睦，国家才能安定，孝悌的德行也就建立起来了。

原文

45.1 乡饮酒之义[1]：主人拜迎宾于庠[2]门之外，入，三揖而后至阶，三让而后升，所以致尊让也。盥洗、扬觯[3]，所以致洁也。拜至、拜洗、拜受、拜送、拜既[4]，所以致敬也。尊、让、洁、敬也者，君子之所以相接也。君子尊让则不争，洁、敬则不慢。不慢不争，则远于斗辨[5]矣；不斗辨，则无暴乱之祸矣。斯君子之所以免于人祸也，故圣人制之以道[6]。

乡人、士、君子[7]，尊[8]于房中之间，宾主共之[9]也。尊有玄酒[10]，贵其质也。羞[11]出自东房，主人共[12]之也。洗当东荣[13]，主人之所以自洁，而以事宾也。

宾主，象天地也[14]；

译文

乡饮酒礼的含义：主人在庠门外拜迎宾客，进了门，作揖三次以后来到阶前，彼此推让三次后登上台阶，这些都用来表示对对方的尊重和谦让。洗了手，又洗了酒杯，再举杯饮酒，这样来表示清洁。主人在宾客初到时拜迎，宾客拜谢主人为自己洗酒杯，宾客拜谢主人的献酒，宾客接受了主人的献酒而主人拜送，宾客干杯而主人拜谢，这些都是为了表示恭敬。尊重、谦让、洁净、恭敬，是君子用来待人接物的做法。君子能够尊重、谦让就不会争斗，能够洁净、恭敬就不会怠慢。不怠慢，不争斗，就不会有打斗争吵的事了；不打斗争吵，就没有横暴作乱的祸患了。这就是君子用来避免人为祸患的方法，所以圣人用礼来加以节制。

乡大夫、士、君子在举行乡饮酒礼时，将酒樽设在东房西和室户东的宾主之间，表示宾客和主人共用。樽里放有水，以水的质朴为贵重。菜肴从东房端送出来(东是主位)，表示是主人供宾享用的。盥洗用的“洗”放在东边屋檐下，原是主人自己清洁用具，现在用来敬事宾客。

宾与主，象征天与地；介与僎，象征阴

介僎[15],象阴阳也[16];三宾[17],象三光[18]也。让之三也,象月之三日而成魄也[19]。四面之坐,象四时也。[20]

与阳;宾、介、众宾,象征日、月、星三光。彼此推让三次,就像月朔后的三日出现魄。四面的座席,则象征春夏秋冬四季。

天地严凝之气,始于西南而盛于西北,此天地之尊严气也,此天地之义气也。天地温厚之气,始于东北而盛于东南,此天地之盛德气也,此天地之仁气也。

天地间的严寒凝聚之气,由西南方开始,到西北方最强盛,这是天地间的崇高庄严之气,是天地间的义气。天地间的温和敦厚之气,由东北方开始,到东南方最强盛,这是天地间的盛德之气,是天地间的仁气。

注释 1按:乡饮酒,是乡人会聚饮酒之礼。郑玄曰:名曰"乡饮酒义"者,以其记乡大夫饮宾于庠序之礼,尊贤养老之义。孔颖达说,此篇前后凡有四事,一则三年宾贤能,二则卿大夫饮国中贤者,三则州长习射饮酒,四则党正蜡祭饮酒。总而言之,皆谓之乡饮酒。 2庠:乡学,州、党则称序。 3盥:洗手。 洗:洗爵(酒杯)。 扬觯(zhì):举起酒杯。觯,古代饮酒器皿。 4拜至:主人于宾之初至而拜之。 拜洗:拜主人为己洗爵。 拜受:宾拜受爵。 拜送:宾已受爵,主人在阼阶上拜送。 拜既:宾饮酒既尽而拜。既,尽也。 5斗辨:斗谓逞于力。辨,谓竞于言。 6道:孙希旦说,道犹礼也。 7乡人:乡大夫。士:州长、党正。君子:指卿、大夫、士。 8尊:酒樽。 9宾主共之:孔颖达疏云,设尊于东房之西,室户之东,示宾主共有此酒也。酒虽主人之物,宾亦以酢主人,故曰"宾主共之"。 10玄酒:水。太古祭祀以水当酒,水本无色,古人习以为黑色,故称玄酒。 11羞:菜肴。 12共:同"供"。 13洗:古盥洗器名,形状如浅盆。 荣:屋翼,屋檐两端上翘的部分。 14按:孙希旦说,宾者,主人之所以敬事,象乎天之尊,主人以礼下人,象乎地之卑,故曰:"宾主象天地。" 15介:古时主有傧相迎宾，宾有随从通传叫介，即陪客。僎(zūn)：古代《礼》“僎”皆作“遵”。僎，即官至卿大夫之乡人来观礼者。 16孙希旦说，介、僎以辅宾主之礼，犹阴阳以助天地之化，故曰“介僎象阴阳”。 17三宾：众宾之长。或说，宾、介、众宾，是三宾。 18三光：日、月、星。 19月之三日：月朔后三日。 成魄：生成月初时的月光。 20按：孔颖达曰，四面之坐象四时也者，主人东南象夏始，宾西北象冬始，僎东北象春始，介西南象秋始。

原文

主人者尊宾，故坐宾于西北，而坐介于西南以辅宾。宾者，接人以义者也，故坐于西北；主人者，接人以仁、以德厚者也，故坐于东南；而坐僎于东北，以辅主人也。

仁义接，宾主有事，俎豆有数[1]，曰圣[2]。圣立而将之以敬，曰礼。礼以体长幼，曰德。德也者，得于身也。故曰：“古之学术道者，将以得身也。是故圣人务焉。”

祭荐[3]、祭酒[4]，敬礼[5]也。哜[6]肺，尝礼也。[7]啐[8]酒，成礼[9]也。

译文

主人尊重宾客，所以让宾客坐在西北的位置上，而让介坐在西南的位置上辅助宾客。宾，是以义来对待人的，所以相应地坐在西北边；主人，是以仁德敦厚来对待人的，所以相应地坐在东南边；而让僎坐在东北边，辅助主人。

仁义互相交接，宾主各安其所，俎豆合乎数目，这就称为礼义通贯而完备。既已通贯而显明，又恭敬地奉行，就叫作礼。用礼来使长者幼者身体力行就叫作德。德，就是从身体力行中获得的。所以说：“古代学习道艺的人，就是要在身心上有所得。因此圣人致力于行礼而使人从身体力行中去立德。”

宾客即席祭主人荐献的肉脯、酱和酒，是对主人表示尊重的礼节。尝一下俎中的肺，是表示接受了主人荐献的尝礼。喝一小口酒，是表示完成主人献酢的礼

于席末[10],言是席之正,非专为饮食也,为行礼也。此所以贵礼而贱财也。卒觯[11],致实[12]于西阶上,言是席之上,非专为饮食也,此先礼而后财之义也。先礼而后财,则民作敬让而不争矣。

仪。到席的西头末位才喝酒,是指此席的真正目的,并非专门为了吃喝,而是为了行礼。这是表示重视礼而轻视财物。宾客饮干杯中酒也要在西阶之上,也是指此席的真正目的,并非专门为了吃喝,这体现了以礼为先、以财为后的道义。以礼为先而以财为后,那民众就会兴起恭敬谦让的风气,就不去争斗了。

注释 1 有数:有当数之数,合乎规定的数目。 2 圣:通达,指礼义通贯而完备。 3 祭荐:主人献宾,宾即席祭所荐脯、醢。 4 祭酒:宾既祭荐,又祭酒。 5 敬礼:敬重主人之礼。 6 哜(jì):浅尝,微尝。 7 按:孔颖达云,宾既祭酒,兴,取俎上之肺,哜齿之,所以尝主人之礼也。 8 啐(cuì):尝,饮。 9 成礼:成主人之礼。 10 席末:席西头。 11 卒觯(zhì):尽爵,干杯。 12 致实:酒为觞中之实,致尽此实,亦即是干杯。

原文

45.2 乡饮酒之礼:六十者坐,五十者立侍,以听政役,所以明尊长也。六十者三豆[1],七十者四豆,八十者五豆,九十者六豆,所以明养老也。民知尊长养老,而后乃能入孝弟。民入孝弟,出尊长养老,而后成教;成教而后国可安也。君子之

译文

乡饮酒礼:六十岁以上的人坐着,五十岁以下的人站立侍候,听候差事,这表明尊重长辈。六十岁以上的人有三豆菜肴,七十岁以上的人有四豆菜肴,八十岁以上的人有五豆菜肴,九十岁以上的人有六豆菜肴,这表明奉养老人。民众懂得了要尊敬长辈和奉养老人,然后才能在家里孝顺父母,尊敬兄长。民众在家里孝顺

所谓孝者，非家至而日见之也；合诸乡射，教之乡饮酒之礼，而孝弟之行立矣。孔子曰："吾观于乡[2]，而知王道之易易[3]也。"

父母，尊敬兄长，出外能尊敬奉养老人，然后才能形成教化；形成教化，然后国家才能安定。君子所说的行孝方法，不是挨家挨户去教育，也不是每日召见而训导；只要在乡射的时候把民众集合起来，把乡饮酒的礼法教给他们，孝悌的德行也就树立起来了。孔子说："我观察过乡饮酒礼，从而知道王者的教化极易推行。"

注释 1豆：盛食品的器皿。 2乡：乡饮酒礼。 3易易：甚易（推行）。

原文

45.3 主人亲速[1]宾及介，而众宾自从之。[2]至于门外，主人拜宾及介，而众宾自入。贵贱之义别矣。

三揖至于阶，三让以宾升[3]。拜至、献酬，辞让之节繁。及介，省[4]矣。至于众宾，升受，坐祭，立饮，不酢而降。隆杀之义辨矣[5]。

工人[6]，升歌三

译文

乡饮酒之前，主人亲自去邀请宾和介，而众宾都一起前往。当他们来到庠门外时，主人拜迎宾和介入内，而众宾则随宾和介自行入内。从这些礼数的差异里，就能判别出尊卑贵贱的区别。

主人和宾三次作揖来到阶前，三次谦让后主人先升阶，再引导宾升阶。主人三揖三让拜谢宾的来到，又斟酒献给宾，宾回敬主人，主人又斟酒自饮并劝宾饮，推辞谦让的礼节繁多。至于主人和介之间，礼节就简省了些。至于众宾，依次升阶接受主人的献酒，然后在西阶上坐下用酒行食前祭礼，再站起来饮干杯中之酒，不必回敬主人就下了台阶。从这些差异里，就能分辨出礼节由隆重到渐

终[7]，主人献之。笙入三终[8]，主人献之。间歌三终[9]。合乐三终[10]。工告乐备，遂出。一人扬觯。乃立司正[11]焉。知其能和乐而不流[12]也。

宾酬主人，主人酬介，介酬众宾，少长以齿[13]，终于沃洗者焉[14]。知其能弟长而无遗矣。

降，说[15]屦，升坐，修爵无数[16]。饮酒之节，朝不废朝[17]，莫不废夕[18]。宾出，主人拜送，节文终遂焉。知其能安燕而不乱也。

贵贱明，隆杀辨，和乐而不流，弟长而无遗，安燕而不乱，此五行者，足以正身安国矣。彼国安而天下安。故曰：

次减轻的原则了。

乐正进入，登堂唱了三首诗歌，主人向他献酒。吹笙的人进入，在堂下演奏三首诗歌的乐曲，主人也向他献酒。唱歌的和吹笙的又交替一唱一吹，表演了三首诗歌。然后是吹与唱合作，表演了三首。乐正向宾报告说，乐歌已经演奏完备，于是乐正便退下了（直至礼结束才回去）。这时主人的一个属下向宾举杯，表示大家可以开始随意喝酒了。于是又推举一人当司正，监察仪法，不使人喝多了失态。由此可知，乡饮酒能使人欢乐又不放纵失礼。

宾先饮而劝主人饮，主人又劝介饮，介又劝众宾饮，按照年龄长幼依次饮酒，一直饮到侍奉盥洗的人为止。由此可知，乡饮酒时能使少长相互友爱而无遗漏。

撤俎以后，众人先下堂，脱去鞋，再登堂就坐，这时开始畅饮，不计杯数。饮酒的节制，是使得早上不耽误早朝，晚上不耽误私事。饮酒完毕，宾离去，主人拜送，饮酒礼的礼仪就此结束。这就可以知道，乡饮酒能够做到平安宴乐而不混乱。

身份的尊贵卑贱分明，礼节的隆重和减轻的原则清楚，使人欢乐而不放纵失礼，少长有序而无遗漏，使人安乐而不混乱，这五种德

“吾观于乡，而知王道之易易也。”

行足以端正自身而安定国家了。国家安定了，天下也就安定了。所以孔子说：“我观察过乡饮酒礼，从而知道王者的教化极易推行。”

注释 1速：招请。郑玄云，即家招之。 2按：敖继公曰，主人既速介，即先归，介及众宾皆同至宾之门外，俟宾同往也。见诸《礼记集解》。 3以宾升：引导宾升阶。 4省：孔颖达说，介酢主人则止，主人不酬介，是及介省矣。 5孙希旦说，宾之礼隆，介杀于宾，众宾又杀于介，此隆杀之义也。 6工：乐正。 7孔颖达说，此谓升堂歌《鹿鸣》《四牡》《皇皇者华》，每一篇为一终也。主人献之，谓献工也。 8孔颖达说，笙入三终者，谓吹笙之人，入于堂下，奏《南陔》《白华》《华黍》，每篇一终。主人献之，谓献笙人也。 9间歌三终：间，代。堂上歌《鱼丽》，堂下笙《由庚》为一终；堂上歌《南有嘉鱼》，堂下笙《崇丘》为二终；堂上歌《南山有台》，堂下笙《由仪》为三终。堂上堂下一歌一吹，更代而作。 10合乐三终：工歌《关雎》，则笙吹《鹊巢》合之；工歌《葛覃》，则笙吹《采蘩》合之；工歌《卷耳》，则笙吹《采蘋》合之。堂上下歌、瑟、笙俱作也。 11司正：饮酒之间监察仪法者。 12流：放纵，无节制。 13齿：年龄。 14沃洗者：洗涤之人，如执掌罍洗之人，以水沃、盥、洗爵者。 15说：通“脱”。 16修爵无数：孔颖达说，谓无算爵也。即是不计杯数。修爵，犹行觞，依次敬酒。爵，饮酒器。 17朝不废朝：治事者，朝以听政，而乡饮在听政以后始举行，故朝不废朝。 18莫不废夕：乡饮礼毕，犹可以治私事，是莫不废夕。莫，同“暮”。

原文

45.4 乡饮酒之义：立宾以象天，立主以象地，设介僎以象日月，立三

译文

乡饮酒礼的意义：设立宾以象征天的崇高，设立主人以象征地的卑下，设立介和僎以象征日月，设立三宾以象征日、月、星。

宾以象三光。古之制礼也,经之以天地,纪之以日月,参之以三光,政教之本也。

亨狗于东方[1],祖[2]阳气之发于东方也。洗之在阼,其水在洗东,祖天地之左海[3]也。尊有玄酒,教民不忘本也。

宾必南乡[4]。东方者春,春之为言蠢[5]也,产万物者圣[6]也。南方者夏,夏之为言假[7]也,养之,长之,假之,仁也。西方者秋,秋之为言愁[8]也,愁之以时察[9],守义者也。北方者冬,冬之为言中也,中者藏也[10]。是以天子之立也,左圣乡仁,右义偝[11]藏也。

介必东乡,介宾主[12]也。

主人必居东方。东方者春,春之为言蠢也,产万物者也。主人者造[13]

古代制定礼法,以天地为经纬,以日月为纪纲,以三光为辅助,这是政治与教化的本源。

在堂的东北烹煮狗,是效法阳气从东方生发出来。洗器放在东边屋檐下主人的阼阶上,所用的水又放在洗器的东边,是效法天地的东边是海。酒樽里盛放水,是教育民众不要忘记太古无酒而用水行礼的本源。

宾必定面朝南坐。东方就是春天的位置,春的意思就是蠢动,春天能催生万物,是由于生气通达的缘故。南方是夏天的位置,夏的意思就是大,养育万物,生长万物,壮大万物,这就是仁。西方是秋天的位置,秋的意思就是收敛,按照时节的肃杀来收敛万物,这是守义。北方是冬天的位置,冬的意思就是中,中就是藏。因此天子站立的时候,(必定面向南方,)左边是圣(相当于东方生产万物的圣),面向着仁(相当于南方的仁),右边是义(相当于西方的守义),背靠着藏(相应于北方的藏)。

介必定面向东坐,介于宾主之间。

主人必定坐在东方。东方是春天的位置,春的意思就是蠢动,万物生长的季节。主人坐于这一方位,是因为他像春天之，产万物者也。

月者三日则成魄，三月则成时，是以礼有三让，建国必立三卿。三宾者，政教之本，礼之大参[14]也。

那样向宾客供给食物。

月亮在朔后三日出现魄，三个月就形成一个季节，因此行礼也有三次谦让，建立国家必定设立三个卿位。乡饮酒礼设立三宾也是这个道理，这些观念成了政治与教化的本源，也是礼的最大根据。

注释　1亨：同"烹"。东方：堂的东北。　2祖：效法。孙希旦说，烹饪以火，火为阳气之盛，亨于东方者，所以法阳气之发于东方也。　3天地之左海：此谓天地之间，海居于东，东则左，故称。　4乡：通"向"。　5蠢：蠢动，出于本性的自然的行动。　6圣：生气通达。　7假：大。　8愁(jiū)：郑玄说，愁读为揫。揫，敛也。　9察：通"杀"。郑玄说，犹察察，严杀之貌。　10中者藏也：王夫之说，中者犹内也，谓藏于内也。　11偝(bèi)：背对着。　12介宾主：处于宾主之间。介，间。　13造：就(位)。　14参：参照，根据。

射义第四十六

导读

此篇记习射之礼义，阐明观德以取士的功能意义。射礼包含了很多治国理念，战时可以御敌，平时可以选拔人才，引导群臣尽忠效力，以建立起符合统治者礼仪的道德规范。比赛射箭的地点，演奏的音乐，站立的位置等，都因身份地位不同而有区别，以表示尊卑贵贱。

射礼，是西周、春秋时代贵族所行的礼俗之一，射礼有四种：大射礼、宾射礼、燕射礼、乡射礼。古时候天子用射箭来挑选诸侯、卿、大夫、士。诸侯每年要向天下荐举贤士，天子则在射宫考核他们的箭艺。那些容貌体态合乎礼，节奏合乎乐，并且射中较多的士，就可以参与天子的祭祀，能多次参与祭祀的士，荐举他的诸侯就能得到褒扬，并能增加封地，相反则会被削减封地。“射箭的人，是为诸侯而射的”，射箭既能得到名声，又有利益，这样君臣就都会用心尽力，专心致志地去练习射箭。

射礼，是诸侯能匡正自我行为的方法，也是天子辖治诸侯的一种手段。射箭成为古时男子所向往之事。所以古时生了男孩要在门口挂上弓箭，文中说：“故男子生，桑弧蓬矢六，以射天地四方。天地四方者，男子之所有事也。故必先有志于其所有事，然后敢用谷也，饭食之谓也。”男子出生三日，家门悬挂桑弧和用蓬草做的六支箭，由背负孩子的人代向天地四方射去，天地四方代表男子将要从事的事业。孩子要有了志向，才可以食用谷子，也就是才能吃饭。

射箭符合“仁”的道义，孔子说：“射者何以射？何以听？循声而发，发而不失正鹄者,其唯贤者乎!”射箭要明察自己的目标,经过长久的身心修养和历练才能达到,只有与礼乐的节奏相合并射中鹄的才是真正贤能之人。射不中的人,不能埋怨别人,而要在自己身上找原因。孔子还说:“君子无所争,必也射乎。揖让而升,下而饮,其争也君子。”可见,射箭的竞争也要讲君子风度。

原文

46.1 古者诸侯之射也[1]，必先行燕礼；卿、大夫、士之射也[2]，必先行乡饮酒之礼。故燕礼者，所以明君臣之义也；乡饮酒之礼者，所以明长幼之序也[3]。

译文

古代诸侯举行君臣一道习射的大射礼时，必定先举行燕礼；卿、大夫举行乡射礼时，必定先举行乡饮酒礼。燕礼是用来明确君臣之间的大义的；乡饮酒礼是用来明确长幼间的次序的。

注释 1 此篇释《仪礼》中《大射仪》之义。《冠义》《昏义》《燕义》《聘义》《乡饮酒义》等皆引《仪礼》正经而释之，此篇不引，但泛论习射之义。郑玄曰：名曰射义者，以其记燕射、大射之礼，观德行取于士之义。诸侯之射：即大射礼。吕大临说，射者，男子所有事也。天下无事，则用之于礼义，故习大射、乡射之礼，所以习容、习艺，观德而选士；天下有事，则用之于战胜，故主皮、呈力，所以御侮克敌也。 2 射：乡射。 3 按：六十者坐，五十者立，以少事长之序，故云。

原文

46.2 故射者，进退周还必中礼[1]。内志正，外体直，然后持弓矢审固[2]。持弓矢审固，然后可以言中。此可以观德行矣。

其节[3]：天子以《驺虞》为节，诸侯以《狸首》为节，卿、大夫以《采蘋》

译文

所以射箭的人，前进后退，左右旋转必定要符合礼。内在心志端正，外表身体挺直，然后有力稳固地执弓而明察目标。有力稳固地执弓而明察目标，然后才可以谈得上射中目标。（这不是一时能取得的，必须经过长久的身心修养才能达到，）因此可以从射箭中观察到一个人的德行。

射箭的音乐节奏：天子是用《驺虞》为节奏，诸侯是用《狸首》为节奏，卿、大为节，士以《采蘩》为节。[4]《驺虞》者[5]，乐官备也；《狸首》者，乐会时[6]也；《采蘋》者，乐循法也；《采蘩》者，乐不失职也。是故天子以备官为节，诸侯以时会天子为节，卿、大夫以循法为节，士以不失职为节。故明乎其节之志，以不失其事，则功成而德行立。德行立，则无暴乱之祸矣，功成则国安。故曰："射者，所以观盛德也。"

夫是用《采蘋》为节奏，士是用《采蘩》为节奏。《驺虞》诗篇，是表现百官齐备的欢乐；《狸首》诗篇，是表现诸侯按时朝见天子的欢乐；《采蘋》诗篇，是表现能依循法度的欢乐；《采蘩》诗篇，是表现能尽忠职守的欢乐。因此天子选用百官齐备的乐曲作为节奏，诸侯选用按时朝见天子的乐曲作为节奏，卿、大夫选用依循法度的乐曲作为节奏，士选用尽忠职守的乐曲作为节奏。所以明白音乐节奏的意义，而能人人尽其职事，那功业就能成就，德行就能建立起来。德行建立起来了，那就没有暴乱的祸患了；功业成就了，那国家也就安宁了。所以说："射礼是用来观察道德是否高尚的方式。"

注释 1 周还(xuán)：左右旋转。还，旋转。"周还"，或作"周旋"。中(zhòng)：符合。 2 审固：孙希旦说，志正则于心无所偏，而持弓矢也审；体直则于力有所专，而持弓矢也固。 3 节：歌唱《诗经》中的诗篇，用作射箭时的节度，一终为一节。 4 以上《驺虞》《采蘋》《采蘩》，均为《诗·召南》中的篇名，而《狸首》为逸诗。 5 按：《驺虞》之诗，言"壹发五豝"，以喻贤才众多，足以备朝廷选官也。 6 会时：按时朝见天子。

原文

46.3 是故古者天子以射选诸侯、卿、大夫、

译文

因此古代天子用射箭来挑选诸侯、卿、大夫、士。射箭是男子之事，因而用礼

士[1]。射者，男子之事也，因而饰之以礼乐也。故事之尽礼乐，而可数为，以立德行者，莫若射。故圣王务焉。

是故古者天子之制，诸侯岁献，贡士于天子，[2]天子试之于射宫。其容体比于礼[3]，其节比于乐，而中多者，得与于祭。其容体不比于礼，其节不比于乐，而中少者，不得与于祭。数与于祭而君有庆[4]，数不与于祭而君有让[5]。数有庆而益地，数有让而削地。故曰："射者，射为诸侯也。"是以诸侯君臣尽志于射，以习礼乐。夫君臣习礼乐而以流亡者，未之有也。故《诗》曰[6]："曾孙侯氏[7]，四正[8]具举。大夫君子，凡以庶士，小大莫处[9]，御[10]于君所。以燕以射[11]，则

乐来修饰它（要使人的容体合于礼，而射箭的节奏合于乐）。所以做一件事情能尽含礼乐，又可以经常推行，而且还能建立德行的，没有比得上射礼的了。因此圣明的先王致力于行这种礼。

古代天子的制度：诸侯每年进献国事之书和贡物，三年便荐举贤士，天子在射宫考核他们的箭艺。那些容貌体态合于礼，节奏合于乐，而射中又较多的士，就可以参加天子的祭祀。相反，那些容貌体态不合于礼，节奏不合于乐，而射中又少的士，就不能参加天子的祭祀。所荐举的士能多次参加祭祀，天子就会奖赏荐举他的诸侯；所荐举的士屡次未能参加祭礼，荐举他的诸侯就会受到天子的斥责。诸侯多次得到奖赏，便能增加封地；屡次受到斥责，就会被削减封地。所以说："射箭的人，是为诸侯而射的。"因此诸侯君臣竭尽心志来射箭，并研习礼乐。君臣研习礼乐却发生出奔或亡国之事，是从来没有过的。所以，《诗》上说："身为王者曾孙的诸侯，行射礼时举正爵以献宾、献君、献卿、献大夫，四献完毕然后射箭。大夫君子以及众士，不论大小，都离开了自己的官府衙门，来到国君处侍奉。行了燕

燕则誉[12]。”言君臣相与尽志于射，以习礼乐，则安则誉也。是以天子制之，而诸侯务焉。此天子之所以养诸侯而兵不用，诸侯自为正之具也。

礼再举行射礼，既享欢乐又得好名声。”这是说，君臣一起尽心于射箭，并研习礼乐，就能既享受欢乐，又有好名声。因此天子制定了射礼，而诸侯致力于射礼。这就是天子用来统治诸侯的、不须动用武力而使诸侯能够自我匡正的方法。

注释 1郑玄云，选士者，先考德行，乃后决之以射。孔疏云，诸侯继世而立，卿大夫有功乃升，非专以射而选，但既为诸侯、卿、大夫，又考其德行，更以射辨其才艺高下，非谓直以射选补而用之也。男子生有悬弧之义，因此射事更饰以礼乐，容比于礼，节比于乐是也。 2这里的断句，或如郑玄“岁献”与“贡士”分读，或以为“岁献”与“贡士”连读，此依郑玄说分读。郑氏云：岁献，献国事之书，及计偕之物；三岁而贡士，旧说云大国三人，次国二人，小国一人。 3容体：容貌体态。 比：合。 4庆：庆赏，奖赏。 5让：贬责。 6此诗或以为即《狸首》诗，学者多非之。 7曾孙侯氏：孔疏云，谓诸侯，此诸侯出于王，是王之曾孙，故云曾孙侯氏。 8四正：古代贵族行射礼时举正爵以献宾客、国君、卿、大夫。郑玄云，正爵四行也。四行者，献宾、献公、献卿、献大夫，乃后乐作而射。 9莫处：郑玄云，无安居其官次者也。 10御：侍。 11以燕以射：先行燕礼然后才射箭。 12则燕：安乐。则誉：有名誉。

原文

46.4孔子射于矍相之圃[1]，盖观者如堵墙。射至于司马[2]，使子路执弓矢出延[3]射，曰：“贲[4]

译文

孔子在矍相的园地里举行射礼，围观的人多得好像重重墙壁一样。射礼进行到由司正转为司马时，孔子叫子路拿着弓箭出来邀请射箭的人，说：“败军之

军之将，亡国[5]之大夫，与为人后者[6]，不入。其余皆入。”盖去者半，入者半。又使公罔之裘、序点扬觯而语[7]。公罔之裘扬觯而语曰：“幼壮孝弟、耆耋好礼、不从流俗、修身以俟死者不[8]？在此位也。”盖去者半，处者半。序点又扬觯而语曰：“好学不倦、好礼不变、旄期称道不乱者不[9]？在此位也。”盖廑有存者[10]。

将，亡国的大夫，请求做别人后嗣的人，不准进入。其余的人都可以进入射箭之圃。”（围观的人听了这番话，）走掉了一半，进来了一半。孔子又叫公罔之裘、序点举觯告诫。公罔之裘举觯说：“二三十岁能讲孝悌，六七十岁能爱好礼法，不受流俗的影响而笃志修身至死不变的，有吗？如果有的话，就可以站在宾位。”大约又有一半人离开，一半人留下。序点又举觯说：“爱好学习而不厌倦，爱好礼法而永不改变，到八九十岁乃至百岁还能讲述道义而没有错误的，有吗？如果有的话，就可以站在宾位。”结果只有少数几个人留下了。

注释　1矍(jué)相：地名。在今山东曲阜城内阙里西。圃：众说不一。郑玄云，树菜疏（蔬）曰圃。　2司马：乡饮酒礼时，曾设一人为司正，射箭时就转为司马。　3延：引进，邀请。郑玄则以为，“延或为誓”。誓，宣告。　4贲(fèn)：通“偾”。跌倒，覆败。　5亡国：亡其君之国。　6与为人后者：自己要求做无子者的后嗣。　7公罔之裘：公罔，姓；裘，名。之，语助词。　序点：序，姓；点，名。　扬：举。　语：讲述义理。　8幼：二十岁前。　壮：三十岁后。　耆(qí)：六十岁。　耋(dié)：七十岁。　俟死：此指至死不变的意思。俟，等待。　不：否。　9旄：八十、九十岁。　期：百岁。　称道不乱：讲述道义无所违误。　10廑(jǐn)：同“仅”，才，只。

原文

46.5 射之为言者，绎[1]也，或曰舍[2]也。绎者，各绎己之志也。故心平体正，持弓矢审固。持弓矢审固，则射中矣。故曰："为人父者，以为父鹄[3]；为人子者，以为子鹄；为人君者，以为君鹄；为人臣者，以为臣鹄。故射者各射己之鹄。"故天子之大射，谓之"射侯"。射侯者，射为诸侯也。射中则得为诸侯，射不中则不得为诸侯。

天子将祭，必先习射于泽[4]。泽者，所以择士[5]也。已射于泽，而后射于射宫。射中者得与于祭，不中者不得与于祭。不得与于祭者有让，削以地；得与于祭者有庆，益以地。进爵绌[6]地是也。

故男子生，桑弧蓬矢六[7]，以射天地四方[8]。天

译文

射的意思就是"绎"，或者是"舍"。绎，就是各人陈己之志。所以心情平和，身体端正，执弓就有力稳固而明察目标。执弓有力稳固而明察目标，那就能射中靶心了。所以说："做父亲的，要把所射的靶心看作检验自己是否能胜任父亲之职的靶心（射中则象征能胜任，不中则象征不能胜任）。做儿子的、做国君的、做臣子的，都把它看作检验自己是否能胜任各自职责的靶心。所以射箭的人各有各自射击的目标。"因此天子的大射礼叫作"射侯"。射侯，就是检验参加射礼的诸侯是否配做诸侯的意思。射中了，就配做诸侯；射不中，就不配做诸侯。

天子将要举行祭礼，必定先在泽宫练习射箭。泽就是选择贤士的意思。在泽宫射毕后，又在射宫继续射，射中的就能参加天子的祭祀，射不中的就不能参加祭祀。不能参加祭祀的士，推荐他的诸侯会受到斥责，并削减封地；能够参与祭祀的士，推荐他的诸侯就会受到奖赏，并增加封地。被奖赏的诸侯就能进爵，遭斥责的诸侯就会被削地。

所以生下了男孩三日后，在家门左

地四方者，男子之所有事也。故必先有志于其所有事，然后敢用谷[9]也，饭食之谓也。

边悬挂用桑木做的弓弧，并用蓬草做成六支箭，让人背着男孩，代他向天地和东南西北射出六支箭。天地四方正是男子发展事业的地方。所以一定先要他对将从事的事业有志向，然后才可以用米谷喂孩子，就是让孩子吃饭之意。

注释　1 绎(yì)：陈述。孔疏云，绎者陈也，陈己之志。一说，"绎"读为"释"，据《经典释义》："绎音亦，徐音释。"　2 舍：放出。　3 鹄(gǔ)：箭靶子。　4 泽：官名。孔疏云，于宽闲之处，近水泽而为之。　5 士：诸侯助祭则称士。　6 绌：贬损，减少。　7 桑弧：桑木做的弓。　蓬矢：蓬草制成的箭。　六：六支箭。　8 按：郑玄云，男子生则设弧于门左，三日负之，人为之射，乃卜食子也。　9 谷：即指饭食。

原文

46.6 射者，仁之道也。射求正诸己，己正而后发，发而不中，则不怨胜己者，反求诸己而已矣。孔子曰："君子无所争，必也射乎。揖让而升，下而饮。其争也君子。"

孔子曰："射者何以射？何以听？循声[1]而发，发而不失正鹄者[2]，其唯贤者乎！若夫不

译文

射箭，体现了仁的道理。射箭先要求自己心平体正，做到心平体正了然后射出箭。虽然射了，但射不中，也不能埋怨胜过自己的人，而应该反过来寻找自己的问题。孔子说："君子没有什么可争的事，如果有的话，必定是射箭。但是射箭前，他们必定揖拜推让然后才登堂，射毕又下堂共同饮酒。他们的竞争也有君子的风度。"

孔子说："射箭的人怎样才能既不失射箭时的容体，又能听音乐的节奏？怎样才能听音乐的节奏，而使射箭与音乐的节奏相对应？依照音乐的节拍来发射，发出

肖之人，则彼将安能以中？”《诗》云：[3]“发彼有的[4]，以祈尔爵。”祈，求也；求中以辞爵也。酒者，所以养老也，所以养病也。求中以辞爵者，辞养也。

箭就能射中靶心的，大约只有贤者吧！如果是不贤的人，那他怎么能够射中呢？”《诗》说：“对准那个目标发射，以求免受罚酒。”祈，就是求的意思；祈求射中，而辞谢罚酒。酒是用来奉养老人、病人的。祈求射中，而辞谢罚酒，就是推辞别人的奉养（是君子无所争求的意思）。

注释 1 循声：依循音乐的节拍。 2 正鹄(gǔ)：正与鹄均指箭靶中心。郑玄云，画布曰正，栖皮曰鹄。 3《诗》：指《诗·小雅·宾之初筵》。 4 的(dì)：靶心。

燕义第四十七

导读

此篇记君臣燕饮之礼仪，体现上下尊卑之义。刘向《别录》中将本篇与《冠义》《昏义》《乡饮酒义》《射义》《聘义》归为吉事一类，多为解释《仪礼》中的相应篇目之经义。这些篇目中细节描述较多，形象生动，可互补互证，有助于我们了解吉事仪礼的社会历史背景。

燕礼是古代贵族所行的四种礼俗之一，诸侯举行大射礼时，先要进行燕礼；卿大夫举行乡射礼时，先要进行乡饮酒礼。燕礼是用来表明君臣之间的大义的，乡饮酒礼是用来表明长幼之间的次序的。《周礼·春官·大宗伯》说："以飨燕之礼，亲四方宾客。"上古时飨、燕是有区别的，前者在太庙举行，并不真吃真喝，重在礼仪往来。后者在寝宫举行，主宾献酒行礼后即可享用宴饮。燕礼虽有一定的礼仪，但重点是吃喝。可以理解燕礼以"宴饮"为主，其实射礼在燕礼进行过程中举行，因为射礼的前后都要饮酒。大射礼之前要宴饮，就依据燕礼程序，宴毕后才开始射礼。古时说燕辟之友不可交，就是不能与酒肉朋友相交，这一原则至今仍值得借鉴。

诸侯燕礼之义何在？在诸侯宴饮群臣的仪式中，国君的站立方位，坐席次序等议程各环节，都要突显国君的独尊地位，表示没有人敢于和他匹敌。献酒劝酒的仪式、坐席、俎豆、牲体、荐羞等都因地位不同而有差别，目的是要用来区分尊卑贵贱。文中指出："臣下竭力尽能以立功于国，君必报之以爵禄，故臣下皆务竭力尽能以立功，是以国安而君宁。"还指出君上必须彰明正道来引导民众,民众遵循正道就会有收获,从而使国库充足,民众的生活也无匮乏,上下和乐相亲而没有怨恨,这就是运用礼的结果。燕礼就是用来表明君臣间的大义的。

原文

47.1 古者周天子之官[1]，有庶子官[2]。庶子官职诸侯、卿、大夫、士之庶子之卒[3]，掌其戒令与其教治[4]，别其等[5]，正其位[6]。国有大事[7]，则率国子而致于大子[8]，唯所用之；若有甲兵之事，则授之以车甲，合其卒伍[9]，置其有司[10]，以军法治之；司马弗正[11]。凡国之政事，国子存游卒[12]，使之修德学道[13]。春合诸学[14]，秋合诸射[15]，以考其艺而进退之。

译文

古代周天子所设的官中有庶子官。庶子官管理诸侯、卿、大夫、士的诸子，掌管有关他们期会、斋祭的誓令，参与对他们的教习管理，分别他们的才艺优劣，摆正他们在朝的位次。国家有祭祀、征伐等大事，就率领诸子来到太子面前，听凭太子的指挥；如果有战争，那就把兵车盔甲等武器发给他们，集合兵卒由他们带领，并为他们安排好手下的将帅，用军法来管治他们；而司马不征他们的赋役。凡是国家有用民的政事，就将诸子列入还没有官职的游卒中，使他们专心修习德行，学习道艺。春天将他们聚集在太学，秋天则聚集在射宫，考核他们的技艺，以决定他们该升级还是被斥退。

注释　1 此篇释《仪礼·燕礼》之义。古代饮食之礼有飨、食、燕礼。飨、食礼重而体严，燕礼较轻而情洽。郑玄曰：名曰燕义者，以其记君臣燕饮之礼，上下相尊之义。燕，通“宴”。宴饮。　2 庶子官：此官掌管公、卿、大夫、士之子，因以名其官。　3 职：职掌。　卒：《周礼》作“倅(cuì)”，副也，非嫡子。　4 戒令：期会、斋祭的誓令。　教治：教习管理，即修德学道。　5 别其等：分别其材艺之优劣。　6 正其位：正其位序之高下。　7 大事：指大祭祀、大丧纪、大燕享及征伐、会同等。　8 国子：公、卿、大夫之子弟。　大(tài)子：太子。　9 卒伍：百人为卒，五人为伍。　10 有司：此指将帅。　11 司马弗正：国子别属于太子，司马不得以军事役使之。

12 存：留，指存留不用。 游卒(cuì)：国子、庶子中未做官的。卒，通“倅”。 13 德：德行。 道：道艺。 14 合：聚集。 学：太学。 15 射：射官。

原文

47.2 诸侯燕礼[1]之义：君立阼阶之东南，南乡尔[2]卿；大夫，皆少进，定[3]位也。君席阼阶之上，居主位也。君独升立席上，西面特立[4]，莫敢适[5]之义也。

设宾主，饮酒之礼也。使宰夫为献主[6]，臣莫敢与君亢[7]礼也。不以公卿为宾[8]，而以大夫为宾，为疑[9]也，明嫌[10]之义也。宾入中庭，君降一等[11]而揖之。礼之也。

君举旅[12]于宾，及君所赐爵[13]，皆降，再拜稽首，升成拜。

译文

诸侯举行燕礼的意义：国君站立在阼阶的东方，朝南面向卿作揖，使卿进前来（国君又向大夫作揖，也让大夫靠近自己）；卿、大夫们都稍微前进，这是为了确定卿、大夫们在燕礼上的位置。国君的坐席设在阼阶上面，是坐在主人的位置上。国君一个人先登阶就席，且面向西独自站立，这是表示没有谁敢跟他匹敌的意思。

设有宾和主，是饮酒的礼节要求的。国君命膳夫代替自己作为主人来敬献宾客，（并不是表示自己的尊严不可屈损，）只是因为臣下不敢和国君对等行宾主之礼。不用公卿为宾，而用大夫为宾，是为了释疑（，公卿地位已很尊贵，再加上宾的尊贵资格，国君会生嫌疑）。这是判明嫌疑的意思。宾客走入庭中时，他们虽属臣子，但国君还要走下一级台阶，向他们作揖。这是依礼尊重宾客的体现。

国君向宾客举杯劝饮，以及国君向臣下赐爵劝饮，宾客和臣下都得下堂，再拜叩头感谢：（国君推辞，并命小臣请他们登堂就座，）登堂后他们又再拜叩头以成拜礼。这是表明臣下

明臣礼也。君答拜之，礼无不答。明君上之礼也。臣下竭力尽能以立功于国，君必报之以爵禄，故臣下皆务竭力尽能以立功，是以国安而君宁。礼无不答，言上之不虚取于下也。上必明正道以道民[14]，民道[15]之而有功，然后取其什一[16]，故上用足而下不匮也。是以上下和亲而不相怨也。和宁，礼之用也。此君臣上下之大义也。故曰："燕礼者，所以明君臣之义也。"

席：小卿次上卿[17]，大夫次小卿，士、庶子以次就位于下[18]。献君，君举旅行酬。而后献卿，卿举旅行酬。而后献大夫，大夫举旅行酬。而后献士，士举旅行酬。而后献庶子。

对国君应有的礼节。国君又答拜他们，因为对于别人的礼没有不回礼的。这是表明君上对臣下应有的礼数。臣下竭尽力量和才能为国立功，国君必定用官爵俸禄来回报他们，所以臣下都致力于竭尽力量和才能去立功，而使国家安定，进而使国君安宁。君上对别人的礼没有不回报的，是说君上不白白地从臣下索取。君上必须彰明正道来引导民众，民众遵循了就能有所收获，然后抽取十分之一的赋税，这样国家的财用就会富足而民众的生活也不会匮乏。因此上下和乐相亲而不是彼此怨恨。和乐和安宁，就是运用礼的结果。这是君臣上下的大义。所以说："燕礼是用来表明君臣间的大义的。"

燕礼的席次：小卿在宾席西边，地位次于在宾席东边的上卿，大夫在小卿的西边，地位次于小卿，士和庶子按次序坐在阼阶的下面。（饮酒时，膳夫做主人，）首先向国君献酒，国君饮后又举杯向众人劝饮。然后膳夫又向卿献酒，卿饮后再举杯向众人劝饮。然后膳夫向大夫献酒，大夫饮后也举杯劝饮。然后膳夫向士献酒，士饮后又举杯劝饮。最后膳夫向庶子献酒（因庶子地位低下，便不再劝饮）。俎豆、牲体、荐羞，这些餐具饮器、食物果品、菜肴酱醋，都

原文	译文
俎豆、牲体[19]、荐羞[20]，皆有等差[21]。所以明贵贱也。	因身份地位的不同而有等级差别。这就是用席次的尊卑、献酒的先后、食用的差别来表明尊卑贵贱的不同。

注释 1诸侯燕礼：诸侯燕（宴）其群臣之礼。 2尔：通“迩”。近，指作揖使之近前。 3定位：定燕朝之常位，即卿向西，大夫向北，所以作揖使之进，而定其位。 4特立：独立。 5適(dí)：通“敌”。匹敌。 6宰夫：膳夫。《周礼·膳夫》：“王燕饮酒，则为献主。” 为献主：使之为主而献宾。 7亢：通“抗”。匹敌，相当。 8公：四命之孤。 卿：上大夫。 9为疑：为了释疑。因为公卿之尊已次于君，复以之为宾，则疑于尊卑无辨，且嫌于逼上。大夫位卑，虽暂尊之为宾，而无所嫌疑。 10明嫌：判明嫌疑。 11降一等：下一级台阶。 12举旅：举旅酬之爵。旅酬，指举杯酬宾，宾交错互答。 13君所赐爵：孙希旦说，君所赐爵，谓君为卿举旅，为大夫举旅，为士举旅，君所取之觯，皆唯君所赐也。 14正道：正确的道理、原则。 道(dǎo)民：引导、诱导民众。道，通“导”。 15道：追随依从。16取其什一：古代赋税之法，取收入的十分之一交税。 17小卿：大夫以上，如司徒下之小司徒，司马下之小司马。 上卿：谓三卿。 18按：燕礼，宾席牖间，最尊；上卿在宾东近君，次于宾；小卿在宾西，又次于上卿；大夫又在小卿之西，次于小卿；士初入时在西方东面，既献后，立于东方西面；庶子初入时及既献后，其位皆在士之南。 19牲体：俎实，俎上盛放的食物。 20荐羞：美味的食品。郑玄说，荐，谓脯醢也。羞，庶羞也。21皆有等差：孙希旦说，按《燕礼》，公与宾以下皆唯一笾一豆。又《燕礼》记，唯公与宾有俎，燕牲用狗，故自卿以下皆无俎，以牲小故也。又《燕礼》“献大夫”，辩乃“羞庶羞”，是庶羞不及士以下也。公与宾荐、俎、庶羞备有，卿大夫有荐、羞而无俎，士以下又无羞，唯荐而已，是其等差也。

聘义第四十八

导读

本篇记诸侯国之间相互聘问之礼仪,体现重礼轻财之义。《仪礼·聘礼》记诸侯之国大聘之礼的完整礼仪活动,学者归纳出大聘之正式礼仪有二十个程序,本篇均有体现。这些内容在《左传》《国语》等书记载的聘礼中可得到佐证。

本篇篇首简述行聘礼时,分别有七个、五个、三个不同的介,体现尊卑贵贱;都要推让三次,体现尊敬和谦让。聘礼、射礼这样重大的礼仪活动,需要身强力壮,又具有正义、勇气的君子才能胜任。他们坚持行礼,看到澄清的酒,口渴也不敢饮;看到肉干,饥饿也不敢吃。到了日暮,人已经疲倦了,仍恭敬地效力,不敢懈怠。这是一般人难以做到的,要倡导这样的君子正义。此正义用在礼仪上,民众就会顺从治理;去战斗杀敌,就会无敌于天下。国外无人可敌,国内顺从治理,就称为盛德。如果用在互相争斗上,这就称为乱人,国家的刑法就要诛杀乱人。惩治了这些乱人,就可使民众顺从治理,使国家安定。

用珪璋作为聘礼之物,是重礼的表示。但聘问完毕后,主君要退还珪璋,这是轻视财物而重视礼义的意思。诸侯之间以轻财重礼互相勉励,那么民众就会兴起廉正谦让之风。主君要向聘君赠送礼物,以此表达敬意,目的是用这种方法来加强诸侯之间的互相交往,就不会互相侵犯欺凌了。

文末用子贡与孔子的对话来阐明君子重玉的道理。孔子把德行比作玉,玉温柔润泽,象征有德之人。天下都以玉为贵,那么人们都会遵循道德规范。文中有“瑕不掩瑜,瑜不掩瑕,忠也”一句,我们都知道“瑕不掩瑜”,而“瑜不掩瑕”也蕴含着深刻的道理。

原文

48.1 聘礼[1],上公七介[2],侯伯五介,子男三介,所以明贵贱也。

介绍[3]而传命,君子于其所尊弗敢质[4],敬之至也。

三让而后传命,三让而后入庙门,三揖而后至阶,三让而后升,所以致尊让也。

君使士迎于竟[5],大夫郊劳[6]。君亲拜迎于大门之内而庙受。北面拜贶[7],拜君命之辱。所以致敬也。

敬让也者,君子之所以相接也。故诸侯相接以敬让,则不相侵陵[8]。

卿为上摈[9],大夫为承摈[10],士为绍摈[11]。君亲礼宾,宾私面私觌[12]。致饔饩[13],还圭

译文

行聘礼,上公派出的使者配九个介,侯伯派出的使者配五个介,子男派出的使者配三个介,这是用来辨明尊贵卑贱的。

介一个接一个地传递聘君的话,是表明君子对于他所尊重的人不敢怠慢,是对主君最为尊敬的表示。

使者要谦让三次后才传达聘君的话,推让三次后才进入庙门,揖拜三次后来到阶前,又推让三次后登上台阶,用这些来表示对主君的尊重和谦让之意。

主君派遣士到边境迎接使者,又派大夫到近郊慰劳使者,又亲自在大门内拜迎使者,然后在庙中接受使者的聘问礼,然后面向北拜受使者赠送的礼物,这是拜谢聘君派遣他们前来的意思,以此来表示对聘君的敬意。

敬重谦让是君子用来相互交往的方式。所以诸侯间相互交往也敬重谦让,那就不会互相侵犯欺凌了。

主君以卿为上傧,大夫为承傧,士为绍傧。主君亲自迎接使者。正式行过聘问礼后,使者和介还要向主国的卿、大夫行私面之礼,向主君行私面之礼。主君又派卿把杀牲和生牲等送给使者,并退还聘国所赠

璋[14]，贿赠[15]。飨、食、燕[16]。所以明宾客君臣之义也。

故天子制[17]诸侯，比年小聘[18]，三年大聘，相厉[19]以礼。使者聘而误[20]，主君弗亲飨食也，所以愧厉之也。诸侯相厉以礼，则外不相侵，内不相陵。此天子之所以养诸侯，兵不用，而诸侯自为正之具也。

以圭璋聘，重礼也。已聘而还圭璋，此轻财而重礼之义也。诸侯相厉以轻财重礼，则民作让矣。

主国待客，出入三积[21]；饩客于舍，五牢[22]之具陈于内；米三十车、禾三十车、刍薪倍禾，皆陈于外；乘禽[23]日五双，群介皆有饩牢。壹食再飨，燕与时赐无数。

送的圭和璋，还要赠送财物回报聘君的聘礼，还要用飨礼、食礼、燕礼款待使者，以此来表明宾与主、君与臣间的道义。

所以天子为诸侯定下制度，诸侯间每年派大夫互行小聘，每三年派卿互行大聘，使诸侯用礼来互相勉励。如果使者来聘问时有误失，主君就不亲自对使者行飨食的礼，以此使使者惭愧而勉励他们改过。诸侯用礼来互相勉励，对外就不会相互侵犯，对内就不会相互欺凌。这就是天子用来抚慰诸侯，不动用武力而使诸侯自行正道的方法。

用圭璋作聘问之物，表示聘君重视聘礼。已经聘问完毕，退还圭璋，这是表示轻视财物而重视礼的意思。诸侯用轻财重礼的精神相互勉励，民众就会兴起廉正谦让的风气了。

主国接待来聘的使者，在使者到来和回国的时候都要三次供给饲草和粮食，又送杀牲和生牲等物品到使者的馆舍，把五牢陈设在宾馆的大门内，同时送来三十车米、三十车禾，饲草和新柴分别比禾增加一倍，都陈设在馆舍门外。乘禽每天供应五双，对群介的馈送也得有杀牲和生牲。主君还要为使者举行一次食礼，两次飨

原文	译文
所以厚重礼也。古之用财者不能均如此，然而用财如此其厚者，言尽之于礼也。尽之于礼，则内君臣不相陵，而外不相侵。故天子制之，而诸侯务焉尔。	礼，燕礼随时赐设而无定数。用这样丰厚的礼遇来表示对聘礼的重视。古代运用财物不能事事都这么丰厚，然而聘礼时运用财物如此丰厚，是为了表示尽心于礼。尽心于礼，就可以做到国内君臣不相欺凌，而对外不相侵犯。因此天子制定聘礼，而诸侯也致力于实行此礼。

注释 1本篇释《仪礼》中《聘礼》之义。郑玄云：名曰聘义者，以其记诸侯之国交相聘问之礼，重礼轻财之义也。 2介：传宾主之言的人叫介。古时主有傧相迎宾，宾有随从通传叫介。 3绍：继。此指众介相继传达君命。 4质：怠慢。 5竟：同"境"，边境。 6劳：慰劳。 7贶(kuàng)：赐给，赏赐。 8陵：凌驾，侵犯。 9摈：通"傧"。接引客人的人。 10承摈：孔疏云，承副上摈也。 11绍摈：孔疏云，谓继续承摈。 12私面：私以己礼见主国之卿大夫。 私觌(dí)：私以己礼见主国之君。以其非公聘正礼，故谓之私。 13致饔(yōng)饩(xì)：古代诸侯行聘礼时接待宾客的大礼，会给宾客馈赠熟食和生食。饔饩，牲杀曰饔，生曰饩。 14还圭璋：宾将离去时，君使卿退还聘君之圭和聘夫人之璋。 15贿赠：以一束纺绸回赠。贿，一束纺绸，《聘义》云，"还圭、璋"毕，"大夫贿用束纺"。 16飨、食、燕：主君设大礼以飨宾，设食礼以食宾，皆在朝；又设燕(宴)以燕(宴)之，燕在寝。 17制：订立制度。 18比年小聘：郑玄云，所谓"岁相问"也。 19厉：同"励"，激励，勉励。 20误：指礼节上有过失。 21出入三积：孙希旦说，积，谓刍、米之属，所以供宾道路之需者；出入三积，谓入与出皆三致之也。 22五牢：饪(煮熟的)一牢、腥(死的)二牢、饩(活的)二牢。牢，古代祭礼用的牛、羊、豕三牲。三牲各一为一牢。 23乘禽：孔疏云，乘行群匹之禽，雁、鹜之属。此即是指成群结队而飞的禽鸟。

原文

48.2 聘射之礼，至大礼也。质明而始行事，日几中而后礼成，非强有力者弗能行也。故强有力者，将以行礼也。酒清，人渴而不敢饮也；肉干，人饥而不敢食也；[1] 日莫[2]人倦，齐庄正齐而不敢解惰[3]，以成礼节，以正君臣，以亲父子，以和长幼。此众人之所难，而君子行之，故谓之有行。有行之谓有义，有义之谓勇敢。故所贵于勇敢者，贵其能以立义也；所贵于立义者，贵其有行也；所贵于有行者，贵其行礼也。故所贵于勇敢者，贵其敢行礼义也。故勇敢强有力者，天下无事，则用之于礼义；天下有事，则用之于战胜。用之于战胜则无敌，用之于礼义则顺治[4]。外无敌，内顺治，此之谓盛德。故圣

译文

聘礼、射礼是最重大的礼。天刚亮就开始行礼，几乎要近中午才行礼完毕，不是身强力壮的人就不能行这种礼。所以身强力壮的人，就应该去参加行礼。在行礼过程中，虽有清酒，人已渴了，但是不敢饮；虽有肉干，人也饥饿了，但是不敢吃；虽已日暮，人们疲倦了，但都还是恭敬整齐，不敢有所懈怠，这样来完成大礼的礼节，使君臣关系正常、父子相亲、长幼和睦。这是一般人所难以做到的，但君子能做到，所以称君子为有德行。有德行就是有义，而有义就是勇敢。因此，勇敢之所以可贵，就是可贵在能树立正义；树立正义之所以可贵，是可贵在有德行；有德行之所以可贵，是可贵在能行礼。因此勇敢之所以可贵，就贵在敢于施行礼义。所以勇敢而身强力壮的人，天下无事时，就将他们用在礼义之事上；天下有事时，就将他们用在战斗杀敌上。用于战斗杀敌上就会无敌于天下，用于礼义之事上就会使民众顺从治理。国外无人可敌，国内又顺从治理，这就称为盛德。所以圣王是这样地看重勇敢和强健有

王之贵勇敢强有力如此也。勇敢强有力，而不用之于礼义、战胜，而用之于争斗，则谓之乱人。刑罚行于国，所诛者乱人也。如此则民顺治而国安也。

力的人。勇敢和强健有力，如果不是用在礼义、战斗杀敌上，而是用在互争互斗上，这就叫作“乱人”。在国内施行刑罚，就是要惩治这些乱人。惩治了这些乱人就可使民众顺从治理而使国家安定了。

注释 1孔疏云，酒清人渴而不敢饮，肉干人饥不敢食，谓射礼之先，唯以礼献、酬，而不得醉饱也。 2莫：同“暮”。 3齐(zhāi)庄：恭敬。解惰：懈怠懒惰。解，通“懈”。 4顺治：顺从而大治。指社会秩序井然而安定。

原文

48.3 子贡问于孔子曰：“敢问君子贵玉而贱玟[1]者何也？为玉之寡而玟之多与？”

孔子曰：“非为玟之多，故贱之也；玉之寡，故贵之也。夫昔者君子比德于玉焉：温润而泽，仁也；缜密以栗[2]，知也；廉而不刿[3]，义也；垂之如队[4]，礼也；叩之，其

译文

子贡曾问孔子，说：“请问，为什么君子都看重玉而鄙视那似玉非玉的玟石呢？是因为玉少而玟多的缘故吗？”

孔子说：“不是因为玟石多而鄙视它，玉石少而看重它。以前君子将德性和玉相比拟：玉色柔温润泽，就似仁；玉理密致坚实，就似知；玉有棱角却不伤人，就似义（君子威严不可冒犯，但终究只是爱人而已）；佩玉悬挂垂下，就似礼（君子好礼，就能谦恭下人）；敲击玉，它的声音清脆悠扬而韵长，而终止时却戛然而止，就似乐（君子对待乐，就如玉的声音一样，始终如一）；玉的瑕疵不会掩盖本身的美好，玉本身的美好也不能遮掩它的瑕疵，

声清越以长[5],其终诎然[6],乐也;瑕不掩瑜,瑜不掩瑕,忠也;孚尹旁达[7],信也;气如白虹[8],天也;精神[9]见于山川,地也;圭璋特达[10],德也。天下莫不贵者,道也。《诗》云:'言念君子,温其如玉。'[11]故君子贵之也!"

就似忠(君子的忠就是无隐情,善和恶都显露出来而无所遮掩);玉晶莹透彻,光彩外发而通达四方,就似信(君子的信就是发自内心的);玉的光气能抵达天空,犹如白虹一般,就似君子达于天,与天同德;玉的精气能从山川中显现出来,就似君子充实而有光辉,与地同德;圭璋用来朝聘,(不像用玉璧、玉琮那样,必须再加上币一起使用,)就似君子的德,不必有待于外物一样。天下没有谁不看重玉的,就似人们都尊重君子的道德一样。《诗·秦风·小戎》说:'真想念那君子啊,他的容貌举止温和柔润,就像玉一般。'所以君子都看重玉啊!"

注释 1玟(mín):郑玄云,玟,石似玉。 2栗:坚实的样子。 3廉:棱角。刿(guì):刺伤,划伤。郑玄云,刿,伤也,义者不苟伤人也。 4垂之:指佩玉。 队:同"坠"。 5清越以长:清脆悠扬而韵长。 6诎:声音戛然而止貌。郑玄云,绝止貌。 7孚尹(fú yún):玉的色彩。郑玄云,浮筠,谓玉采色也。采色旁达,不有隐翳,似信也。 8白虹:日月周围的白色晕圈。 9精神:郑玄云,亦谓精气也。 10特达:谓行聘时唯圭、璋能独行通达,不加余币。孔颖达疏云,聘享之礼,有圭、璋、璧、琮。璧、琮则有束帛加之乃得达;圭、璋则不用束帛。故云特达。 11《诗》:见《诗·秦风·小戎》篇。言,助词,无义。君子,丈夫。

丧服四制第四十九

导读

本篇记丧服的四种制度,即恩情、理性、节限、变通。文中阐述了确立这四种制度的缘由,强调三年之丧的仪轨法度,并赞扬贤王武丁为高宗守丧三年。这些与前几篇丧服类文章内容一致,亮点在对丧服四制义理的总结归纳,这是本篇的主旨。

"礼"从最早的宗教礼节逐渐成为人们的生活习俗,并成为统治者推行教化的手段,经历了漫长的演变过程。周礼为何能传之久远?不在于其繁文缛节,而是因为它所依据的是天道人性。本文开篇即言:"凡礼之大体,体天地,法四时,则阴阳,顺人情,故谓之礼。"礼以天地为本体,效法四时季节,取法阴阳变化,顺应人情,所以才称为礼。

仪节礼数是礼的外部形态,其程式内容可以因时而变,但它所遵循的根本原则是不会轻易改变的。文中指出:"丧有四制,变而从宜,取之四时也。有恩有理,有节有权,取之人情也。恩者仁也,理者义也,节者礼也,权者知也,仁、义、礼、知,人道具矣。"此从阴阳交替、四时变迁的天道和仁、义、礼、智的人道相结合的维度,阐明了丧服的恩、理、节、权四种制度。恩情出于仁,理性出于义,节限出于礼,变通出于智。比如说,为父亲服斩衰三年,恩重而义轻,是以恩情为法度;为国君服斩衰三年,义重而恩轻,是以义理为法度。这些条文是人为制订的,并不是一成不变的。它会随着社会的发展、时代的进步、思想观念的变化、物质条件的提高而不断变更。如今,丧服四制的仪文礼数早已成陈词陋规,但是对我们了解自己民族文化之灵魂与血脉，具有很高的价值。那些深层的礼“义”，凡是符合天理人性的，永远会葆有生命力，不断衍生出适应每一时代的礼文化。

原文

49.1 凡礼之大体，体天地，法四时，则阴阳，顺人情，故谓之礼。訾[1]之者，是不知礼之所由生也。

夫礼，吉凶异道，不得相干，取之阴阳也。丧有四制，变而从宜，取之四时也。有恩有理，有节有权[2]，取之人情也。恩者仁也，理者义也，节者礼也，权者知也。仁、义、礼、知，人道具矣。

译文

礼的原理，就是以天地为本体，效法四时季节，取法阴阳变化，顺应人情，所以才称为礼。诋毁礼的人，是因为不了解礼产生的由来。

礼，分吉礼和凶礼，各有不同的原则，不能互相干扰，这是取法阴阳互不干扰的道理。丧服有四种制度，不断变化且适宜于事理，这是取法四季变化的道理。有恩情，有理性，有节限，有变通，都是依据人情制定的。恩情出于仁，理性出于义，节限出于礼，变通出于智。仁、义、礼、智有了，做人的道理也就全具备了。

注释 1 訾(zǐ)：诋毁，非议。 2 权：权变，变通。

原文

49.2 其恩厚者其服重，故为父斩衰三年。以恩制者也。

门内[1]之治，恩掩义；门外[2]之治，义断恩。资于事父以事君，而敬同。贵贵尊尊，义之大者也。故为君

译文

为恩情深厚的人服重丧，所以父亲死就服斩衰，丧期三年。这是根据恩情的原则来制定的。

家门内治理丧事，恩情重于义理；家门外治理丧事，要靠义理支配恩情。用侍奉父亲的心来侍奉国君，那对国君的敬爱就会与对父亲一样。使贵者显贵，使尊者受尊重，这是义理中最重要的。所以为国君服丧也

亦斩衰三年，以义制者也。

三日而食，三月而沐，期而练。毁不灭性，不以死伤生也。丧不过三年，苴衰不补，坟墓不培。祥之日，鼓素琴。告民有终也，以节制者也。资于事父以事母，而爱同。天无二日，土无二王；国无二君，家无二尊：以一治之也。故父在为母齐衰期者，见无二尊也。

服斩衰，丧期三年，就是根据义理来制定的。

父亲去世三天后才能喝粥，三个月后才能洗发，一周年练祭时改换孝服。虽然极度哀伤，但不危及性命，不因为死者而伤害生者。丧期不超过三年，粗劣的麻衣破了也不缝补，坟墓（虽然低矮，）也不再培土增高。大祥的日子就可以弹奏没有漆饰的素琴。这都是告诉民众，丧期应有终了的时候，这些都是根据节限的原则来制定的。用侍奉父亲的心来侍奉母亲，那对母亲的敬爱就会与对父亲一样。天上没有两个太阳，士不能侍奉两个君王；国家没有两个君主，家中没有两个尊长：只能由一个权威者来治理。所以父亲还在世，为母亲服的便是齐衰，丧期一年，正是表明家中没有两个尊长。

注释　1门内：家庭，家中。指血统关系。　2门外：家外，指社会关系。

原文

49.3 杖者何也？爵也。三日授子杖，五日授大夫杖，七日授士杖。或曰“儋主[1]”，或曰“辅病[2]”。妇人、童子不杖，不能病也。百官备，百

译文

丧杖是什么呢？这是给有爵位的人扶持病体用的。国君死后三日授杖给嗣君，五日授杖给大夫，七日授杖给士人。有的称为“儋主”，有的称为“辅病”。未成年的女子和男子不能用丧杖，不能哀伤致病。天子、诸侯之丧，百官都齐全，

物具，不言而事行者，扶而起。言而后事行者，杖而起。身自执事而后行者，面垢而已。秃者不髽[3]，伛者不袒，跛者不踊，老病不止酒肉。凡此八者，以权制者也。

各样物品都齐备，嗣君可以不说话而丧事有人去办理，但因服丧期间哀伤过重，需要人扶持着才能起来。大夫、士的丧事，孝子要亲自指挥才能使丧事顺利进行，因服丧期间哀伤不是很重，有丧杖扶持着就能起来。庶人的丧事，孝子凡事都得亲自去料理，因此不必有丧杖，但必须蓬头垢面（用来表示哀伤）。秃头的妇女不挽丧髻，驼背的人不赤袒露膊，跛足的人只哭不跳踊，老人和有病的人不必停吃酒肉食物。凡是这八种规定，都是依据变通的原则而制定的。

注释 1 儋(dān)主：无爵位而用丧杖。 2 辅病：身体有病，用丧杖来撑持。 3 髽(zhuā)：古代妇女丧髻，以麻线束发。

原文

49.4 始死，三日不怠，三月不解[1]，期悲哀，三年忧。恩之杀[2]也，圣人因杀以制节。此丧之所以三年。贤者不得过，不肖者不得不及。此丧之中庸也，王者之所常行也。

《书》曰："高宗谅闇，三年不言。"[3]善之也。王者莫不行此礼，

译文

亲人刚死，三天内不敢怠慢（应哭不停），三月不松懈（仍旧时时哭泣祭奠），一周年以后还悲哀，到了三年就只在心里忧伤。这是哀伤逐渐减轻的缘故，圣人就是据此来制定礼节的。这就是斩衰之丧以三年为期限的原因。贤德的人不超过这个期限，不贤德的人不得不服够这个期限。这就是丧礼的中庸之道，是君王常行的原则。

《尚书·说命》说："高宗居丧，住在凶庐里，三年不说话。"这是称赞他。做王的没有谁不行这种礼的，为什么偏偏只称赞

何以独善之也？曰高宗者武丁，武丁者殷之贤王也。继世即位，而慈良于丧。当此之时，殷衰而复兴，礼废而复起，故善之。善之，故载之《书》中而高之，故谓之“高宗”。三年之丧，君不言，《书》云“高宗谅闇，三年不言”，此之谓也。然而曰“言不文”[4]者，谓臣下也。

他呢？回答说：高宗就是武丁，武丁是殷代的贤王。他继承父业即位时，孝顺温良地居丧。那个时候，殷代由衰微而重新振兴，礼制由废弛而重新兴起，所以赞扬他。因为赞扬他，所以又载入《尚书》中推崇他，并且称他为“高宗”。三年的丧期中，国君不说话，《尚书·说命》记载“高宗居丧，住在凶庐里，三年不说话”，说的就是这个意思。然而《孝经·丧亲》又说“说话不加文饰”，这是大夫、士等臣下居丧时应做到的。

礼，斩衰之丧，“唯”而不对；齐衰之丧，对而不言；大功之丧，言而不议；缌、小功之丧，议而不及乐。父母之丧，衰冠，绳缨[5]，菅屦[6]；三日而食粥，三月而沐；期十三月而练冠；三年而祥。比终兹三节[7]者，仁者可以观其爱焉，知者可以观其理焉，强者可以观其志焉。礼以治义，义以正之，孝子，弟

根据礼仪，穿斩衰丧服的人，只作“唯唯”的声音而不说话；穿齐衰丧服的人，虽然可以回答别人的问话，但自己不主动说话；穿大功丧服的人，虽然可以说话，但不说与丧事无关的话；穿缌麻、小功丧服的人，可以说与丧事无关的话，但不可以涉及享乐之事。父母的丧事，要披麻戴孝，用上斩衰丧服的帽子、帽带、鞋子等；三天后才可以喝粥，三个月后才可以洗发；满周年至第十三个月才换上练冠；满了两年不到三年时举行大祥祭祀。等到三个阶段都完成了，仁德的人可以从中看出孝子的爱心，聪明的人可以从中看出孝子的理性，坚强的人可以从中看出孝子的意志。用礼来料理

弟[8]，贞妇，皆可得而察焉。	丧事，用义来端正丧礼，一个人是否是孝顺的儿子、敬兄的弟弟、忠贞的妇女，都可以从中看出来。

注释 1 解：通"懈"。松懈。 2 杀(shài)：递减。 3 见《尚书·说命》篇。谅闇(liáng ān)，一说为天子诸侯居丧之称，另一说为居丧之所。4 见《孝经·丧亲》。 5 绳缨：斩衰冠的缨。 6 菅屦(jiān jù)：服斩衰丧时穿的草鞋。 7 三节：初丧至三月而沐为一节，一周年再为一节，三年丧毕又为一节。 8 弟弟(tì dì)：敬爱兄长的弟弟。前一"弟"字同"悌"。

图书在版编目(CIP)数据

礼记/姚淦铭注译;姚鹰导读.—长沙:岳麓书社,2024.2

(全本全注全译)

ISBN 978-7-5538-1936-5

Ⅰ.①礼… Ⅱ.①姚…②姚… Ⅲ.①《礼记》—注释②《礼记》—译文 Ⅳ.①K892.9

中国国家版本馆 CIP 数据核字(2023)第 165376 号

LIJI

礼记

导读注译:姚淦铭 姚 鹰

出 版 人:崔 灿

责任编辑:张丽琴

责任校对:舒 舍

封面设计:罗志义

岳麓书社出版发行

地址:湖南省长沙市爱民路 47 号

直销电话:0731-88804152 0731-88885616

邮编:410006

版次:2024 年 2 月第 1 版

印次:2024 年 2 月第 1 次印刷

开本:890mm×1240mm 1/32

印张:25

字数:678 千字

ISBN 978-7-5538-1936-5

定价:98.00 元

承印:湖南鑫成印刷有限公司

如有印装质量问题,请与本社印务部联系

电话:0731-88884129